香江哲学丛书

丛书主编 黄　勇　王庆节

朱子的穷理工夫论

吴启超　著

ZHU Xi's Theory of Self-Cultivation of Probing Principle

中国出版集团
东方出版中心

图书在版编目（CIP）数据

朱子的穷理工夫论 / 吴启超著 . -- 上海：东方出
版中心，2024.7. --（香江哲学丛书 / 黄勇，王庆节
主编）. -- ISBN 978-7-5473-2468-4

Ⅰ. B244.75

中国国家版本馆 CIP 数据核字第 2024T6N418 号

本书简体中文版由台湾大学出版中心授权出版。
上海市版权局著作权合同登记：图字 09-2025-0123 号

朱子的穷理工夫论

著　　　者　吴启超
丛书策划　刘佩英
责任编辑　肖春茂
封面设计　周伟伟

出　版　人　陈义望
出版发行　东方出版中心
地　　　址　上海市仙霞路 345 号
邮政编码　200336
电　　　话　021- 62417400
印　刷　者　山东京沪印刷科技有限公司

开　　　本　890mm×1240mm　1/32
印　　　张　12.75
字　　　数　290 千字
版　　　次　2025 年 7 月第 1 版
印　　　次　2025 年 7 月第 1 次印刷
定　　　价　95.00 元

总　序

　　《香江哲学丛书》主要集录中国香港学者的作品,兼及部分在香港接受博士阶段哲学教育而目前不在香港从事哲学教学和研究的学者的作品,同时也集录与香港邻近并在文化上与香港接近的澳门若干大学哲学学者的著作。

　　相对于内地的城市来说,香港及澳门哲学群体较小。在由香港政府直接资助的八所大学中,实际上只有香港中文大学、香港大学、香港浸会大学和岭南大学有独立的哲学系;香港科技大学的哲学学科是其人文社会科学学院中人文学部的一个部分,而香港城市大学的哲学学科则在政治学和行政管理系;另外两所大学——香港理工大学和香港教育大学,虽然也有一些从事哲学教学和研究的学者,但大多在通识教育中心等。而且即使是这几个独立的哲学系,跟国内一些著名大学的哲学院系动辄六七十、七八十个教员相比,规模也普遍较小。香港中文大学的哲学系在全港规模最大,教授职称(包括正教授、副教授和助理教授)的职员也只有十四人,即使加上几位全职的高级讲师,也不到二十人。岭南大学是另一个有十位以上哲学教授的大学,其他几所大学的哲学教授的数量都是个位数。相应地,研究生的规模也不大。还是以规模最大的香港中文大学为例,硕士和博士项目每年招生加起来就是十个人左右,其他学校则要少很多。

当然这并不表示哲学在香港不发达。即使就规模来说,虽然跟内地的大学无法比,但香港各高校的哲学系在国际上看则并不小。即使是在(至少是某种意义上)当今哲学最繁荣的美国,除了少数几个天主教大学外(因其要求全校的每个学生修两门哲学课,因此需要较多的教师教哲学),几乎没有一个大学的哲学系,包括哈佛、耶鲁、普林斯顿、哥伦比亚等常青藤联盟名校成员,也包括各种哲学排名榜上几乎每年都位列全世界前三名的匹兹堡大学、纽约大学和罗格斯大学,有超过二十位教授、每年招收研究生超过十位的,这说明一个地区哲学的繁荣与否和从事哲学研究与教学的人数多寡没有直接的关系。事实上,在上述一些大学及其系科的世界排名中,香港各大学哲学系的排名也都不低。在最近三年的 QS 世界大学学科排名中,香港中文大学哲学系都名列亚洲第一(世界范围内,2017 年排 30 名,2018 年排 34 名,2019 年排 28 名)。当然,这样的排名具有很大程度的主观性、随意性和多变性,不应过于重视,但至少从一个侧面也反映出某些实际状况,因而也不应完全忽略。

香港哲学的一个显著特点,同其所在的城市一样,即国际化程度比较高。在香港各大学任教的哲学教授大多具有美国和欧洲各大学的博士学位;在哲学教授中有相当大一部分是非华人,其中香港大学和岭南大学哲学系的非华人教授人数甚至超过了华人教授,而在华人教授中既有香港本地的,也有来自内地的;另外,世界各地著名的哲学教授也经常来访,特别是担任一些历史悠久且享誉甚高的讲席,如香港中文大学哲学系每个学期或至少每年为期一个月的唐君毅系列讲座,新亚书院一年一度的钱穆讲座、余英时讲座和新亚儒学讲座;在教学语言上,除香港中文大学的教授可以自由选择英文、普通话和粤语外,其他大学除特殊情况外一律用英文授课,这为来自世界各地的学生在香港就读,包括就读哲学提供了方便。但更能体现这种国际化的是香港哲学教授的研究课题与世界哲学界直接接轨。

香港哲学研究的哲学传统主要包括中国哲学、分析哲学和欧陆哲学,其中香港中文大学在这三个领域的研究较为均衡,香港大学和岭南大学以分析哲学为强,香港浸会大学侧重宗教哲学和应用伦理学,而香港科技大学和香港城市大学虽然哲学项目较小,但突出中国哲学,即使很多学者的研究是跨传统的。以中国哲学为例,钱穆、唐君毅和牟宗三等缔造的新亚儒学传统将中国哲学与世界哲学,特别是西方哲学传统连接了起来,并得到劳思光和刘述先先生的继承和发展。今日的香港应该是世界上(能)用英语从事中国哲学研究的学者最多的一个地区,这些学者中包含那些主要从事分析哲学和欧陆哲学研究的,但也兼带研究中国哲学的学者。这就决定了香港的中国哲学研究大多具有比较哲学的特质:一方面从西方哲学的角度对中国哲学提出挑战,从而促进中国哲学的发展;而另一方面,则从中国哲学的角度对西方哲学提出问题,从而为西方哲学的发展作出贡献。相应地,香港学者对于分析哲学和欧陆哲学的研究,较之西方学者在这些领域的研究也有其特点和长处,因为他们在讨论西方哲学问题时有西方学者所没有的中国哲学传统可资利用。当然也有相当大一部分学者完全是在西方哲学传统中研究西方哲学,但即使在这样的研究方式上,香港哲学界的学者,通过他们在顶级哲学刊物发表的论文和在著名出版社出版的著作,可以与西方世界研究同样问题的学者直接对话、平等讨论。

香港哲学发达的另一个方面体现在其学院化与普及化的结合。很多大学的一些著名的系列哲学讲座,如香港中文大学新亚书院每年举办的钱穆讲座、余英时讲座、新亚儒学讲座都各自安排其中的一次讲座为公众讲座,在香港中央图书馆举行。香港一些大学的哲学教授每年还举办有一定主题的系列公众哲学讲座。在这些场合,往往都是座无虚席,到问答阶段,大家都争相提问或者发表意见。另外,还有一些大学开办自费的哲学硕士课程班,每年都有大量学生报名,这些都说明,香港浓厚的哲学氛围有很强的社会基础。

由于香港哲学家的大多数著作都以英文和一些欧洲语言出版,少量以中文出版的著作大多是在台湾和香港出版的,内地学者对香港哲学家的了解较少,本丛书就是要弥补这个缺陷。我们希望每年出版三到五本香港学者的哲学著作,细水长流,经过一定的时间,形成相当大的规模,为促进香港和内地哲学界的对话和交流作出贡献。

王庆节　黄勇

2019 年 2 月

中文简体版自序

　　本书除"导言"和"结论"外共有四章,围绕朱子的穷理工夫论展开探讨。我们提出"穷理工夫论"一词,为的是要表示:我们选择以"穷理"来标示朱子工夫论之特点,或者说以"穷理工夫论"作为朱子修养理论之定性。这就引出两个互相关联的问题:首先,朱子的工夫论规模大,所涉概念繁多,我们为什么从这一众概念里挑出"穷理"来作为其总的代表? 其次,"穷理"所表示的修养活动,其性质和形态如何?

　　这两个问题在第一章里均有处理。题为"朱子的穷理工夫论"的这一章是全书之奠基部分,旨在厘清基本概念、描绘朱子工夫论之轮廓并证成"穷理工夫论"之定性。在讨论过"工夫"的含义、工夫论的理论角色和儒学内部工夫论分歧的成因之后,本章的主要篇幅即用来剖析朱子工夫论之要义。我们通过"致知、格物、穷理"和"省察、涵养、敬"两组概念来描画这套理论的面貌,实质上即是以朱子从程颐那里继承过来的命题——"涵养须用敬,进学则在致知"(《河南程氏遗书·伊川先生语四》)——为纲领来展示其工夫论架构:"省察、涵养、敬"一组概念隶属于"涵养须用敬","致知、格物、穷理"则隶属于"进学则在致知"。

本章有两项比较重要的立论,恰好针对前述的两个问题。第一,我们虽然认为"穷理"(也代表"致知"与"格物")和"敬"(涵摄了"省察"与"涵养")已是朱子工夫概念群里最基本的、不能再予还原的两大宗,但同时也主张:相对而言,"穷理"更能彰显朱子工夫论之特色。故在这个意义下,我们把朱子的工夫论定性为"穷理工夫论"。第二,我们把穷理工夫理解为一种有着三重向度的修养活动,分别为以"太极"为究知目标的形而上向度、以事物之特性和规律为究知目标的经验向度、以"分别是非"为务的道德向度。所谓"分别是非",更准确地说应是"识其是非得失之所以然"(两者均为朱子语,但"分别是非"之提法较为一般化);此"所以然",我们理解为"是之所以为是、非之所以为非的理由"。换言之,道德向度下的穷理工夫,就是"探讨是非判断背后之理由"的修养活动。我们并且论证:在穷理工夫的三重向度里,道德向度为最根本。以上两项立论综合起来,即得出这样的主张:朱子的穷理工夫,基本上是一种"识是非之所以然"的修养活动,它代表着朱子工夫论之总体特色,足以成为这套理论的标志。

在这种主张底下,存在着一项贯穿全书的预设或认定(虽然书中未有明示):朱子的穷理工夫,**纯粹是一种道德修养工夫;这种修养工夫基本上是一种理性的道德审议活动,其要在于"识其是非得失之所以然"**,即探问或检验道德上的是非判断之所以能成立或不能成立的理由。

本书的第二章——"朱子对'先识本心'的疑虑:转向穷理工夫论",便是本着这样的预设来展开讨论的。其所探讨的是:原先赞同湖湘学派工夫论的朱子,及后却转而提出自己那套穷理工夫论;这个转向本身,除了出于朱子本人的修养实践经验和思维偏好,以及他对敌论的误解等主观因素之外,到底有没有客观上的理由可言? 为此,本章作了详细的分析和论证,其要旨可这样概括:在湖湘学派眼中作为成德之最关键工夫的"识心",此中之"识",理应是一种朱子式的"分别是非"活动,是对"心"的先在表现——例如"恻隐"等——进行的理性的道德审议;朱子的穷理工夫论把握住了这一点,因而比湖湘学派的工夫论述更为清晰周到。可以看出,本章这样的立论乃建基于或体现着刚才所说的预设:作为道德修养实践的穷理工夫,是一种理性的道德审议活动。

这样的预设延续到第三章——"朱子论知行关系与实践动力"。这一章的议题包含两步发展,起首的问题是:"分别是非"的穷理工夫作为一种认知性质的工夫,如何可以从知善知恶的道德认知引生出具体的为善去恶的道德行动? 参考了学者们的研究成果,我们的响应是:第一,穷理工夫所要知的并非一般的"信息",而是"理由",而所谓知得某事之理由,即意味着被该理由说服;这样的"被说服感",是一般"信息"所无法提供的。第二,这种"被说服感"可以给出相应的实践之动力。由此可见,我们的论述仍然本着"穷理工夫是'识其是非得失之所以然'之理性的道德审议活动"之预设。

根据本章的分析,像上述"被说服感"中的这种"感"的获得,正是朱子所重视之"真知"——能够提供充足的实践动力,因而可保证"行"的"知"——之所以产生的关键。就是说,知而有感,方成真知。但是我们同时又发现,构成真知之"感",并不单有刚刚的理性之感的部分,实际上还有像"爱饮酒"之"爱"的感性部分。并且,这一部分之感,非由理性思辨而得,而是来自另一项朱子也很重视的工夫:力行。

第三章的讨论分为两阶段。第一阶段止于"真知足可引生出为善去恶的道德行动",第二阶段则针对"从力行到真知"这一面的修养历程(达成真知需要两面着力,另一面为"从理性思辨到真知",我们已在第一阶段析论）。笔者认为，"从力行到真知"涉及棘手的理论难题，现试逐步阐明。由于朱子系统中的"心"并非"心即理"之心，因此像"理义之悦我心"（《孟子·告子上》）所言之心对于理义或道德之"悦"（相当于前面提出的感性之感），其必然性是难以说清楚的。意思是，一个不"即理"的心为什么一定会或终归会悦理义（甘愿或喜悦于道德之善）？这个"悦"的产生机制以及其必然保证之根据，依照朱子"心不即理"的立场是难以说明白的。而既然悦理义之发生是费解的话，我们便无从得知：在朱子的理论里，道德实践和成德修养历程中的"勉强"阶段，为何可以被克服、被超越？这是因为，"悦"，即甘愿或心甘意肯，适为"勉强"之对反：悦理义之下的道德实践，自然用不着勉强；反之，即为勉强的道德实践。因此，悦理义的产生机制和根据不明，同时也就是"道德实践和成德修养上的勉强"之消除机制和根据不明。需要表明的是，我们并非说朱子的理论因容许"勉强"的存在而有问题，而是说朱子的理论因不能说明"勉强"为何终可消除而有问题。一套成德之学会承认"勉强"阶段的存在，应是再自然不过的事；修养未臻"从心所欲不逾矩"（《论语·为政》）之境，实践便多少尚有"勉强"成分。所以朱子的问题不在这里，而是在难以解释甚至无法解释"勉强"为何终可消除，亦即等于无法说明"从力行到真知"——从勉强实践道德到心悦理义——这样的修养路径到底如何可能成功。于是，朱子在道德实践之动力问题上的答复，便终究难称圆满。

最后一章题为"非独断与可修正：穷理之学的开放性格"，由这样的问题意识出发：无论我们把朱子的穷理工夫描述为较一般化的"分别是非"，抑或较具体的"识其是非得失之所以然"，说到底，是非之判分、是非判断之理由的测定（例如说，检验一个被声称为"理由"的说法到底是否真的成一理由），总涉及判分之标准和尺度；那么，这些标准和尺度从哪里来？是由修行者本人颁布，还是有其他依据？可以看出，这样的问题意识仍然贯彻着前几章对于穷理工夫性质之认定，是这项预设所延伸出来的思考。

本章首先指出，朱子在修养论上看重"礼"，视之为天理的具体呈现；这表示，吾人的是非判准，乃有客观的礼传统作为参照，非任何个人可以独断。顺着这层意思，我们重点考察了朱子对于经典诠释的看法，从中了解穷理之学的性格（朱子明言"读书"为"穷理"的一个要项）。在他眼中，圣人留下的经典承载着他们对于天理的理解，后世的诠释传统正是以群策群力的跨世代集体合作方式来加以解读；能够读懂圣人之意，即能把握天理。然而，由于我们永远无法充分了解圣人之意，因此，经典诠释永远都可以有所修正。这也等于说：我们永远不能声称当下已完美地了解、通达或掌握了天理。由是我们得出穷理之学的"非独断"与"可修正"两项特点，以明其开放性格：寻索天理是一门永不止息的集体事业。最后，我们讨论了"天理"概念若是从这种开放性格的角度来看，它在当前世界能否有其哲学上的意义。

以上的概述，意在申明本书有一项一以贯之的预设或认定：朱子的穷理工夫，纯粹是道德修养的工夫，其性质基本上是一种理性的道德审议活动。这样的看法正是笔者的朱子哲学研究之下一阶段的思考起点。首先，本书确然较为侧重朱子工夫论中理性能力之培养一面，至于其理性面向以外之锻炼，诸如身体（仪表、姿态等）、技艺、情感、品味等，笔者今后将多加关注，以期完整理解朱子的修养哲学。本书注意到朱子的"力行"工夫及与此相关的"玩味""浹洽""涵泳"等概念，还有它们所反映出的感性向度的修养，正是新一阶段研究之伏笔。其次，值得认真反思的问题是：朱子的格物穷理，是否纯粹是、完全是道德修养的工夫？我们固然同意，儒者所提出的修养工夫必定包含道德修养于其中。我们甚至可以承认，对儒家来说，道德修养是自我修养之最重要的或必不可少的部分。只是，格物穷理会否并不止于完养道德人格，而是以"文质彬彬"为更高的修养目标？对朱子来说，自我修养是否等同于道德修养？道德的人生是否即为美好的人生？

　　本书繁体版面世以来，得各方专家和读者指教，笔者受益匪浅。现在由东方出版中心出版简体版，得以用另一样貌与新的读者见面。笔者感到荣幸之余，亦期望再收抛砖引玉之效。

吴启超
2025 年 3 月

自 序

　　在读者翻阅正文之前,我必须向他们禀告一事:本书是一个目前学术身份尴尬的作者,所造出来的一块敲门不成的敲门砖。

　　今年4月,在本书通过复审,获"国立"台湾大学出版中心确认可以出版之时,我仍为香港中文大学哲学系助理教授,距第六年任期完结尚余三个多月。按规定,助理教授任期最长六年,在第五年结束后,须向校方申请转为"实任"(substantiation),成功的话即晋升为副教授;若失败,正常情况须于12个月内离职。校方虽无明示出版专书为成功条件,但我早从系方得知,出版专书将大大有利于我的申请。

　　本书初稿于2016年8月写就,随即同时交付台大出版中心进行学术审查及香港中文大学做实任申请。12月1日收到出版中心通知,本书需修订并进行复审。修订历时三月完成,今年4月中即接获好消息,我于是马上把出版证明上呈校方,并于同月与出版中心签订出版契约书。经历几年挣扎求存、身心俱疲的时光,至此终可松一口气,稍敢乐观。

　　岂料,5月26日接到坏消息:我的实任申请失败了。但也很幸运,鉴于我的教学表现良好,系方与文学院为我争取到一个不常见的安排：我可转任为高级讲师（senior lecturer），主责教学，无研究要求，任期自8月1日始。

过去六年，我得过三个教学奖，分别是香港中文大学校长模范教学奖（2012年）、香港中文大学通识教育模范教学奖（2012年）以及香港中文大学文学院杰出教学奖（2016年）。犹记得在2013年3月为得奖人而设的晚宴上，校长还亲赠每人"春风化雨"四字。那时我真的相信，教授就是"教"与"授"，以诲人授业为本务。如今看来，我们应否重新考虑"professor"一词的中文翻译？还是我根本错解了"教授"两字？无论如何，现在的我已是高级讲师，名正言顺是"师"了，乃分之宜。

可话分两头，我也必须坦承，自己过去六年的研究表现确然逊色：两度申请研究经费失败，仅发表了六篇中文哲学论文（五篇在学术期刊，一篇在论文集），而申请实任时，亦只能交出本书初稿，未能把用心修订的成果呈献给四位校外匿名评审先生。尚可庆幸的是，我也的确在六年任期内争取得本书之出版，勉强对自己的研究职责有所交代。

说回本书，它由我的博士论文大幅改动扩写而成。以本书初稿计，在约二十万字（含脚注）的篇幅里，博士论文的内容仅占约七万字，主要见于第一章（部分）及第二章（全部）。现时之定稿则长约二十三万字（含脚注），由初稿删去一万多字（大体均属原博士论文之内容），复增写四万多字而成。博士毕业八年，我对朱子的理解有不少转变，尤其本书第三章关于朱子论知行关系与道德实践动力，当初撰写博士论文时的立场已被完全抛弃。此外，第四章"非独断与可修正：穷理之学的开放性格"之第二节及第三节第一小节曾独立发表于《鹅湖学志》第55期（2015年12月，第1—40页），题为《如何既预认天理又保持开放？——朱子读书穷理之教的启示》。

最后，我要向一些人士致歉和致谢。构思这篇序文时，有四字一直萦绕脑际：双重亏欠。亏欠的是我的家人，特别是母亲连嘉风女士和妻子李宁君女士。过去数年压力甚巨，动辄在家里大发脾气。这两位善良而体贴的女士在支持我、与我分担压力、悉心照顾我们家一对孩子的同时，还一再承受我的坏脾气，已是一重亏欠；发了脾气，却又不能把成功带给她们，叫她们白受苦，就是双重亏欠。先父离世快廿载，我竟仍未学会在家里担当一个像样的角色。当然，抱歉之余，我对她们的忍耐和爱护也怀着最大的感激。

还要感谢台大哲学丛书主编林正弘教授、执行本书编辑工作的蔡忠颖先生，以及两位匿名审查先生。在得悉实任申请失败后，我马上告知蔡先生，生怕我现时的身份会影响丛书的学术声誉。蔡先生随即代为联系林教授，林教授慷慨表示，丛书出版看的是学术水平，跟作者职位无关。今年6月在台湾有幸和林教授共膳，其温厚与幽默令人一见倾心。蔡先生在本书编务上尽心尽力，还为我的事业忧心，多番勉励开解，其贡献已非"编辑"两字可以道尽。两位审查人用心指正，惠赐睿见，使我获益良多，也谨此致谢。

当下的我，已不被体制承认为做学问的人。唯我可以肯定：我还能学，我还愿学。正是朱子所谓："而今且大着心胸，大开着门，端身正坐以观事物之来，便格它。"格物穷理，永无止境，本书之作只是一个阶段，我对学问的渴求并未因一时际遇而稍减。因此，还望读者诸君对我多加督促，对本书多加指正。

吴启超
2014年3月

目　次

导　言

本书以中国南宋时期哲学家朱熹（字元晦，又字仲晦，号晦庵等，1130—1200；以下一律称朱子）的穷理工夫论为研究对象，旨在通过三种向度，检讨此一学说的理论效力。本章作为全书导言，将为读者提供理解此下各章的基础信息。

　　在介绍三种向度的检讨工作前，必先扼要交代"穷理工夫论"的含义。而欲明"穷理工夫论"，又需先明"工夫"及"工夫论"二词。惟"工夫"在中国哲学里的含义颇复杂，为免枝蔓，细节且留待第一章"朱子的穷理工夫论"再行剖示。目前只需指出："工夫"的最基本意思是"修养活动" ①，但在"工夫论"这一词汇里，"工夫"则特指修养活动所

---

① "修养"后面带上"活动"而成"修养活动"一复合词，为的是表明这里的"修养"应作活动看。在日常言谈里，我们会说"某人很有修养"，这个"修养"大约即指"修为境界"或"道行"，非指活动。"工夫"这一概念，虽可包含这层"修养境界"或"道行"的意思，唯其基础义则在活动义的"修养"（详论见本书第一章），故以"修养活动"强调之。笔者曾以"修养实践"一词来界定"工夫"的这一基础义，而非现在使用的"修养活动"，但经匿名审查人提醒后，作了进一步的考量。宽松地看，"实践"固可指"一切有意为之的活动"，包括认知（或智思）活动以至实际的身体力行等（而不随意的肌肉抽搐等则不属"实践"，以其乃无意为之故）。（转下页）

依循的方法,简称"修养方法"(详细的文献举证及义理讨论亦见第一章)①。是故,"工夫论"即"有关修养方法的理论、论述、议论"。落在儒家哲学的脉络里,"工夫"如取其最基本意思,则指"促成或培养出道德人格(例如君子、仁者)的修养活动"②,而"工夫论"即指"有关完养道德人格之方法的理论、论述、议论"③。

(接上页)然收紧地看,"实践"也可仅指举手投足等"(有意为之的)形躯的外部表现",而排除开不涉形躯外部表现的认知(或智思)活动。若我们取的是后一义,则"修养实践"作为"工夫"一词的基本界说便有问题,因为朱子分明有"致知工夫"一词[见朱熹著,黎靖德编,《朱子语类》(北京:中华书局,1994年),卷七,第125页],表示"工夫"也有认知活动或程序的向度,不必然涉及形躯的外部表现。是故笔者推敲过后,决定采用"修养活动"这一可涵盖举手投足与认知(或智思)两面的词汇来表达"工夫"的最基本意思。而且这种活动既称"修养",便已具"有意为之"之意,能自外于做梦、心跳等无意为之的活动,不必再带上"实践"一词来强调。

① 总之,这里是要表明,"工夫"的首出义或基础义是"修养活动"。唯在本书的复审报告里,匿名审查人希望笔者再行斟酌此理解。其大意是:把"工夫"作"活动"看应属无疑,疑点倒在于"修养活动"——"工夫"可一律训为"修养活动"吗?笔者认为这一怀疑固然有理——好比在日常言谈里,我们会说"这道菜花了厨师很多工夫",这个"工夫"即恐难解作"修养活动"。然笔者认为,在传统中国哲人的哲学言谈之下,或说,当这些古人在从事哲学言谈时,"工夫"或不应泛指任何活动,而应特指"以达成修养目标为依归的活动""有利于修养目标之达成的活动"。以朱子为例,他常有"做工夫""下工夫"之说法;当这些"做工夫""下工夫"属于哲学言谈(而非宽松的日常言谈)时,大体均可解为"从事或进行(做、下)有利于修养目标之达成的活动"。换言之,当朱子称一项活动(不论其属于"知"或"行")为工夫时,它必定是以达成(朱子所认定的)修养目标为依归。

② "工夫"一词为后出,不见于早期儒学文献,但《论语》里的若干"学"字,实已有(作为道德修养活动的)工夫之意。例如,孔子说:"有颜回者好学,不迁怒,不贰过。"(《论语·雍也》)以"不迁怒,不贰过"为"好学"的具体表现,则其所好之学,自属道德修养活动。在这个基础上,我们自能明白孔子说"古之学者为己,今之学者为人"(《论语·宪问》)的含义:"为己"即指完善自己的人格,是古时之所谓"学"(但"今之学者为人"的"学",便难以解成"修养活动")。再如,孔子自道:"吾十有五而志于学,三十而立,四十而不惑,五十而知天命,六十而耳顺,七十而从心所欲,不逾矩。"(《论语·为政》)从其三十以后的进境大体均属"人格完善"的范畴看,其十五时所"志"之"学",自亦当指"完养自己人格的修养活动"。

③ "工夫论"虽为现代学术用语,用以概括传统儒家哲学里某一特定部分的论说或思想,但"有关工夫(这里特指道德修养方法)的谈论",实际上早已发生于传统儒学中。像孔子与子贡讨论"仁之方"(《论语·雍也》)、公孙丑问孟子(转下页)

　　现在可进而说明"穷理工夫论"。按道理，当我们说"朱子的穷理工夫论"时，此中"穷理"一词可有两种不同功能，其一是"区别、划分"，其二是"综括、指明整体要义"。假定现在的用法旨在区别、划分，意思就是把"穷理"用作命名朱子整套工夫论里面的某一部分。它想要表示：朱子的整个工夫论可细分为若干部分或"子理论"，这些部分虽同属工夫论，但彼此内容有所不同；其中的一个部分便称为"穷理工夫论"，其余的则属于"非穷理工夫论"（比如说，诚意工夫论、静坐工夫论等）。在这个用法下，"穷理"虽仍可"指明要义"，即指明该"子理论"的特点，但这不同于上述第二项功能：综括及指明整体要义——此要义以朱子的整个工夫论为言，非指其中某一部分的特点。本书题为"朱子的穷理工夫论"，其中"穷理"一词即取这第二项功能，用以彰显朱子工夫论的整体要义：朱子工夫论整体的根本特点或说其独特的理论性格，就反映在"穷理"之观念上。

　　此整体要义之论定详见第一章。这里先交代一点：我们的论定将

（接上页）"不动心有道乎？"（《孟子·公孙丑上》）便是有关修养方法的谈论。至宋明儒，由于有了"工夫"（或"功夫"）一词可用，他们便自觉地把这种关于修养方法的谈论系属于"工夫"的范畴下。一个经典例子是《传习录》中王阳明与两位门人的对话［见陈荣捷，《近思录详注集评》（台北：台湾学生书局，1992年），第359—360页］。由于阳明提出"无善无恶心之体"，引发一位门人（汝中）的异议："此恐未是究竟话头。"另一门人（德洪）即为其师澄清说："心体是天命之性，原是无善无恶的。但人有习心，意念上见有善恶在。格致诚正修，此正是复那性体功夫。若原无善恶，功夫亦不消说矣。"两人遂请教其师，阳明回答说："二君之见，正好相资为用。"理由是他对人的教导，原来就有两种法门，分别对应"利根之人"和一般人："利根之人，一悟本体，即是功夫。……其次不免有习心在，本体受蔽。故且教在意念上实落为善去恶。功夫熟后，渣滓去得尽时，本体亦明尽了。汝中之见，是我这里接利根人的。德洪之见，是我这里为其次立法的。"我们可以看出，这个时期的儒者，已很自觉地使用"本体""工夫"等范畴来概括其论述内容：关于"本体"的谈论，其内容即心、性、天命以及心性善恶等议题；关于"工夫（或功夫）"的谈论，即涉及"格致诚正修"等修养活动及其方法——阳明最后说的"为其次立法"的"法"字，便指修养方法。

通过两个步骤，首先是判定朱子一系列工夫概念之间的主从关系，其次是在比较哲学或理论对照的视野下标举"穷理"作为朱子工夫论的根本特点。详言之，在第一个步骤里，我们将列举朱子工夫论的若干主要概念，讨论它们之间的主从关系，从而指出："敬"与"穷理"实为朱子工夫论概念群里之两大宗。就是说，这两个概念在朱子工夫论里具有最大的涵摄性；其他工夫概念，要么依附或从属于"敬"，要么即依附或从属于"穷理"。朱子的这番见解，除了把"致知"转译成"穷理"外，其理念基本未越出北宋程颐（字正叔，号伊川，1033—1107）所提出的工夫论纲领："涵养须用敬，进学则在致知。"①就着此纲领以至朱子工夫论的理论内部看，"敬"与"穷理"这两大宗之并立无疑是根本的实情，彼此间已难再分主从轻重。唯笔者想在此更进一义，改从比较哲学或理论对照的角度，以"穷理"来象征朱子工夫论那与众不同的理论特点。第一章里，在厘清"工夫"与"工夫论"的含义后，接着便讨论工夫论的理论角色以及一个重要问题：为什么宋明儒学内部会存在工夫论上的分歧？笔者认为最主要的原因，在于不同儒者对"心"有不同体认。比如说，那些相信心是本然地纯善无恶的哲人，自然不会特别提倡一种对心予以规范、制约的修养方法。相反地，由于朱子认为心乃本质上可善可恶（善恶上中性），故特主张"格物穷理"一类强调以理制心的工夫。是故，在承认"敬"与"穷理"为两大宗的前提下，我们将对后者予以较多的强调，因为"穷理"相对地更能呼应朱子对"心"的独特体认，更能反映朱子道德哲学在宋明儒传统里的特色，故笔者以之为朱子工夫论的总代表观念。总之，从朱子本意的角度看，在"涵养须用敬，进学则

---

① 程颢、程颐，《伊川先生语四》，《河南程氏遗书》，卷十八，收入《二程集》（北京：中华书局，2004年第二版），第188页。本书《河南程氏遗书》皆出于《二程集》，以下不一一注明，仅标注其页数。

在致知"的宏规下,"敬"与"穷理"同等重要,但从比较哲学的角度看,"穷理"则更能反映朱子哲学的特征。

此下第二、第三、第四章即进入理论检讨的工作。具体地说,它们将分别从三种向度展开。第二章"朱子对'先识本心'的疑虑:转向穷理工夫论",属于"溯源式的检讨",就是考察穷理工夫论之提出(或说:朱子放弃其原来所认同的一套工夫论,改为主张他自己那套穷理工夫论)这一事情本身的合理性。之所以称为"溯源式",因为相对于其后两章的检讨工作而言,它有一种"往回看"的性质,着眼于穷理工夫论的理论起点。唯笔者必须强调,此检讨工作尽管称为"溯源式",却并非一种"心路历程的回顾"或"思想史的考察"。本书所关注的,始终是穷理工夫论的理论效力。这一关注在第二章里即显发为一个中心问题:朱子是否有哲学上的理由(非关其主观感受),去拒绝其论敌——湖湘学派——的工夫论(以"先识本心"为纲领),转而主张他自己的穷理工夫论? 此中即蕴含着一个客观的理论课题:湖湘学派所代表的"心学的工夫论",与朱子所代表的"理学的工夫论",作为哲学理论看,何者更为妥善? 是故,该章虽或似一种历史的清理,实际上却**是一种理论的检讨**,其哲学论理的程度不低于此下两章。

第三章"朱子论知行关系与实践动力",可称为"理论本身的检讨",集中讨论穷理工夫论本身所要面对的理论难题,看其能否提供令人满意的回应。至于第四章"非独断与可修正:穷理之学的开放性格"[①],其工作则可形容为"展望式的检讨",表示该章想探讨的议题,并非朱子的时代所要面对(甚至非其时代所能想及),而是立足于我们的

---

① 这一章以笔者新近发表的一篇论文为骨干[《如何既预认天理又保持开放? ——朱子读书穷理之教的启示》,《鹅湖学志》第55期(2015年12月),第1—40页],该文加以修改后,成为该章第二节及第三节之第一小节的内容。

时代,向朱子的穷理之学寻求解答我们问题的理论资源。正因这种检讨工作并非着眼于穷理工夫论的理论起点,亦非此理论本身的合理性,而是其对当下以至今后时代所可能带来的理论启示,故称为"展望式的检讨"。

兹再概述第二、第三、第四章的主要课题及论点如下。

如上所言,第二章旨在探问:穷理工夫论之提出,是否有其站得住脚的理由?具体来说,即朱子自"中和旧说"那种靠拢湖湘学派的工夫论见解,转向"中和新说"的穷理工夫论,此转向本身是否有稳固的理论基础?我们的讨论将集中在湖湘学派"先识本心"的理论主张(随着讨论焦点的明朗化,后文将称之为"识心说")。此主张由湖湘学派领袖胡宏(字仁仲,号五峰,1105—1161)提出,作为该学派最根本的工夫论纲领,而为朱子所质疑。换言之,朱子工夫论的转向,关键点就是他对"先识本心"的不满,而此转向之合理与否,就取决于其质疑的理据。该章的重要论点,是"识心说"忽略了"是非之心"之"理由赋予"的功能;相对地,朱子则能正视之,故在工夫修养上有较为明朗清晰的表述,因此他在工夫论上作出舍"识心说"而取穷理工夫论的转向,实属有理。

第三章会着眼于穷理工夫论自身,看看它需要面对怎样的理论难题。笔者认为,此中最富有挑战性的难题,可称为"知行关系与实践动力问题":作为修养工夫枢纽的"穷理",本身既属于"知"的活动,则它如何保证道德实践之"行"?在朱子的理论中,从穷理到具体道德实践之间那股"把知落实为行"的动力,似乎是成疑的。是故,我们把朱子工夫论所要面对的最大难题称为"知行关系与实践动力问题"(简称"动力问题")。宽泛地看,"动力问题"固然是关于"知"如何确保"行",这在朱子的理论里,可用"真知即能行"一说来回答。然而,若对问题有足够的微观,我们便会发现,"真知即能行"的答案实在未尽周延。这涉及"真知"的来源。我们将会看到,在朱子的思想中,"真知"的获得很可能需要"行"的助成。这个助成"真知"的"行",理论上并不出于"知",而只能出于某种"勉强"(勉力而行)。问题倒不在于这种"勉强"有何神秘难解,而在于这种"勉强"为何最终可以消除。为此,我们需要深入到朱子的"心"与"理"的关系上去寻找答案。是故,该章会把"动力问题"开列为浅深两义:其浅义即"知如何推动行",这在朱子可用"真知即能行"来回应;其深义即"勉强为何终可消除",朱子的答复则需往其"心"与"理"的关系里去考掘。

　　第三章还有一点值得事先说明。从上面的介绍可知,本书对朱子之"心"有一基本认识:朱子认为,心乃本质上可善可恶(善恶上中性),而非本然地纯善无恶。这一基本认识可谓贯穿全书,尤其作为第一至第三章的立论底据。此理解固非凭空而来,我们在第一章便会提出朱子的文本为证(见该章第三节"朱子工夫论的哲学前提:对'心'的特殊体认")。然而,随着本书讨论的进行,特别到第三章谈及朱子在"动力问题"上的取态时,我们对"心"这一概念实在需要更为深入和周到的说明。是故,第三章最后一节"'动力问题'之不圆满答复",将综合考虑学者们的意见,对朱子之"心"作更进一步的厘清。可以说,在本书的显性结构之下,实贯穿着一道隐伏的议题。所谓"显性结构",即指第一章剖析穷理工夫论(是为全书之本论部分)以及其下三章的"三重向度的理论检讨"这一结构,探讨的主角自然是穷理工夫论无疑。而那道隐伏的议题,即指朱子之"心"究竟当如何理解。此一议题到了第三章的最后部分,将重提出来再作一显题化的正面处理。

　　第四章作为一种"展望式的检讨",焦点落在"我们时代的问题"上。此问题可这样表述:在我们身处的文化多元或价值多元的时代里,像传统的"天理"这种似要把价值定于一尊的观念,还有必要存在吗?毫无疑问,朱子肯定是天理的忠实支持者。那么,当他碰上这道"我们时代的问题"时,又会给出怎样的回应?笔者认为,我们应循两种方向思考。首先,倘若我们不再预认"天理"(或与其类同)的观念,需要付出什么代价?其次,如果我们的时代仍要讲"天理"一类的观念,又有没有可能讲得"开放"一点?就是说,讲"天理"也可以不带有"把价值定于一尊"的意图?该章会把讨论重点多放在第二个方向上,试图从朱子的穷理之学里(尤其是他关于"读书穷理"的论述)寻求启示。反过来说,该章的主要工作,即在通过"我们时代的问题",揭示朱子穷理之学所蕴藏的"开放"性格。

最后是"结论",旨在统揽全书、总结贡献,并展望未来研究。简言之,此章所做的是一种"划定边界"的工作。一方面,本书在朱子哲学研究上作了一些开拓,在前人的基础上,把这个领域拓宽到新的边界上,为未来的研究提供了新的视野。另一方面,边界同时意味着限制(尽管它是版图拓展后的新边界),表示本书仍有一些未及处理或有待进一步处理的议题。这两方面均会在结论部分说明。笔者期望,通过对朱子穷理工夫论准确且周延的诠释,以及三种向度下严格而深入的理论检讨,本书能呈现一套对穷理工夫论较为全面的理解,以推进朱子哲学的研究,并为其进一步参与普遍哲学议题的讨论打下新的基础。

朱子的穷理工夫论

本章旨在勾勒朱子工夫论的轮廓，测定其主调和要义，并论证：朱子工夫论的整体特性应以"穷理"观念来表示[①]。本章一共四节：第一节剖析"工夫"与"工夫论"的含义。第二节阐述工夫论的理论功能与工夫论分歧的成因。第三节交代朱子工夫论背后的道德哲学前提：吾人并不具备一个本然纯善的"道德本心"，换句话说，"心"本身是可善可恶的（善恶上中性）。因此，在工夫论上，朱子不以"求放心"或"存心"（此"心"为朱子所理解的可善可恶之心）为已足，而必强调"穷理"，以"理"去规范"心"的活动，工夫枢纽因而落在穷理上。第四节根据几个主要观念，包括"格物""穷理""致知""涵养""省察""敬"等，勾勒朱子工夫论的轮廓，从而分析穷理工夫论的要义。

[①]　本章的基本论证策略和理路之扼要说明，见"导言"。

第一节　工夫与工夫论

由于撰写本书的缘故，笔者才察觉，自己过往对"工夫"这个概念的理解其实并不周到：把"工夫"完全等同于"修养方法"，以为两词可互换。实则，"修养方法"只是"工夫"的引申义。

且从这个误解谈起。众所周知，先秦儒并未使用"工夫"（或"功夫"）一词。但笔者素来以为，先秦儒文献中某些意谓"方法"的"方"字、"道"字，即相当于"工夫"。例如"能近取譬，可谓仁之方也已"的"方"字（《论语·雍也》）①，以及"不动心有道乎"（《孟子·公孙丑上》）和"诚身有道，不明乎善，不诚其身矣"（《孟子·离娄上》）的"道"字等。

直到近来，笔者读到一部有关理学工夫论的新作——王雪卿的《静坐、读书与身体：理学工夫论之研究》，才重新认识"工夫"一词。王氏在《导论：静坐、读书与身体》开首即说："'工夫'在东方哲学的用法中含义相当丰富，它可以被视为'修养'，但似乎又比'修养'一词多了些宗教神秘气味。它不见于先秦儒家，大致上要到宋代以后才逐渐出现在儒门典籍，成为一种重要的文化现象，明代以后学者使用此一词语更是翕然成风。"②对于后一句"它不见于先秦儒家……"，笔者全无

① 当代的《论语》注译者们虽然在"能近取譬"的解释上有小异，但对于"仁之方"的理解则大体一致。杨伯峻译为"实践仁道的方法"，见《论语译注》（香港：中华书局，2011年重校本），第134页。孙钦善译为"行仁的方法"，见《论语本解》（北京：生活·读书·新知三联书店，2009年），第76页。钱穆注释说："方，方向、方术义。仁之方，即谓为仁之路径与方法。"见《论语新解》（台北：东大图书公司，2004年），第175页。
② 王雪卿，《导论：静坐、读书与身体》，《静坐、读书与身体：理学工夫论之研究》（台北：万卷楼图书股份有限公司，2015年），第1页。此外，杨儒宾在《未蹨（转下页）

异议,这是人所共见的事实[①]。但对于前一句,撇开"工夫"是否比"修养""多了些宗教神秘气味"不论,笔者初读时,不禁觉得陌生:把"工夫"解作"修养",这"修养"后面是否缺了"方法"两字?

　　幸好,笔者只消简单查找一下资料,便发现自己的错误:仅看《朱子语类》开头数卷,已知"工夫"不可能直译作"修养方法"或"方法"。这里且举四例:

> 　　某年十五六时,读《中庸》"人一己百,人十己千"一章,因见吕与叔解得此段痛快,读之未尝不竦然警厉奋发!<u>人若有向学之志,须是如此做工夫方得</u>。[②]

> 　　古人学问便要穷理、知至,<u>直是下工夫消磨恶去</u>,善自然渐次可复。[③]

> 　　<u>要验学问工夫</u>,只看所知至与不至,不是要逐件知过,因一事研磨一理,久久自然光明。如一镜然,今日磨些,明日磨些,不觉

<u>(接上页)</u>天根岂识人:理学工夫论》一文中亦说:"'工夫'这个词语是传统的语汇,理学家的惯用语,明儒著作中使用得尤其多。"见景海峰主编,《儒家思想与当代中国文化建设》(北京:人民出版社,2013年),第574页。

① 但应当指出,先秦儒无"工夫"一词,不代表他们没有对于"修养"的关注以至没有相当于宋明儒"工夫论"内容的论述。彭国翔说:"以往对于儒家传统尤其先秦儒学的'礼仪'问题,基本上并未引入功夫论的视角。或者说,大体上认为功夫问题只是宋明儒学言说脉络下的产物,先秦儒并无功夫论可言。换言之,在先秦儒学的礼仪实践和宋明儒学的自我修养功夫之间,应当是'所同不胜其异的'。这一点,或许是以往学界对先秦儒学与宋明儒学之间的差异提揭过重,对儒家传统这两个重要阶段之间的连续与连贯未能正视所致。"见彭国翔,《作为身心修炼的礼仪实践:以〈论语·乡党〉篇为例的考察》,《台湾东亚文明研究学刊》第6卷第1期(2009年6月),第5页。

② 朱熹著,黎靖德编,《朱子语类》,卷四,第66页。引文下之底线,由笔者所加,以突出重点。全书同。

③ 朱熹著,黎靖德编,《朱子语类》,卷五,第86页。

自光。若一些子光，<u>工夫又歇</u>，仍旧一尘镜，已光处会昏，未光处不复光矣。且如"仁"之一字，上蔡只说知仁，孔子便说为仁。<u>是要做工夫去为仁</u>，岂可道知得便休！①

古人自能食能言，便已教了，<u>一岁有一岁工夫</u>。到二十时，圣人资质已自有十分。②

以上四段引文中，"做工夫"和"下工夫"一共出现三次。明显地，当中的"工夫"不可译成"修养方法"或"方法"——"做方法"或"下方法"是说不通的；译成"修养"则相对顺适得多。又如第三段引文，"工夫又歇"，显然亦不能说成"方法又歇"，说成"修养又歇"则可。唯一勉强可以说成"方法"的，是第三段引文首句"要验学问工夫"。孤立地看（即抽离于上文下理），说成"要检验学问方法之有效与否"，也说得通。但同一段话，下面还有"工夫又歇""做工夫去为仁"，则整体地看，首句"要验学问工夫"，便理应说成"要检验修养成果或修养进境"。此"修养成果"或"修养进境"一义，即可通往最后一段之"一岁有一岁工夫"：一岁有一岁的修养（含"成果"或"进境"），至20岁时，已然累积了不少"圣人资质"。若说成"一岁有一岁方法"，则全不可通③。

那么，能否干脆使用"修养"来代替"工夫"、用"修养论"来代替"工夫论"？笔者认为，这得视每位作者在不同情况下的论述性质和论述目标而定。以本书为例，读者如将其中的"工夫论"理解为"修养论"，亦未尝不可。但必须知道，这种代换只是一种方便，即以今人所容

---

① 朱熹著，黎靖德编，《朱子语类》，卷五，第92—93页。
② 朱熹著，黎靖德编，《朱子语类》，卷七，第125页。
③ 但这里应事先表明，"方法"虽非"工夫"的本义，却可看作其引申义（如同笔者于前面所曾提及），下详。

易理解的概念,去领略陌生的古代概念。我们须先了解,"工夫"的含义实有越出"修养"所表达者,方能不带有误解地行使这种方便或善用这种弹性。正如前引王雪卿所指,"工夫""可以被视为'修养'",这个"可以被视为",即显示一种审慎态度①。

事实上,近年来不断有学者试图揭示和厘清"工夫"(或"功夫")②所蕴含的丰富意义,避免作过分简化的现代翻译。例如,杨儒宾说:"工夫是一种有意识的行为,它通常需要花费较长的时间,才可以精熟,最后达到预期的境地。有意识、时间、精熟、目的可以视为工夫的四要素。在今日的日常用语中,'工夫'一词仍有此含义。放在理学的脉络中看,工夫也是指一种自觉的道德实践,学者需要花时间不断地从事道德的工作,仁精义熟,最后预期可以达到人格的大而化之之境。"③而就笔者所知,更仔细的讨论,则数倪培民的《将"功夫"引入哲学》一文④。

该文先以溯源的方式,阐明"功夫"概念的原初义与引申义。这个出现于魏晋时期的词语,"它起初指的是'工程'和'夫役',或在某件

---

① 如同杨儒宾所指出:"'工夫论'可以说是一种身心修养论,'工夫论'的含义属于今日的道德哲学的分支。"但他亦同时表明:"为了易于进入理学家的叙述脉络,了解他们的道德实践所为何来,我们有理由使用此词语而不用'修养论'、'实践哲学'之类的现成术语。"见杨儒宾,《未蹠天根岂识人:理学工夫论》,景海峰主编,《儒家思想与当代中国文化建设》,第574页。
② "工夫"与"功夫"相比,后者出现得较早,在陈寿的《三国志》里已有若干用例。至于"工夫",则首见于《抱朴子》。在宋明儒文献中,两词常混用,含义大致无别。如《朱子语类》卷二十八载:"或问:'由求所以未仁,如何?'曰:'只为它功夫未到。'问:'何谓工夫?'先生不答。久之,乃曰:'圣门功夫,自有一条坦然路径。'"(第720页)又如同书卷一百一十八载:"先生问倪:'以前做甚工夫?'曰:'只是理会举业。'曰:'须有功夫。'曰:'只是习《春秋》。'又曰:'更做甚工夫?'曰:'曾涉猎看先生《语孟精义》。'"(第2853—2854页)
③ 杨儒宾,《未蹠天根岂识人:理学工夫论》,景海峰主编,《儒家思想与当代中国文化建设》,第575页。
④ 倪培民,《将"功夫"引入哲学》,《中国哲学与文化》第10辑(2012年9月),第49—70页。

事情上所花的时间和努力"①。而其引申义则主要有两个,其一是"指称做某件事情所需要的能力、才艺和造诣,也称为'功力'",其二是"指做某件事情的方法,也可称为'功法',如程颐将'穷理'看作'知命尽性的功夫',陆九渊所谓的'易简'功夫等。在'功法'这个意义上,'克己''集义''灭人欲''主敬'等等都可以说成是功夫"②。这样看来,笔者先前把"工夫"完全等同于"方法",虽属误解,但若说"方法"是"工夫"这个意义丰富的概念所包含的其中一面,亦非无据。

接着,该文即根据"功夫"概念在宋明儒中的使用情况,指出"功夫是一个三维合一的概念":

> 从"功力"的角度看,功夫是本体的性质,是通常需要长时间实践修炼、有恰当的方法指导而获得或者开发、彰显的才艺、能力。从"工夫"的角度看,功夫是有恰当的方法指导,为了获得才艺、能力而进行的实践修炼。从"功法"的角度看,功夫是为了获得才艺、能力而进行长时间实践修炼的方法。③

"功夫"概念的三个维度,就是"才艺、能力""实践修炼"和"方法"。先说前两维(其中第二个维度,此下将改称为"修养活动"④)。回看前引四段《朱子语类》,我们发现,"修养活动"一义当为最基本:"做工

---

① 倪培民,《将"功夫"引入哲学》,《中国哲学与文化》第10辑(2012年9月),第54页。
② 同上。
③ 倪培民,《将"功夫"引入哲学》,《中国哲学与文化》第10辑(2012年9月),第56页。
④ 个中考虑,详参"导言"之注脚①。要之,笔者并不反对言"实践修炼"。因"实践"一词,如取其宽松义,确可包括身体力行与认知(或智思)两面。唯狭义而言,"实践"或仅能指身体力行之"形躯的外部表现",排除了朱子的"致知工夫"(属认知或智思活动)。故为审慎计,笔者将"实践修炼"改称为"修养活动"——"修养"与"修炼"含义相当,而"活动"则用以代替"实践"。

夫""下工夫"很自然应该理解成"从事或进行修养活动",而"工夫又
歇"自然亦表示"修养活动"的中断。至于"要验学问工夫",笔者理
解为"要检验修养成果或修养进境",成果、进境即通于倪培民所说的
才艺、能力。而由于它们之获得乃本乎长时间的修养活动,可见"修养
活动"一义仍为根本。正如朱子说古人"一岁有一岁工夫",至20岁时
已积累相当程度的"圣人资质",这里的"工夫"固可以"功力"解释,
但毫无疑问,"一岁有一岁功力"亦必须建基于"一岁有一岁修养"。从
"修养活动"作为"工夫"概念的基础性含义来看,前述王雪卿言工夫
"可以被视为'修养'",可谓得其要领。

至于"方法"一义,在那四段《朱子语类》里,却未见明确对应。
虽然倪培民接连举出"克己""集义"等一系列概念,表示它们"都可以
说成是功夫(功法)",道理上完全说得通,而非想当然地轻率猜测;但
若缺乏确凿的文本证据,则其论断终究仍未免有憾。他又提到程颐和
陆九渊(字子静,号象山,1139—1193)的说法。关于程颐,笔者粗略翻
查过,并未发现其有"知命尽性的功夫"之语。至于陆九渊的"易简工
夫",则显然来自其鹅湖诗中"易简工夫终久大,支离事业竟浮沉"一
联①。然而,这个"工夫"实在不应理解为"方法"(或用倪培民的术语
"功法")。一来,"易简工夫"乃对应"支离事业",要是"工夫"意谓
"方法",则与"事业"不匹配。"事业"带有"实践"之意,则"工夫"亦
当理解为"修养活动",方为相称。二来,说一种方法"终久大"是费解
的。是故,陆九渊实际想表达的意思应该是:一种易简的修养活动终
可持久并取得丰硕的成果(终久大)。

然则,宋明儒文献里到底是否有"把工夫视作修养方法"的用例?

---

① 见陆九渊,《语录上》,《陆九渊集》(北京:中华书局,1980年),卷三十四,第427页。

如果有，是在什么情况或话题下？诚然，这个问题的圆满解答，端赖我们对宋明儒文献（起码是其哲学文献）作大规模的检视和爬梳，本身足以自成一项独立研究，非笔者目前所能处理。但笔者发现，《朱子语类》有两段记载能提供有用的线索，特可注意：

> 学者议论工夫，当因其人而示以用工之实，不必费辞。使人知所适从，以入于坦易明白之域，可也。若泛为端绪，使人迫切而自求之，适恐资学者之病。①

> 倪求下手工夫。曰："只是要收敛此心，莫要走作，走作便是不敬，须要持敬。尧是古今第一个人，《书》说尧，劈头便云'钦明文思'，钦，便是敬。"问："敬如何持？"曰："只是要莫走作。若看见外面风吹草动，去看觑他，那得许多心去应他？便也不是收敛。"②

先看第二段，问者求"下手工夫"，朱子答以"收敛此心，莫要走作"，这是修养活动的具体操作方法。依笔者之见，倘若"工夫"的基本义是"修养"，则严格来说，问者所求的其实是"工夫如何下手"——修养活动当该如何操作。唯当时人却干脆称之为"下手工夫"，可见在这种话题下，"工夫"便呈现出"方法"一义。而这种话题，实即"工夫论"的话题。朱子虽未使用"工夫论"一词，但从第一段引文的"议论工夫"来看，他对"工夫论"一词当可首肯。正如朱子虽未使用"心性论"一词，但从其有关"心性"的大量论述来看，则倘若我们说他的思想中有

---

① 朱熹著，黎靖德编，《朱子语类》，卷八，第146页。
② 朱熹著，黎靖德编，《朱子语类》，卷一百一十八，第2854页。

一部分可划入"心性论"——关于心性的谈论，他亦无反对之理。而从首段引文所示，"议论工夫"或说"工夫论"，其核心工作即"因其人而示以用工之实""使人知所适从"。"用工之实"，即相当于"下手工夫"，指修养的具体操作方法。这便等于说：工夫论（议论工夫）作为一种由对于工夫的自觉反思而成的谈论、论述、议论，其主要的探讨对象就是修养方法。

是故对于刚才的问题，我们可这样回答："工夫"概念在宋明儒的哲学文献里，至少有些用例，呈现"修养方法"之义；此"方法"义，很可能即在工夫论（议论工夫）的语境下彰显。综上所论，笔者由是断言："工夫"概念本身含义丰富，而以"修养"（修养活动）为其基础义，唯在"议论工夫"的语境下，"工夫"则特指"修养方法"。本书研究朱子的工夫论，亦将以"朱子提出的修养方法"为探讨对象。

第二节　工夫论的角色及工夫论分歧的成因

现在，我们拟更进一步，探讨工夫论的理论功能。以下将分别从宏观与微观的角度，先剖析工夫论对中国哲学整体而言，为何常常是不可或缺的部门；继而微观地讨论，何以同一哲学流派，如儒家，内部会有工夫论的分歧和争议，并由此引入下一节。

关于中国哲学整体而言何以重视工夫论，劳思光（1927—2012）在《对于如何理解中国哲学之探讨及建议》一文的剖析足可带来启示[①]。他先从中国哲学的基本性格谈起：

---

① 劳思光，《对于如何理解中国哲学之探讨及建议》，《思辩录：思光近作集》（台北：东大图书公司，1996年），第1—37页。

中国哲学作为一整体看，基本性格是引导的哲学。中国传统中有许多哲学学派，但除了极少数外，他们的学说全是引导的哲学。为了弄得更清楚一点，我想先对这里"引导的"（orientative）一词的用法稍作解释，然后再举历史上的实例为证。

当我们说某一哲学是引导性的，我们的意思是说这个哲学要在自我世界方面造成某些变化。为了方便，我们可以提出两个词语，即"自我转化"与"世界转化"。这两个词语可涵盖中国传统中哲学的基本功能。[①]

作为引导性哲学的中国哲学，基本功能是"自我转化"与"世界转化"。说"引导"和"转化"，固需交代"如何转化"，但首先应回答"要引导往何处"或"要转化成什么"的问题。这样，一套引导性哲学便需提出"转化之目标"。例如，就"自我转化"一面而论，这种哲学需提出自我转化的目标、归宿或理想境界，以引导人从某种平凡状态（例如，小人、凡人）转化至此理想状态（例如，君子、圣人）。劳思光于是进而分析引导性哲学的基本结构：

让我们从目的理论的一般性格着手。宣示一个目的常要有三个步骤，即是：

（a）选定一个目的，而且将它作为智慧之正当目标。

（b）对以上决定给予理据。

（c）提出实践规条，表明这个目的如何达成。

---

① 劳思光，《对于如何理解中国哲学之探讨及建议》，《思辩录：思光近作集》，第18—19页。

这样，一个目的理论之内容，常可通过对以下三个问题的想法而看出来：即是"目的是什么？""其理据何在？""达成这个目的之规条为何？"[①]

一套引导性哲学除要提出转化之目标（即引文里的第一个步骤）和解释它何以是转化之应有目标（第二个步骤）外，还需提出"实践规条"（以回答"如何转化"之问题），即赖以达成此目标的实践方法，让追求转化者执行之以达成转化目的。这里的"实践规条"，含义即同于上节所讲的"修养方法"：在引导性哲学中，为达成"自我转化"和"世界转化"之目标而提出的、供追求转化者（修养者）执行的方法。而对于实践规条的谈论、论述，就是工夫论。如果劳思光对中国哲学基本性格的分析成立（但留意，他是说"中国哲学作为一整体看"，换言之，例外的情况是存在的），我们便应同意，在这种强调自我与世界转化的引导性哲学里，工夫论往往是必不可少的部门，否则"转化"即成空言[②]。

　　宏观地看，修养方法的差异，往往由不同的修养目标而来。举例来说，当庄子观察到世人总是"一受其成形，不亡以待尽。与物相刃相靡，其行尽如驰，而莫之能止"（《庄子·齐物论》），仿佛总是背负着什么而不能"忘"，陷入"与物相刃相靡"的漩涡中，一种与此相对的理想人生状态便反显出来，成为修养的目标："至人之用心若镜，不将不迎，应而不藏，故能胜物而不伤。"（《庄子·应帝王》）最了不起的人，能摆脱"与物相刃相靡"的漩涡，"胜物"而不被物伤，关键就在他的"用心"像一面镜子。一个像镜子一般的心，就是能将所有包袱卸下的心（《庄子·逍

---

① 劳思光，《对于如何理解中国哲学之探讨及建议》，《思辩录：思光近作集》，第20页。
② 劳氏在该文中即以庄子与孟子哲学为例，来证成其观点。

遥游》说惠施"犹有蓬之心","蓬"即杂草,意谓他的心都被成见填满,
茅塞不通)。所以庄子的修养方法,大体均有一种"清空心灵"的况味。
例如"心斋":"唯道集虚。虚者,心斋也。"(《庄子·人间世》)正是要
把心"虚"掉。又如"坐忘":"堕肢体,黜聪明,离形去知,同于大通,此
谓坐忘。"(《庄子·大宗师》)正好与一般人的"不忘以待尽"形成鲜明
对比。由庄子的"忘",我们马上想到孟子的"心勿忘"(《孟子·公孙
丑上》):在"集义"(积集道德实践)以养成"浩然之气"一事上,心是
不能"忘"的。儒家自来即有一种"明道救世"的目标,孔子说:"天下
有道,丘不与易也。"(《论语·微子》)其栖栖遑遑,为的正是易无道之
天下为有道之天下。固然,天下人能否走在应走的"道"上,有很多不
由一己控制的因素;但我既为天下人中一员,则只要我仍走在"道"上,
此"道"即不致荒废于天下。此所以孔子对颜回说:"用之则行,舍之
则藏。"(《论语·述而》)[1] 及后孟子说:"古之人,得志,泽加于民;不得
志,修身见于世。穷则独善其身,达则兼善天下。"(《孟子·尽心上》)
又说:"禹、稷、颜回同道。……禹、稷、颜子易地则皆然。"(《孟子·离
娄下》)作圣王还是居陋巷,乃时命使然,唯穷达有时,而行道则一。对
儒家来说,无论是个人层面的"修身""集义""养气",还是群体层面的
"易无道之天下""兼善天下"等,都是需要念兹在兹的。是故,庄子工
夫论那种"忘尽一切以求用心若镜"的取径,在儒家并不适用。一言以
蔽之,不同的修养目标,决定了不同的修养方法。

　　宏观来说是如此,但我们又每每发现,即使在同一哲学流派下,修
养目标虽大体一致,不同哲学家之间仍会存在工夫论上的分歧和争议,

---

[1] 钱穆注此两句说:"有用我者,则行此道于世。不能有用我者,则藏此道在身。"并
说《论语》此章:"文中虽未提及命道二字,然不参入此二字作解,便不能得此章之
深旨。"见钱穆,《论语新解》,第185页。

这在宋明儒内部尤甚。要解释此现象，我们便不能停留在宏观层面的"流派之间的大界限划分"，而需采用微观的方式，考察单一流派内部的同中之异。

我们评价一种方法，常会诉诸它的效力。就是说，诉诸它对于所要达成之目标的有效程度。如同烹饪方法理应相应于烹饪目的，修养方法也应相应于修养目的。在传统儒者的论学活动里，这种"诉诸效力来评估修养方法"的事例并不罕见。我们试举一则对话，虽然它不像是两位儒者间的工夫论争议，而更像是一位学生向他的老师请教修养方法；但从老师的回答中，可以看出儒者对修养方法效力的重视。《论语·雍也》记子贡问："如有博施于民而能济众，何如？可谓仁乎？"孔子回答说："何事于仁，必也圣乎！尧、舜其犹病诸！夫仁者，己欲立而立人，己欲达而达人。能近取譬，可谓仁之方也已。"毫无疑问，子贡与孔子都以"仁"为修养目标；他们的分歧（假如谈得上有分歧），自然不会是上述儒家与道家那类分歧。这里，子贡以为广博施与、普遍救济是仁，孔子先答以："何事于仁，必也圣乎！尧、舜其犹病诸！"钱穆（1895—1990）对此解释说："病，有所不足义。尧舜，有德又有位，但博施济众，事无限量，虽尧舜亦将感其力之不足。但亦非即不仁，可见仁道与博施济众有辨。"[1] 然则孔子认为，倘若子贡以"博施于民而能济众"作为求仁的方法，就是"方法与目标不相应"了。接着，孔子正面陈述他的看法：求仁在于"己欲立而立人，己欲达而达人"的实践，并由此提炼出一个一般性的求仁原则："能近取譬，可谓仁之方也已。"钱穆解释说："譬，取譬相喻义。方，方向、方术义。仁之方，即谓为仁之路径与方法。人能近就己身取譬，立见人之与我，大相近似。以己所欲，

---

① 钱穆，《论语新解》，第175页。

譬之他人,知其所欲之亦犹己。然后推己及人,此即恕之事,而仁术在
其中矣。<u>子贡务求之高远,故失之</u>。"①简言之,孔子认为求仁应从切近
处下手,如此方为相应而有效。由此可见,孔子这里对于修养方法的评
估和选定,乃与上述那种"诉诸效力"的通常模式一致。

　　现在来看宋明儒。笔者想指出,他们一些重大的工夫论争议,表
面看似乎也沿用着上述的通常模式,即以"效力"作评价标准,批评论
敌所主张的修养方法为无效(当然,他们都预认了共同的修养目标:仁
者或圣人),唯实际上却非如此简单,以下且举数例。

　　朱子曾批评胡宏的"识心"工夫说:

> 如湖南五峰多说"人要识心"。心自是个识底,却又把甚底
> 去识此心！且如人眼自是见物,却如何见得眼！故学者只要去其
> 物欲之蔽,此心便明。如人用药以治眼,然后眼明。②

朱子的批评以及他与胡宏所代表的湖湘学派的分歧,涉及复杂的哲
学思辨,将在第二章详细探讨。目前且先摆开朱子对"识心说"的指
控("心自是个识底,却又把甚底去识此心"),仅注意他本人的正面主
张:如同眼是用来"见物"一般,心也是用来"识"对象的(因此心和眼
一样,也需要"明")。至于心所要"识"的对象,引文没有交代。但朱
子有《观心说》一文,反对佛教的"观心"工夫,正可与引文互相发明
(详细剖析亦见本书第二章)。而朱子在文中表明,心所要"识"的,就
是"理":

---

① 钱穆,《论语新解》,第175页。
② 朱熹著,黎靖德编,《朱子语类》,卷二十,第477页。

> 大抵圣人之学，本心以穷理，而顺理以应物，如身使臂，如臂使指，其道夷而通，其居广而安，其理实而行自然。释氏之学，以心求心，以心使心，如口龁口，如目视目，其机危而迫，其途险而塞，其理虚而其势逆。盖其言虽有若相似者，而其实之不同盖如此也。[①]

我们从这段文字得到一种提示：要学做圣人，就应"本心以穷理，而顺理以应物"；如果走"以心求心，以心使心"的路，只会与"圣人之学"背道而驰。换言之，我们完全可以用"效力"观念，来理解朱子对敌论的批评：他们的修养方法——"识心""以心求心"等，与修养目标（圣人）不相应，故为无效。

数百年后，明儒王守仁（字伯安，号阳明，1472—1529）有下列之言，俨如替湖湘学派辩护：

> 朱子所谓格物云者，在"即物而穷其理"也。即物穷理，是就事事物物上求其所谓定理者也。是以吾心而求理于事事物物之中，析心与理而为二矣。夫求理于事事物物者，如求孝之理于其亲之谓也。求孝之理于其亲，则孝之理其果在于吾之心邪？抑果在于亲之身邪？假而果在于亲之身，则亲没之后，吾心遂无孝之理欤？[②]

---

① 朱熹，《晦庵先生朱文公文集》，卷六十七，收入朱熹著，朱杰人、严佐之、刘永翔编，《朱子全书》(上海：上海古籍出版社、合肥：安徽教育出版社，2010年修订本)，第3279页。本书所引《晦庵先生朱文公文集》，皆出于《朱子全书》，以下不一一注明，仅标注其页数。

② 王守仁，《答顾东桥书》，《传习录》，卷中，见陈荣捷，《王阳明传习录详注集评》(台北：台湾学生书局，1992年修订版)，第171页。以下阳明之《传习录》皆出于《王阳明传习录详注集评》，不一一注明，仅标注其页数。

> 心即理也。学者，学此心也。求者，求此心也。孟子云，"学
> 问之道无他，求其放心而已矣"。[1]

阳明之意，在工夫论的语境下，"求理"的说法是正确的：要修养自己
以学为圣人，应该"求理"。不过，朱子的"求理"方法是"即物而穷其
理""是以吾心而求理于事事物物之中"，这个方法却是错的，错在其
"无效"。例如"求孝之理"，不应求于"亲之身"（这是阳明所理解朱子
的"即物穷理"），而应求于"吾心"，因为"孝之理"不在前者，而在后
者。因此，"即物穷理"的方法与"求理"的目标本身是不相应的。这
里，阳明提出"心即理"——心就是理，说明所谓"求理"，实即"求此
心"。换言之，倘若阳明的"心"与五峰所谓"识心"的"心"意义同一，
则从阳明的角度看，"识心"或"求心"的修养方法不但没有问题，反而
是相应于修养目标的有效方法。

　　表面看，我们的确可通过"效力"去解读上述宋明儒的工夫论分歧
或争议：为何同是儒家，同以"圣人"为修养目标，却仍有工夫争议？
因为彼此之间会商榷或质疑对方所主张的修养方法的有效性。然而，
问题并不如此简单。我们理应进一步追问：何以阳明会认为朱子的方
法无效？朱子会认为五峰的方法无效？这就逼现出不同的工夫论背
后那根源性或基础性的哲学前提。以阳明为例，他之所以反对朱子，乃
由于他认为"理"不在"物"而在"心"（或更准确地说，心就是理），故
判朱子的修养方法为无效。这个例子表示，我们可通过"理在哪里：在
物抑或在心"一问题来逼显朱子与阳明工夫论分歧的底蕴。但笔者以
下打算从另一面入手：不是从"理在哪里"，而是从"心是什么"或"心

---

[1]　王守仁，《答顾东桥书》，《传习录》，卷中，第187页。

的善恶本质如何"，来揭示朱子工夫论的基础；目的是向读者说明，朱子之所以提出他的"穷理工夫论"，乃出于他对吾人心灵的某种独特体认，或说对吾人心灵特征的某种独特认知而来。

第三节　朱子工夫论的哲学前提：
对"心"的特殊体认

上节提到王阳明以"析心与理而为二"来理解朱子，而以"心即理"来界定他自己的哲学立场。这种对朱子立场的描述大致符合实情，正如朱子会说："所觉者，心之理也；能觉者，气之灵也。"[①]"心者，气之精爽。"[②] 显示他将"心"与"理""析而为二"[③]。

然而，上述判定所使用的语言仍相对抽象（以其带存有论的意味故）。如改用较为贴近道德生活的语言，则朱子的立场可表述为：心本质上乃可善可恶——"心不即理"就表示它为道德上中性，若"心即理"则表示心本然纯善。以下试举若干朱子语来展示其立场。

---

① 朱熹著，黎靖德编，《朱子语类》，卷五，第85页。
② 同上。
③ 但这里有一点值得注意，就是朱子有否主张"心是气"？陈来即曾有《朱子哲学中"心"的概念》一文讨论此问题，收入氏著，《中国近世思想史研究》（北京：商务印书馆，2003年），第184—195页。陈来在文中先区分两个问题："一个是朱子自己是否说过心是气，是否认为心是属气；另一个是后来学者从逻辑上来了解朱子的结构，其中的心是否应该是一个属气的范畴。"并强调说："本文的讨论仅仅集中在前一个问题上。"（第185页）经过考察后，陈来总结道："在全部《文集》《语类》中，没有一条材料断言心即是气，这清楚表明朱子思想中并没有以心为气的看法。"（第195页）陈来的观察确然难以撼动，但笔者仍想申明两点：第一，朱子将"心"讲成"气之灵""气之精爽"，个中含义尚待确定。就前者来看，如同当我们说"人是万物之灵"，并不表示人不在万物之中，则朱子说心是气之灵时，能否简单因为多出"之灵"两字，就说心不属于气？第二，姑勿论心是否为气，可以肯定的是，心始终不是理，从朱子将心看成"能觉"而理是"所觉"可知。故此，阳明判定朱子"析心与理而为二"（而非直说朱子之心是气），仍是一个稳妥的说法。

《晦庵先生朱文公文集》(以下称《朱子文集》)卷四十二有其早年的《答石子重》,其中有言:

> 熹窃谓人之所以为学者,以吾之心未若圣人之心故也。心未能若圣人之心,是以烛理未明,无所准则,随其所好,高者过,卑者不及,而不自知也。若吾之心即与天地圣人之心无异矣,则尚何学之为哉。[①]

平凡人需要"学",因为其心"未若圣人之心",而"未若"的关键,则在其"烛理未明,无所准则"。这个"理"字实属可圈可点,它清楚表示在朱子眼中,"心"必须通过"学"去掌握"理",靠"理"去指导和规范其运作。故在"烛理明"之前,心不一定善。

朱子这个立场可说终身未改。《朱子文集》卷七十六有《中庸章句序》,成于60岁(1189年),畅言"人心"与"道心",而"心本可善可恶"之意更为明白:

> 盖尝论之,心之虚灵知觉,一而已矣,而以为有人心、道心之异者,则以其或生于形气之私,或原于性命之正,而所以为知觉者不同,是以或危殆而不安,或微妙而难见耳。[②]

[①] 朱熹,《晦庵先生朱文公文集》,卷四十二,第1920页。钱穆说:"此书在乾道三年朱子赴潭州访张南轩之前。"见钱穆,《朱子论人心道心》,《朱子新学案》(北京:九州出版社,2011年),第二册,第205页。乾道三年即1167年,朱子时年三十八。然陈来则考证此书在乾道元年(1165年),朱子时年三十六,见陈来,《朱子书信编年考证》(北京:生活·读书·新知三联书店,2007年增订本),第34页。无论何者所考为是,此书属朱子早年则无疑。

[②] 朱熹,《晦庵先生朱文公文集》,卷七十六,第3674页。

我们首先读到：心是一个心，而有人心道心两种状态。重点是，朱子并不以道心为心的本质面貌；心的本质，就只是一个"虚灵知觉"。两年后，朱子有《答郑子上》一文，将此意说得更精炼：

> 此心之灵，其觉于理者，道心也；其觉于欲者，人心也。[①]

又《朱子语类》载朱子说：

> 道心是知觉得道理底，人心是知觉得声色臭味底。……人只有一个心，但知觉得道理底是道心，知觉得声色臭味底是人心，不争得多。……非有两个心。道心、人心，本只是一个物事，但所知觉不同。[②]

总之，在朱子的认知下，心并非本质上为一个道心，而后经过沉沦或堕落而成人心。实情是"人只有一个心"，"道心、人心，本只是一个物事"，它的本质作用就是"觉"（或称"知觉""虚灵知觉"），没有一定善，也没有一定恶，善恶乃视乎其"所知觉"而定——"其觉于理者道心也，其觉于欲者人心也"。

朱子对"心"确乎甚为戒慎，是故，他断然不会说出前述阳明之"学者，学此心也。求者，求此心也"的工夫语——这得预认心为本然纯善（心即理）方能说。而当阳明表示其见解乃本于孟子的"学问之道无他，求其放心而已矣"（《孟子·告子上》）时，可以想见，从朱子那种

---

① 朱熹，《晦庵先生朱文公文集》，卷五十六，第2680页。
② 朱熹著，黎靖德编，《朱子语类》，卷七十八，第2010页。

对心的警惕态度看,孟子此语多少有点不妥。事实上,朱子的确在理解孟子此语上费了相当心力。从《朱子语类》所见,他曾经以为"求放心"三字乃道出修养的起点或基础:

> 学问之道,孟子断然说在求放心。学者须先收拾这放心,不然,此心放了,博学也是闲,审问也是闲,如何而明辨! 如何而笃行! ①

> 学须先以求放心为本。致知是他去致,格物是他去格,正心是他去正,无忿懥等事。诚意是他自省悟,勿夹带虚伪;修身是他为之主,不使好恶有偏。②

而从"学问之道无他,求其放心而已矣"的语气看来,孟子似乎将一个修养起点讲得好像是学问的全部,所以便引起朱子的微词:

> 问:"孟子只说学问之道,在求放心而已,不曾欲他为。"曰:"上面煞有事在,注下说得分明,公但去看。"又曰:"说得太紧切,则便有病。孟子此说太紧切,便有病。"③

朱子当时认为,"求放心"只是起点,此后要做的工夫还多着(所谓"上面煞有事在"),故批评孟子"说得太紧切",将修养起点强调过当,使人忽略在此起点之上的大段工夫。

---

① 朱熹著,黎靖德编,《朱子语类》,卷五十九,第1409页。
② 同上。
③ 同上书,第1410页。

但后来,朱子又"思量"到,"求放心"不是修养起点,而是修养的最终效果。就是说,一切工夫,最终皆是指向或说为了"求放心":

> 文字极难理会。……前夜方思量得出,学问之道,皆所以求放心;不是学问只有求放心一事。①
>
> "学问之道无他,求其放心而已。"不是学问之道只有求放心一事,乃是学问之道皆所以求放心。②

于是,他对孟子又作了截然不同的批评:不是太紧切,而是太宽松——宽松得只道出个为学目标,略过了中间种种细目:

> 孟子说:"学问之道无他,求其放心而已矣。"<u>可煞是说得切。子细看来,却反是说得宽了</u>。孔子只云:"居处恭,执事敬,与人忠。""出门如见大宾,使民如承大祭。"若能如此,则此心自无去处,自不容不存,此孟子所以不及孔子。③

朱子之意,孔子只授人以具体的修养活动,学者从此做去,自能不失其心("此心自无去处,自不容不存"),故无须说出孟子那种话头,易使人忽略具体工夫。

其实从孟子的思路看,"求放心"根本不存在"太紧"或"太宽"的问题。归根究底,只是朱子与孟子对心的体认不同,故从朱子看来,"求

---

① 朱熹著,黎靖德编,《朱子语类》,卷五十九,第1413页。
② 同上书,第1409页。
③ 同上书,第1410页。

放心"作为一种工夫论主张,总有这样或那样不对劲。实情是当孟子
认为心灵本然纯善,"求放心"便是一种很自然的主张。朱子之所以
觉得有问题,乃因他并不承认心灵本然纯善,而是本质上中性(可善可
恶),故只好对孟子之说提出种种缴绕而不相应的解读和批评。

　　现代学者中,牟宗三(1909—1995)常能一语中的地指出朱子思维
的特点。除了人所共知的三册巨著《心体与性体》有对宋儒哲学作系
统剖析外(尤以第三册专门探讨朱子哲学)[1],关于朱子,他还有不少个
别论断散见于其他作品里,当中一些更分外扼要而传神。例如,他曾在
讲课时说:

　　　　你不要以为一说"心"就是不干净的,仁义礼智之心是纯粹
　　义理之心呀。朱夫子对"心"不放心……因为我们这个"心"不
　　可靠。……生心动念、意马心猿,这个"心"有什么可靠的呢? 但
　　是,意马心猿的那个"心"不是义理之心呀。泛泛地一般看,"心"
　　当然不可靠,它可上可下。[2]

由于是讲课,表述难免口语化,而且课堂主题是孟子,朱子仅属附带。
然而笔者认为,相比牟氏那些体大思精的朱子研究,这段话反而显得言
简意赅,自有其殊胜之处,故特引述于此。

　　唯在评论牟氏观点之前,笔者必须表明:本书不会在"心的善恶
本质如何"一课题上表态,换言之,我们不会对孟子和朱子在此一课题
上的立场作出褒贬取舍。即使刚才笔者说朱子对孟子的理解为"不相

---

① 牟宗三,《心体与性体》,第一至三册(台北: 正中书局,1968—1969年)。
② 牟宗三,《〈孟子〉演讲录》(五),《鹅湖月刊》第352期(2004年10月),第9页。

应",亦非表示孟子对心的体认比朱子正确,而只表示朱子误解了孟子。笔者选择不表态,理由是"心的善恶本质如何(纯善? 可善可恶? 还是其他可能?)"一问题,实涉及一道更深层的哲学问题:人是什么? 或说:我们应如何理解吾人自身? 这个问题的探讨需要独立而大规模地开展,非本书所能处理。目前的讨论仅旨在表明:由于朱子对心的体认不同于孟子以及后来的阳明,因此其工夫论自然走上不同于两人的方向。如同本节题目所示,我们的工作只在揭示朱子工夫论的哲学前提,让读者了解其工夫论的理论底蕴。上引牟宗三之言,显然语带抑扬——在孟子与朱子对心的体认之间作出褒贬。然而,笔者这里只赞同牟氏对朱子思想的诠释,至于其抑扬褒贬,则存而不论①。

撇开牟氏的取舍不论,我们发现,他对朱子的理解可谓相应而扼要。概言之,他的剖析可顺序开列为三点:第一,朱子对"心"不放心,认为"心"不可靠。第二,朱子理解的"心",包含了日常生活中生心动念、意马心猿的"心"——所谓"泛泛地一般看"。第三,朱子理解的"心"为"可上可下"。

第三点很容易理解。所谓"可上可下"即指"心"本为善恶上中性,可以向上而成"道心",亦可向下而成"人心";这由前引朱子言"心之虚灵知觉,一而已矣""其觉于理者道心也,其觉于欲者人心也"可知。

———————

① 笔者了解到,在牟宗三之后,牟门高弟如李明辉、李瑞全、杨祖汉等均在朱子哲学研究上作了相当程度之推进。尤其杨祖汉近年来的一系列文章,皆致力在牟氏立下的基础上,开拓朱子哲学新诠释之可能。他特别提出,朱子的"心"虽不即是"理",却与"理"有一种特殊的关系:"心"本来就是一个"理与气合"的物事,其在未经工夫修养前,本即对"理"有所知。由是,杨氏遂对朱子作出与牟宗三不同的理论评断。唯此关系到朱子对道德实践动力之说明,属本书第三章的课题,故杨氏有关朱子之"心"的创见,将留待该章详论。笔者现在先指出:杨氏的工作,确然补全了我们对朱子之"心"的理解,但牟氏的诠释大体仍相应朱子原文,足可作为讨论的可靠基础。

再说第一点。朱子当然对"心"不放心，因为"心"非本然纯善（心不即理），需靠"学"至"烛理明"才能善（见前引《答石子重》），此所以他与孟子的"求放心"工夫有所扞格。这里试补充几段朱子语，以见他对"心"之不放心究达至何种程度。《周易》之《无妄》卦辞有"其匪正有眚，不利有攸往"一语，引起宋儒疑问：既然已经"无妄"了，何以尚有"其匪正有眚"的情况（因为"无妄"就已是"正"了，不应再有"匪正"）？程颐对此解释说："虽无邪心，苟不合正理，则妄也，乃邪心也。"[1]后来朱子门人即就此提问：

> 问："'虽无邪心，苟不合正理则妄也。'既无邪，何以不合正？"曰："有人自是其心全无邪，而却不合于正理，如贤智者过之。他其心岂曾有邪？却不合正理。佛氏亦岂有邪心者?"[2]

除上面所引之答语外，朱子于别处又说：

> 伊川所谓"人虽无邪心，苟不合正理，乃邪心也"。佛氏之学，超出世故，无足以累其心，不可谓之有私意。然只见他空底，不见实理，所以都无规矩准绳。[3]

第二段引文的"不见实理，所以都无规矩准绳"，立即令我们想起前引《答石子重》里的"心未能若圣人之心，是以烛理未明，无所准则，随其所好，高者过，卑者不及，而不自知也"，足见朱子的一贯立场。他对

---

① 朱熹，《为学大要》，《近思录》，卷二，见陈荣捷，《近思录详注集评》，第81页。
② 朱熹著，黎靖德编，《朱子语类》，卷七十一，第1798页。
③ 朱熹著，黎靖德编，《朱子语类》，卷四十一，第1047页。

"心"不放心到一个程度，就是即使"其心全无邪"、没有"私意"，但只要"不合于正理""不见实理"，则此心仍不足为正。撇开牟宗三在孟朱之间的抑扬不论，其说"朱夫子对'心'不放心"，真可谓朱子解人。

至于第二点，则比较复杂，因为它触及了一个客观的哲学问题：我们为何不可"泛泛地一般看"心——把日常生活中"意马心猿"的现象都看作（see as）心的内容特征，而要采用一种特别视角，把"意马心猿"剔除，将心看作一个本来"干净的""纯粹义理之心"①？但正如先前所言，我们不打算进入这个"人是什么"或"我们应如何理解吾人自身"的问题②。这里只想表明，牟宗三对朱子的理解基本正确，足以深化我们对朱子工夫论前提之认识。

牟宗三说得对，朱子的确是"泛泛地一般看"心，没有将心的善恶表现分离而单认"善"为"心"的本质特性。且看：

> 或问："心有善恶否？"曰："心是动底物事，自然有善恶。且如恻隐是善也，见孺子入井而无恻隐之心，便是恶矣。离着善，便是恶。然心之本体未尝不善，又却不可说恶全不是心。若不是心，是什么做出来？古人学问便要穷理、知至，直是下工夫消磨恶去，善自然渐次可复。"③

朱子说得清楚："（恶）若不是心，是什么做出来？"我们应留意，朱子说"心之本体未尝不善"，并非表示他承认心本质上是一个"纯粹义理

---

① 冯耀明即曾就牟宗三之采用这里所谓的"特别视角"来论"心"提出过质疑，见其《论语中仁与礼关系新诠》，《"国立"政治大学哲学学报》第21期（2009年1月），第129—158页。
② 在本书"结论"里，笔者将对相关问题稍表意见。
③ 朱熹著，黎靖德编，《朱子语类》，卷五，第86页。

之心"(本然纯善的、"心即理"之心)。他的意思只是:心最初未曾动
("心是动底物事"),既未动,则不会有恶——正如我们说"行恶",若
根本未"行",则自然没有"行恶"。再如以下对话:

> 五峰曰:"'人有不仁,心无不仁。'既心无不仁,则'巧言令
> 色'者是心不是? 如'巧言令色',则不成说道'巧言令色'底不
> 是心,别有一人'巧言令色'。如心无不仁,则孔子何以说'回也,
> 其心三月不违仁'?"萧佐曰:"'我欲仁,斯仁至矣。'这个便是心
> 无不仁。"曰:"回心三月不违仁,如何说?"问者默然久之。先生
> 曰:"既说回心三月不违仁,则心有违仁底。违仁底是心不是? 说
> '我欲仁',便有不欲仁底,是心不是?"[1]

这里说得更透彻了:我们不应说"心无不仁",因为心有违仁之时;当其
违仁、不欲仁时,"是心不是"? 显然,朱子这里之批评胡宏,当亦涉及误
解:"心无不仁"一命题不能通过"泛泛地一般看"的视角来成立;胡宏想
要表达的,正是牟宗三那"干净的""纯粹义理之心",亦即阳明说"心即
理"的那个心;孟子的"学问之道无他,求其放心而已矣",亦必须对应这
个意义的心才能成立。以朱子"泛泛地一般看"的视角来说,这条思路下
的各式论断自然皆有问题。但摆开这种误解不论,朱子的意见是清楚的。
假如他听到牟宗三说"意马心猿",一定会反问:既然说意马"心"猿,便
当然是心;若不是心,是谁去"猿"? 这个"心猿"的心,"是心不是"?

再次强调,朱子对心的体认不一定正确(但当然,牟宗三也不一定
正确。"谁正确"的问题存而不论),但它是一项事实(而牟宗三很扼要

---

① 朱熹著,黎靖德编,《朱子语类》,卷一百一,第2584页。

地阐明了),这得承认。这项事实是我们进入朱子工夫论的一把钥匙:凭着它,我们知道朱子工夫论何以往"穷理"的方向陈构。

第四节　朱子工夫论要义

作为本章的重点部分,本节将通过两组概念 —— "致知""格物""穷理"为一组,"省察""涵养""敬"为一组 —— 去勾勒朱子工夫论的轮廓,尤其对"穷理"概念予以较详细的剖析。

由于本节篇幅较长,为清眉目,现将各小节之标题列出如下:

(一)"致知""格物""穷理"的基本含义

(二)"穷理"的三个向度

    1. 形上领域的向度:究知超越的存在之理

    2. 经验领域的向度:究知事物的特性和规律

    3. 道德领域的向度:分别是非

    4. 小结:三个向度的关系及"分别是非"的核心地位

(三)另一组概念:"省察""涵养""敬"

(四)总结:"穷理"作为朱子工夫论的总代表观念

(一)"致知""格物""穷理"的基本含义

如前所论,一套工夫论必然预设修养活动所要达成之目的。作为儒者,朱子工夫论之目的自然是"成德"或"成圣":成就圆满的道德人格。而作为孔子思想以及儒家经典(特别是"四书")的诠释者、传承者,朱子特别将这个目的称为"求仁":

> 百行万善,固是都合著力,然如何件件去理会得!百行万善

> 总于五常,五常又总于仁,所以孔孟只教人求仁。①

> 学者须是求仁。所谓求仁者,不放此心。圣人亦只教人求
> 仁。盖仁义礼智四者,仁足以包之。若是存得仁,自然头头做着,
> 不用逐事安排。故曰:"苟志于仁矣,无恶也。"②

既说"孔孟只教人求仁""圣人亦只教人求仁","仁"无疑就是修养活
动的终极目标。但我们尝试退一步想:儒者一般都以"仁"为人格修
养的最高境界,亦标举"求仁"为工夫目标,可见此乃各种儒学工夫论
的"同归"之处;所不同者,唯在达成此目标的"殊途"(不同的进路)
之上。因此,要了解朱子工夫论的独特性格,与其求助于其目的,不如
求助于其修养方法③。举例来说,朱子提出的求仁方法包括:

> 问求仁。曰:"看来'仁'字只是个浑沦底道理。如《大学》
> 致知、格物,所以求仁也;《中庸》博学、审问、慎思、明辨、力行,亦
> 所以求仁也。"④

---

① 朱熹著,黎靖德编,《朱子语类》,卷六,第113页。
② 同上。
③ 但必须指出,朱子对"仁"的理解,确有其独特之处,如其在《论语集注》中即对
   "仁"提出自己的定义:"心之德,爱之理。"故严格来说,朱子所谓"求仁",亦当有
   其独特的理解,而不必与其他儒者全同。但我们这里所注目的,乃"求仁"在儒
   者思想中最一般和最广泛的含义:"成德"或"成圣"。对此,各儒者的理解不当
   有严格意义上的分歧,盖儒者所谓"德"与"圣",总不可能等于道家的"德"与
   "圣",而其心目中的圣人亦必以孔子为典范。即就以上两段引文看来,"五常总于
   仁""仁义礼智四者,仁足以包之"之说,表示"仁"乃一"全德",此实为儒者之共
   识。因此,朱子对"仁"的独特理解,暂可存而不论。笔者无意掩盖朱子言"仁"
   之特异处,而只想表明:"求仁"所表达的基本含义乃成就儒家式的道德人格、转化
   成儒家式的圣人(以孔子为典范),在这个意义上,"求仁"实为儒者所共许之修养
   目标,仅此实不足以彰显朱子工夫论的特性。
④ 朱熹著,黎靖德编,《朱子语类》,卷六,第113页。

《大学》的"致知""格物",《中庸》的"博学""审问""慎思""明辨""力行",都是求仁的方法。由前面"孔孟只教人求仁",到这里的《大学》《中庸》,"四书"的元素都具备了。但相比之下,朱子在工夫论上尤其偏重《大学》,特别是"致知"与"格物"两概念。就拿它们跟《中庸》的"学问思辨"比较,朱子总会以前者涵摄后者:

> 致知分数多。如博学、审问、慎思、明辨,四者皆致知,只力行一件是行。[1]

> 格物须是到处求。"博学之,审问之,慎思之,明辨之",皆格物之谓也。[2]

此两组概念的关系,是大纲与细目的关系,是统摄性范畴与从属内容的关系,"学问思辨"是"致知""格物"的具体内容,"致知""格物"是"学问思辨"的统摄。这种关系犹如《论语·颜渊》里"非礼勿视,非礼勿听,非礼勿言,非礼勿动"皆统摄隶属于"克己复礼"一范畴下,而为其"目"一般(颜渊所谓"请问其目"之"目")。朱子对《大学》的重视,以之为其工夫论的宗主性文本,并以当中的"格物""致知"为其工夫论的核心观念,于此可见一斑。要勾勒朱子工夫论的轮廓,"格物""致知"是首出的重点。

朱子论"致知""格物"的最赅括精要语,即其《四书章句集注·大学章句》中的《格物补传》。陈荣捷(1901—1994)说:"程颐更改《大学》本文,改'亲民'为'新民'。朱子采用'新'字,又破天荒

---

[1] 朱熹著,黎靖德编《朱子语类》,卷十五,第293页。
[2] 朱熹著,黎靖德编《朱子语类》,卷十八,第421页。

分经传,而补第五章格物之传,共一百三十四字。"①《格物补传》全文为:

> 所谓致知在格物者,言欲致吾之知,在即物而穷其理也。盖人心之灵莫不有知,而天下之物莫不有理,唯于理有未穷,故其知有不尽也。是以大学始教,必使学者即凡天下之物,莫不因其已知之理而益穷之,以求至乎其极。至于用力之久,而一旦豁然贯通焉,则众物之表里精粗无不到,而吾心之全体大用无不明矣。此谓物格,此谓知之至也。②

文中第一句解释《大学》经文"致知在格物"(当然,《大学》的"经传结构"乃朱子的发明,若从后世所谓"大学古本",即《礼记》里的《大学》一文看,则只有一种"原文",而无所谓"经文"与"传文"之分):"欲致吾之知,在即物而穷其理。"这里,朱子引入了《周易·说卦传》的"穷理"概念(《说卦传》原文:"昔者圣人之作《易》也,幽赞于神明而生蓍,参天两地而倚数,观变于阴阳而立卦,发挥于刚柔而生爻,和顺于道德而理于义,穷理尽性以至于命。")。但这个引入并非朱子原创。他在《格物补传》正文前面有一句说明:"右传之五章,盖释格物、致知之义,而今亡矣。闲尝窃取程子之意以补之曰。"③言下之意,这样解释"格物致知"乃本于二程——程颢(字伯淳,号明道,1032—1085)与程颐两兄弟。仅就"援'穷理'以解'格物致知'"一义来说,亦见其确然发端于二程,例如:

---

① 陈荣捷,《朱熹》(台北:东大图书公司,1990年),第81页。
② 朱熹,《四书章句集注》(台北:大安出版社,1994年),第9页。
③ 朱熹,《四书章句集注》,第9页。

"致知在格物"。格，至也，穷理而至于物，则物理尽。①

人患事系累，思虑蔽固，只是不得其要。要在明善，明善在乎格物穷理。穷至于物理，则渐久后天下之物皆能穷，只是一理。②

康仲问："人之学非愿有差，只为不知之故，遂流于不同，不知如何持守？"先生言："且未说到持守。持守甚事？须先在致知。致知，尽知也。穷理格物，便是致知。"③

关于"穷理"在朱子理解下的含义，稍后还会详论。现在且回到《格物补传》，先解"致知"。

朱子将"知"与"理"对起来："人心之灵莫不有知，而天下之物莫不有理，唯于理有未穷，故其知有不尽也。"由此观之，两者似当为"能—所"关系。如是，这里的"知"便应作"知理的能力"解。但这种解法是可争议的，如陈来便有不同意见：

> 这里人心莫不有的知即致知之知，它不仅指能觉的知，更以指知识之知。这是说，人心都有知识，但由于理有未穷，因之一般人心所具的知识都有所不尽。必须经过即物穷理以至其极的切实工夫，人心的知识才能达到无所不尽，这就是格物致知的全部意义。所以致知之知，主要还不是指人之能知，而是指心之知识。"人心之灵莫不有知，天下事物莫不有理"，这句话的意义不在于强调主体与客体之间的区别，不能说理有未穷故知觉能力有所不

---

① 程颢、程颐，《二先生语二上》，《河南程氏遗书》，卷二上，第21页。
② 程颢、程颐，《伊川先生语一》，《河南程氏遗书》，卷十五，第144页。
③ 同上书，第171页。

尽，而是指人心的知识尽或不尽。这里的知与理虽有属于主体和属于客体的区别，但这个知并不是指主体用以穷究物理的能力。唯其如此，朱熹在解释《大学》经一章时说："致，推极也。知，犹识也。推极吾之知识，欲其所知无不尽也。""知至者，吾心之所知无不尽也。"可见致知之知主要以指"吾之知识"，吾之"所知"。知至作为致知的终极境界也是指心之所知无有不尽。……因此，知识之知是致知说的主要意义，而能知之义则是致知说包含的当然前提，朱熹在运用知这一概念时常常不加区别，以知识之知即知觉之知。[①]

笔者同意，整体来说，朱子使用"知"字时既有指"能知"（意即引文最后一句的"知觉之知"），亦有指"所知"（意即引文最后一句的"知识之知"），亦同意陈来说："朱熹在运用知这一概念时常常不加区别，以知识之知即知觉之知。"唯陈氏论断说："可见致知之知主要以指'吾之知识'，吾之'所知'""知识之知是致知说的主要意义"。则似乎尚可商榷。笔者的意见并非是说："致知"的"知"完全地指"能知"而毫无"所知"之意，理由正如同陈来所言，朱子对"能知"与"所知"两者"常常不加区别"。真正值得商榷的是：致知之知，是否"主要"以指"所知"？

　　笔者的意见是：致知之知难说没有"所知"一面（朱子似乎无意把它排除掉），但其主要意义却在"能知"。首先，如同陈来所注意到，朱子在解释《大学》经一章"致知在格物"的"致知"时说："致，推极也。知，犹识也。推极吾之知识，欲其所知无不尽也。"现在讨论的焦点无疑应落在"知识"和"所知"两词上：据朱子言，致知之知就是"知识"

---

① 陈来，《朱子哲学研究》（上海：华东师范大学出版社，2000年），第288页。

（推极吾之知识），目标是"欲其所知无不尽也"。问题是：这里的"知识"与"所知"是否同义？笔者的意见是否定的，因为，如果句中的"知识"就是"所知"，则朱子何不干脆说"推极吾之所知，欲其无不尽也"，或"推极吾之知识（假定'知识'取'所知'义），欲其无不尽也"？朱子既言"知识"复言"所知"，则两词的含义可能有别。当然，我们不应忽略"欲其所知无不尽也"的"其"字。一般而言，"其"字可以指"某某的"（例如，我的、他的、他们的等），也可以仅指"某某"（例如，他、他们等）。观朱子原文："推极吾之知识，欲其所知无不尽也。"前面的"吾之知识"，是否即等于后面的"其所知"？若然，则"其所知"意即"我（吾）的知识"，"其"指"我的"（即"吾之知识"的"吾之"），故而"所知"与"知识"同义。但笔者以为不然，因为，倘若前面的"吾之知识"即等于后面的"其所知"，则朱子于后半句只消说"欲其无不尽也"即可——"其"指"他"，即"吾之知识"，而原文"其所知"的"所知"两字是不必要的。笔者的意见是，原文"其所知"的"其"应指"他的"（不是"我的"）——"'吾之知识'的"，"其所知"即"吾之知识之所知"。这样，"其所知"的"所知"两字才有着落而非多余，而前后两句意即：推极吾之知识，欲"此'吾之知识'之"（其）所知无不尽也。因而，"知识"与"所知"不同义。就句型而论，前后两句可类比成"推极吾之观察，欲其所观无不尽也"（非谓"知识"等于"观察"、"所知"等于"所观"，而是说两个句型为同类）：观和察都是活动或能力，所观则是观察之对象（观察之所观）。这样看来，"知识"与其理解成有如英文名词的knowledge（性质为"所知"），倒不如理解为英文动名词的knowing（性质为"能知"）。

其次，朱子原文"知，犹识也"的说法实不足以表示知、识是"所知"，因为"知"和"识"均可作动词用（如同上面"观察"的观和察）；

作动词用,则不当指"所知"("所知"必须是名词)。"知"可作动词用自无可疑。而查朱子的用法,将"识"字作动词用的例子也是有的。如其在《四书章句集注·孟子集注》里说:"知言者,尽心知性,于凡天下之言,无不有以究极其理,而识其是非得失之所以然也。"[①]又如《朱子语类》载:"须是就事上理会道理,非事何以识理?"[②]这样,"知,犹识也"的知、识自可解作"能知""能识"。

再次,朱子在《四书或问·大学或问》里说:"若夫知则心之神明,<u>妙众理而宰万物者也</u>,人莫不有,而或不能使其表里洞然,无所不尽,则隐微之间,真妄错杂,虽欲勉强以诚之,亦不可得而诚矣,故欲诚意者,必先有以致其知。"[③]这里,"知则心之神明,妙众理而宰万物者也"的说法固然有点玄虚,但凭此即可肯定,"致知"的"知"主要不应是"所知"——"所知"难说"妙众理而宰万物"。作为"心之神明"、用以"妙众理而宰万物"的"知",理应是"能知"——知的能力。

基于上述三点理由(相对而言,第一点为最重要,因其直就朱子关于"致知"的定义而论;第二、第三两点则可作为旁证),笔者认为"致知"之"知"的主要意义还是在于"能知",唯"知至"的"知"才明确地指"所知"("知至者,吾心之所知无不尽也"),而"知"这一概念本身则通乎能所(或者说,朱子本人不欲对"知"这一概念作截然的能知所知的区别)。是故,从"致知"到"知至"即表示:随着"能知"的扩充发挥,"所知"的领域亦得以扩大[④]。

---

① 朱熹,《四书章句集注》,第322页。
② 朱熹著,黎靖德编,《朱子语类》,卷四十九,第1209页。
③ 朱熹,《大学或问》,《四书或问》(上海:上海古籍出版社,2001年),第7—8页。
④ 另有一种解读来自牟宗三,恰与陈来相反,将"致知"和"知至"的"知"均视为能力:"格物是至于物(即物)而穷究其理。'事事都有个极至之理',须穷到尽处。……穷究是知,知是人心之灵。心之灵是本有认知事物之理之明的。(转下页)

　　现在可回到《格物补传》，整理"致知""格物""穷理"三者的关系。人有"知"的能力，在于人有"心"，并且此心为"灵"，故说"人心之灵莫不有知"。然而，人心之"知"往往未能推极致尽，症结乃在"理有未穷"，故"致知"的关键便落在"即物而穷其理"。"理"寄寓于"物"之中，"天下之物莫不有理"，"穷理"不能离开"物"，故说"即物而穷其理"。此"即物而穷其理"就是"格物"①。朱子注经文里的"格物"说："格，至也。物，犹事也②。穷至事物之理，欲其极处无不到也。"③陈荣捷解释说："程颐训'格'为'至'，即到达也。朱子从之。朱子又云：'格者，极至之谓。'此乃引申之义，盖必'至乎其极'，乃谓格也。'物格者，事物之理，各有以诣其极而无余之谓也。'"④"格物"工夫于是意谓"穷究事物之理至其极处"。倘若事事物物之理皆"各诣其

　　（接上页）只为物欲所蔽，其明便发不出。故须要格物以致知。致知者是借格物一方面推致、扩大并恢复其心知之明，一方面推致其穷究事物之理之认知作用令'到尽处'，即'知得到'，知得彻底，知得到家，此之谓'知至'。格物愈多愈至，其心知之明愈明愈尽。及到'众物之表里精粗无不到'，而达至知'太极'之境，则'吾心之全体大用无不明矣'。"见牟宗三，《心体与性体》，第三册（台北：正中书局，1969年），第385页。这种解读却又遗落了"知至"之"知"的"所知"义，故不取。以"知"为通乎所能，故"致知"主要言其能、"知至"言其所的解读，似乎比较周到。

① 《朱子语类》卷十五载朱子说："人多把这道理作一个悬空底物。《大学》不说穷理，只说个格物，便是要人就事物上理会，如此方见得实体。所谓实体，非就事物上见不得。且如作舟以行水，作车以行陆。今试以众人之力共推一舟于陆，必不能行，方见得舟果不能以行陆也，此之谓实体。"（第288页）又载："'穷理'二字不若格物之为切，便就事物上穷格。"（第289页）"格物，不说穷理，却言格物。盖言理，则无可捉摸，物有时而离；言物，则理自在，自是离不得。"（第289页）而更清晰地说明见于朱子34岁谒见皇帝时的一篇奏札——《癸未垂拱奏札一》，当中提道："夫格物者，穷理之谓也。盖有是物必有是理，然理无形而难知，物有迹而易睹，故因是物以求之，使是了然心目之间而无毫发之差，则应乎事者自无毫发之谬。"（朱熹，《晦庵先生朱文公文集》，卷十三，第631页）

② 《朱子语类》卷五十七有言："凡天地之间眼前所接之事，皆是物。"（第1348页）又卷十五有言："盖天下之事，皆谓之物，而物之所在，莫不有理。"（第295页）

③ 朱熹，《四书章句集注》，第5页。

④ 陈荣捷，《朱熹》，第82页。

极而无余"，这种境界就叫作"物格"①，同时表示心灵之"知"的能力充极发挥，故其所知无不尽，而为"知之至"的境界②。可以看出，"格物""穷理""致知"是一体之三面，三者同步进行，但要了解这套工夫的具体内容和实际操作，关键却在于厘清"穷理"的意义。

（二）"穷理"的三个向度

朱子于"理"字下一定义说：

---

① 这里是按照《格物补传》言"众物"而如此解读"物格"。但事实上，"物格"可以仅指格一物而充分了解其理，而非最后物物之理皆诣其极的境界，例如朱熹《答黄商伯》有言："经文'物格'，犹可以一事言；'知至'则指吾心所有知处，不容更有未尽矣。"（《晦庵先生朱文公文集》，卷四十六，第2129页）

② 这个"物格"同时"知之至"的状态，就是"豁然贯通"。《格物补传》先说："惟于理有未穷，故其知有不尽也。"——"理有未穷"和"知有不尽"是同一状态的两面表述："理有未穷"就代表"知有不尽"，"知有不尽"就代表"理有未穷"。再说："至于用力之久，而一旦豁然贯通焉，则众物之表里精粗无不到，而吾心之全体大用无不明矣。此谓物格，此谓知之至也。"此中"众物之表里精粗无不到，而吾心之全体大用无不明"正好对反于"理有未穷"和"知有不尽"。说"众物之表里精粗无不到"，即表示"理已穷"（因为"理"在"物"中，言"物"即言"理"）；说"吾心之全体大用无不明"，即表示"知已尽"。总之，"理已穷"（物格）和"知已尽"（知之至）两者同步完成，这就是"贯通"想要表达的意思。至于"贯通"配上其前的"一旦豁然"四字，看似有一种神秘飞跃、忽然升华之感，实则陈荣捷在其《豁然贯通》一文已有扼要澄清："吾人可谓朱子并非绝对不谈忽然贯通，惟其通常主张，则积累渐进也。要之，'豁然''脱然'均非'忽然'。'一旦'可作'忽然'解，然以'一日''一朝'为正。况朱子本人用'一日'耶？"见陈荣捷，《朱子新探索》（台北：台湾学生书局，1988年），第343页。按：所谓"朱子本人用'一日'"，见《大学或问》："必其表里精粗无所不尽，而又益推其类以通之，至于一日脱然而贯通焉，则于天下之物，皆有以究其义理精微之所极，而吾之聪明睿智，亦皆有以极其心之本体而无不尽矣。"（朱熹，《四书或问》，第24页）故陈氏之论，足可结案。笔者试更补充一点。《朱子语类》卷一百一十四载有一段问答："时举因云：'释氏有"豁然顿悟"之说，不知使得否？不知倚靠得否？'曰：'某也曾见丛林中有言"顿悟"者，后来看这人也只寻常。如陆子静门人，初见他时，常云有所悟；后来所为，却更颠倒错乱。看来所谓"豁然顿悟"者，乃是当时略有所见，觉得果是净洁快活。然稍久，则却渐淡去了，何尝倚靠得！'"（第2763页）卷九又载朱子说："顿悟之说，非学者所宜尽心也，圣人所不道。"（第159—160页）是故知《格物补传》的"豁然贯通"决不指神秘飞跃、忽然升华。传文文义其实相当清楚，只谓吾人不断做"即物穷理"的实践，用力久而有一天到达"物格"同时"知至"的状态，便是"物之理"与"心之知"的贯通。

> 天下之物，则必各有所以然之故，与其所当然之则，所谓理也。①

相应地，"穷理"的定义于是为：

> 穷理者，欲知事物之所以然，与其所当然者而已。②

由上述的基本定义出发，以下将分从三个向度剖析"穷理"如何"知事物之所以然与其所当然"：形上领域的向度、经验领域的向度和道德领域的向度。

1. 形上领域的向度：究知超越的存在之理

牟宗三对中国哲学中"所以然"一概念的歧义性有极为精当的分析：

> 吾人平常说"所以然"即是"所以然之理"。"所以然"即是"所以之而然者"，此自然指示一个"理"字（reason）。故理字是由"所以然"而自然带上去的。依孔子前之老传统，"性者生也"之古训，性生两字虽可互易，然既有"性"字出现，亦毕竟是两个概念。就两个概念说，"性者生也"，"生之谓性"，虽直就生之实说性，性很逼近生之实，然字面上"性"字即是生之"理"，生之"所以然"。故荀子《正名》篇云："生之所以然者谓之性。"此直就"生之所以然"说性也。……此一传统中所说之"所以然"即"自然"义，并

---

① 朱熹，《大学或问》，《四书或问》，第8页。
② 朱熹，《答或人》，《晦庵先生朱文公文集》，卷六十四，第3136页。

无超越的意义。此种自然义、描述义、形下义的"所以然之理",吾人名之曰"形构原则"(principle of formation),即作为形构原则的理,简之亦即曰"形构之理"也。言依此理可以形成或构成一自然生命之特征也。亦可以说依此原则可以抒表出一自然生命之自然征象,此即其所以然之理,亦即当作自然生命看的个体之性也。

但伊川朱子所说的"所以然之理"则是形而上的、超越的、本体论的推证的、异质异层的"所以然之理"。此理不抒表一存在物或事之内容的曲曲折折之征象,而单是抒表一"存在之然"之存在,单是超越地、静态地、形式地说明其存在,不是内在地、实际地说明其征象,故此"所以然之理"即曰"存在之理"(principle of existence),亦曰"实现之理"(principle of actualization)。……此静态的存在之理或实现之理其分际相当于莱布尼茨所说之"充足理由原则",是说明一现实存在何以单单如此而不如彼者。莱氏之"充足理由"最后是指上帝说,而在朱子则即是太极(伊川未说太极,亦无碍)。上帝、太极固非形构之理也。……

依朱子,此理只是一理,一太极,一个绝对普遍的、存有论的、纯一的极至之理。所谓百理、万理实只是一极至之理对应个别的存在之然而显见(界划出)为多相,实并无定多之理也。存在之然是多,而超越的所以然则是一。太极涵万理实只是对存在之然显现为多相再收摄回来而权言耳。……故"统体一太极,物物一太极",实只是一太极,并无多太极也,只是一"存在之理",存在之理并无曲折之殊也。曲折之殊是在形构之理处。依朱子,即气之凝聚所呈现之质性(征象)也。是故形构之理是"类概念",是气之凝聚结构之性,是多,而存在之理则不是类概念,是纯一而非多,此即所谓超越的义理之性或本然之性也。枯槁亦有此本然之性,即有其存在之理,此相应"物物一太极"而言也。①

虽然笔者并不认为朱子的"理"字全指"存在之理",在少数用例里亦有指"形构之理"者(稍后论"经验领域的向度"时再行交代),但完全同意牟氏关于"所以然"在中国哲学中的两义、"存在之理"与"形构之理"的区别以及朱子"太极"一观念的分析。在中国哲学史上,"所以然"有指"形构之理"者,如牟氏所举荀子的"生之所以然者谓之性"。"形构之理"乃抒表一存在之物或事的征象,即经验事物本身的特征。但"所以然"又有指"存在之理"者,如朱子的"太极"即是。"存在之理"并非说明事物的征象,而是作为事物之所以存在的保证者、负责者;若无之,则事物不能存在。在一次授课时,可能牟宗三手边刚好有粉笔,故借之作了一段虽非十分严格却生动的说明:"知识上的理可以跟存在分开,知识上的理是形构之理。譬如,按粉笔的化学公式造粉笔,化学公式是知识,是一个形式。那是一个'理',是一个形构之理。按照这个公式可以制造一支粉笔,但这个公式(形构之理)不能创生一支粉笔。创生这支粉笔,使这支粉笔存在的是上帝。"②说这段话并不十分严格,乃因我们可以说:使这支粉笔存在的是粉笔工匠。这样,引文里上帝作为"存在之理"的意义便未能显明。然而,粉笔的例子对"形构之理"的说明则可谓充分:粉笔的化学公式就是粉笔的形构之理,它抒表粉笔的特征,即粉笔之与他物为不同的那个"粉笔之为粉笔而非他物的所以然"。换言之,形构之理的功能是抒表事物之特征,而不涉及事物之存在。举例,独角兽必有且仅有一只角,"必有且仅有一只角"

---

① 牟宗三,《心体与性体》,第一册(台北:正中书局,1968年),第87—91页。
② 牟宗三,《宋明儒学的问题与发展》(台北:联经出版事业股份有限公司,2003年),第142页。

正是独角兽的形构之理,但它不保证独角兽之存在：有其形构之理,不代表有其存在。同理,如果说天高地厚的高与厚是天地的形构之理,则此高与厚也不保证天地之存在：之所以有天地,并不由于高与厚。倘若我们问为什么有天地,而非没有天地,答案便得诉诸"存在之理"：是此"存在之理"决定有天地(使天地存在)。因此,"存在之理"的功能不在于抒表事物之特征(正如我们不会说粉笔、独角兽、天地等之特征是上帝),而是作为事物存在(而非不存在)的理由(所以然)。

说到朱子"理"概念在存有论范围内的主要功能,金永植(Yung Sik Kim)的著名研究《朱熹的自然哲学》[*The Natural Philosophy of Chu Hsi (1130–1200)*][1]有精到的描述,很可以帮助我们理解"存在之理"与"形构之理"的区别(尽管他并无使用这对概念)。简言之,朱子的"理"(作为存有论概念时)对事事物物之特征"其实什么都没说",因为：

> 它只是说明一种理由,事物因之而存在,现象因之而发生,"存在"或"发生"只是因为而且只有因为有了"理"。用朱熹的话来说就是,"有是理方有这物事,如草木有个种子方生出草木"。……这样,事物要存在就必须先有"理",例如有了天地之理才有天地,有了"气"的理才有"气"。……这一点在朱熹关于"理"的想法中几乎无处不在,因而他说的"有此理"就意味着"此"能存在,能发生,或简单地说,"此"是真的。……事实上,对某一事物来说,理指的是事物整体和全部。复杂事物的理并不是可用来分析解释该事物的简单条条。说到"理",无非是说明或保

---

[1] Yung Sik Kim, *The Natural Philosophy of Chu Hsi (1130–1200)* (Philadelphia: American Philosophical Society, 2000). 中译本为金永植著,潘文国译,《朱熹的自然哲学》(上海：华东师范大学出版社,2003年)。

　　证此事此物确实存在或发生。[①]……当他说到"阴阳五行错综不失条绪便是理"时，这"理"的概念似乎更概括了，然而除了说明这"条绪"存在外其实什么都没说。[②]

综观金氏一书，他似乎认为在朱子"理"字的用例里，基本不存在我们所谓的"形构之理"，这点或可商榷（详论见稍后的"经验领域的向度"一小节）。但金氏对朱子之"理"作为"存在之理"时的概念功能，则把握得甚为透彻：作为"存在之理"时，这个"理"字对于事物之特征其实什么也没说，其功能仅在道出"事物存在"这一事实。故当他说"有此理"时，仅表示此事此物能存在，而非欲说明此事此物具有什么特征。

　　回到前引牟宗三的说法上，"形构之理"与"存在之理"的另一重要区别在于：前者是多，后者是一。"形构之理"是多，因构成此一物类的特征之理，必异乎构成另一物类的特征之理，经验物类各各不同，"形构之理"于是亦各各不同（例如金属的分子结构即异于木材的分子结构）。但依朱子，作为"存在之理"的"太极"则只有一而无多，"物物一太极"并不表示"太极"依物物不同而有多，实则此物之"太极"与彼物之"太极"乃同一"太极"，意谓使得此物存在的"存在之理"，同时亦是使得彼物存在的"存在之理"（如同在理论上说，作为万有的存在之理的上帝，只需一个便已足）。"统体一太极，物物一太极"，所表达的

---

① "事实上……"以降三句的英文原为："Indeed, *li* refers to a given object or phenomenon as a whole in its totality. The *li* of a complicated object of phenomenon is not what can be employed in the explanation or analysis of that object or phenomenon in simple terms. When *li* is mentioned, it is merely invoked to assure the existence or occurrence of the object or the phenomenon."
② 金永植著，潘文国译，《朱熹的自然哲学》，第29—30页。英文原著见 pp. 25–26。

正是朱子所强调的"理一分殊":同一"太极"对应个别的"存在之然"而仿佛显现为多,但实际上则为一。是故牟氏在引文里说:"太极涵万理实只是对存在之然显现为多相再收摄回来而权言耳。"

相应"存在之理","穷理"于是有"究知超越的存在之理"一义,用朱子的术语说即"见得大头脑处分明""看得太极处分明":

> 凡看道理,要见得大头脑处分明。下面节节,只是此理散为万殊。如孔子教人,只是逐件逐事说个道理,未尝说出大头脑处。然四面八方合聚凑来,也自见得个大头脑。若孟子,便已指出教人。周子说出太极,已是太煞分明矣。且如恻隐之端,从此推上,则是此心之仁;仁即所谓天德之元;元即太极之阳动。如此<u>节节推上</u>,亦自见得大总脑处。若今看得太极处分明,则必能见得天下许多道理条件皆自此出,事事物物上皆有个道理,元无亏欠也。①

见得"太极"此极至之理,是"穷理"的目标。而见得"太极"的方法,就在一"推"字上。"推"即"推证",是就呈现在眼前的事事物物之"然",以知其背后必有一"所以然"作为其存在的保证,故从"然"推证出"所以然",即从事事物物之为存在,而推证出"存在之理"。

但问题是,这种推证的工作为何要"节节"进行?事实上,由"然"推证出"所以然"乃可一蹴而就:知一物存在,即可推知其背后有一"存在之理"以保证它的存在。这一推证按理只需一步,又何用"节节推上",平添中间的节次?这就逼显出"太极"的道德意义(即"理"之"所当然"义)来:如果"太极"只是一个价值中性的"存在之理",确然

---

① 朱熹著,黎靖德编,《朱子语类》,卷九,第155—156页。

不用说"见得太极须节节推上";唯有当"太极"兼为一"至善的存在之理"时,"节节推上"方为必要。这里可以参考牟宗三的一个说法:

> 心知之明既可以认知存在之然自身曲折之相,亦可以认知存在之然之所以然之理,而且还能辨别存在之然自身曲折中之是非善恶。此皆为心知之明之所及。光认知存在之然自身曲折之相以及辨别此中之是非善恶,尚不能令性理显现。必须就存在之然自身曲折之相辨别出那是的善的,就那是的善的之然而穷知(推证)其所以然,方能令性理显现。此即函说是的善的之然方有性理为根,非的恶的之然实无性理为根,即并无正面积极的根据,此只是私欲缠夹在内把那本应依理而发的存在之然弄成歪曲了,遂成为歪曲的然,故非的恶的之然实只是一时之假象,其自身并无积极的存在,故必须拣别出也。依此,心知之明之认知活动是须要层层推进、层层规定的,规定到就是的善的之然而穷知其所以然,方能说到令性理显现。……故在穷究之过程中,不但是"用力之久","表里精粗无不到",而且在"用力之久"中要有一步分判,分判存在之然自身曲折之相与存在之然之所以然之理,还要有一步拣别,拣别出那非的恶的之然并无积极的根据,并非积极的存在。这样穷知方能尽"众物之表里精粗无不到,而吾心之全体大用无不明"之实义,而性理亦因之而可显现矣。此即心知之明,"因其已知之理而益穷之",在"益穷"之过程中层层推进层层规定也。①

---

① 牟宗三,《心体与性体》,第三册,第372—373页。

牟氏这里谈的虽是"如何使性理显现"的问题，但我们亦可借用过来解释"见得太极"何故须"节节推上"。因为依朱子，"太极"是"理"，而"性即理"，则"见得太极"与"性理显现"可说是一体之两面。依牟氏的理解，朱子认为"非的恶的之然并无正面积极的存在"，其存在"只是一时之假象"，故并无真正的存在根据。由此观之，在这个意义下，"见得太极"不可能一蹴而就，因为我们不能随眼前呈现的任何一"然"而皆可推证出"太极"。这里还须有"一步拣别"，即通过辨别是非以排除那些非的恶的之然，才能就另外那些是的善的之然去推证出"太极"来。这"拣别"的步骤，就使得我们在"见得太极"的过程上出现节次。这样看来，"太极"并非一价值中立的"存在之理"，而是一"至善的存在之理"，只负责是的善的现象之存在。非的恶的现象只是由于歪曲而出现（"把那本应依理而发的存在之然弄成歪曲了，遂成为歪曲的然"），其本身并不直接以"太极"为其存在的根据。

至于此"歪曲"的究竟成因，用朱子的理气论来说，即由于"理"不活动，而活动来自"气"故：

> 盖气则能凝结造作，理却无情意，无计度，无造作。[1]

"理"虽善，但本身不能活动以决定现象之善恶，所谓"无造作"也。具活动能力以造成各种现象的是"气"。由于"理"不活动，故现象上的是非善恶，乃取决于"气"是否依"理"而凝结造作："气"依"理"而行，便造出是的善的"然"；"气"违"理"而行，则造出非的恶的"然"。后一种"然"并不根据"至善的存在之理"而然，只是由"气"的妄动、干扰而造成的"歪曲的假象"。朱子曾说：

---

[1] 朱熹著，黎靖德编，《朱子语类》，卷一，第3页。

> 譬如阴阳在天地间,风和日暖,万物发生,此是善底意思;及群阴用事,则万物雕悴。恶之在人亦然。天地之理固是抑遏阴气,勿使常胜。①

这段话清楚表示,"风和日暖,万物发生"是"善底意思",而为"理"的正常体现——"天地之理固是抑遏阴气"。换言之,"万物雕悴"便是一种不正常现象,无理可说。然而,天地之间纵使有"抑遏阴气"之理,但"群阴用事"却非此"理"所能制止,因为"理"不能活动,能"凝结造作"者是"气"②。从引文看来,朱子谈天地间的违理事情时,会联系到人的违理表现:在"万物雕悴"后立即加上一句"恶之在人亦然"。以下这段话里,自然界与人事界的"逆理"现象联系得更紧密了:

> 如一株木,顺生向上去,是顺理。今一枝乃逆下生来,是逆理也。如水本润下,今洪水乃横流,是逆理也。禹掘地而注之海,乃顺水之性,使之润下而已。暴君"坏宫室以为污池,弃田以为园囿",民有屋可居,有地可种桑麻,今乃坏而弃之,是逆理也。汤武之举,乃是顺理。③

如同金永植观察到,朱子谈自然界时,"都是言在此而意在彼"④,其关切

---

① 朱熹著,黎靖德编,《朱子语类》,卷十二,第203页。
② 此即朱子所谓"气强理弱":"气虽是理之所生,然既生出,则理管他不得。如这理寓于气了,日用间运用都由这个气,只是气强理弱。"见朱熹著,黎靖德编,《朱子语类》,卷四,第71页。
③ 朱熹著,黎靖德编,《朱子语类》,卷五十五,第1319页。
④ 金永植著,潘文国译,《朱熹的自然哲学》,第350页。

始终在人事界。他举出相当多的例子来印证这点,如说朱子"用四季不变的次序来说明人之常性不会改变的道理。甚至用行星的逆向转动来说明,善良的人心有时也会变恶。为了证明他关于人事问题的见解,他有时不惜生造出一些自然现象来。例如,他说树一天不生长就会死,以说明人必须天天学习"①。至于人事界之"逆理"现象的成因,则可借"性"与"心"的关系来说明。两者的关系可类比于"理"与"气":"性"是"理"、"心"则属"气"一边,故"性"不活动,做主宰、起活动者是"心"。"性"虽善,但并无决定意念行为善恶之动力,意念行为上的善恶取决于"心"是否依"性"而动:

> 性即理也。当然之理,无有不善者。②

> 所觉者,心之理也;能觉者,气之灵也。③

> 人性无不善,只缘自放其心,遂流于恶。④

因此,非的恶的意念行为并无"积极的存在",即不是根据至善的性理而然,而是心不依循性理而妄动所产生的"歪曲的假象"⑤。

---

① 金永植著,潘文国译,《朱熹的自然哲学》,第4页。
② 朱熹著,黎靖德编《朱子语类》,卷四,第67页。
③ 朱熹著,黎靖德编《朱子语类》,卷五,第85页。
④ 朱熹著,黎靖德编《朱子语类》,卷十二,第203页。
⑤ 以上第一则引文提到朱子哲学的一个重要命题:性即理。这里即衍生出一个问题,值得附带说明:性即理之理到底属于"形构之理"还是"存在之理"?首先,朱子说的"性",主要是在孟子哲学的脉络下而指"仁义礼智"。然而在朱子的理解下,仁义礼智并非人类所独有,而是人与物所共同禀受得的"性"。他在《大学或问》里说得很清楚:"天道流行,发育万物,其所以为造化者,阴阳五行而已。而所谓阴阳五行者,又必有是理而后有是气,及其生物,则又必因是气之聚而后有是形。故人物之生必得是理,然后有以为健顺仁义礼智之性;必得是气,然后有以为魂魄五脏百骸之身。"(朱熹,《四书或问》,第3页)是故,"仁义礼智"(转下页)

　　笔者认为，说"太极只负责是的善的现象之存在"，理论上有其必要（尽管不一定有足够的说服力）。首先，宋明儒皆以"天理"（即朱子之"太极"）为善，由其实现的宇宙于是表现出道德价值。但这样说便要面对一个问题：是否宇宙内所发生的一切事情皆为道德的？如此，则地震、海啸，以至由此等天灾所引发的人命伤亡，便皆为道德上合理的现象。为此，说"太极"只负责是的善的现象之存在，非的恶的现象则为歪曲的假象，可算是一种回应。而事实上，朱子确有类似说法。除上引"天地之理固是抑遏阴气，勿使常胜"之外，再如：

　　　　问："'天道福善祸淫'，此理定否？"曰："如何不定？自是道理当如此。赏善罚恶，亦是理当如此。不如此，便是失其常理。……且如冬寒夏热，此是常理当如此。若冬热夏寒，便是失其常理。"[1]

"太极"作为亘古亘今的"存在之理"，应当就是引文说的"常理"，而

（接上页）并不抒表人类以至任何一物类之特征，因而没有"形构之理"的功能。事实上，朱子认为物也有仁义的表现："如蜂蚁之君臣，只是他义上有一点子明；虎狼之父子，只是他仁上有一点子明；其他更推不去。"（朱熹著，黎靖德编，《朱子语类》，卷四，第57页）就是说，蜂蚁也能表现义，虎狼也能表现仁，故仁义不是人类的"形构之理"。人物之分别倒在于：物就只"有一点子明"，那一点子之外，"其他更推不去"。此一分别的原因不在"理"上，而实源于人物所禀得之"气"的质量有所不同。如《大学或问》所言："然以其理而言之，则万物一原，固无人物贵贱之殊；以其气而言之，则得其正且通者为人，得其偏且塞者为物，是以或贵或贱而不能齐也。彼贱而为物者，既梏于形气之偏塞，而无以充其本体之全矣。"（《四书或问》，第3页）因此，人类的"形构之理"实应从其气上找，而不能诉诸仁义礼智之性理。恰恰相反，在朱子，仁义礼智根本应属"存在之理"。这立即便会引起疑问：作为道德之理（或以朱子术语说："所当然之则"）的仁义礼智，何以能同时兼有"存在之理"（或以朱子术语说："所以然之故"）的身份和功能？稍后我们将对此略加说明。

[1]　朱熹著，黎靖德编，《朱子语类》，卷七十九，第2030页。

朱子明确表示：冬热夏寒、赏恶罚善的现象乃"失其常理"，可算是对前述牟宗三那"非的恶的之然并无积极的存在"之说的一种佐证。再者，若我们不接受牟宗三的说法，则朱子"节节推上"一说便无从解释，我们将可从任何"然"（包括冬热夏寒、赏恶罚善等非的恶的现象之然）直接推证出"太极"。唯当"太极"被理解成一"至善的存在之理"，而认识"太极"必先辨别开现象的是非善恶时，方有"节节推上"可言。因此，笔者认为牟氏之说乃有文献的间接支持并在道理上为应有之一论。

以上说明了"存在之理"何以在理论上有需要作为一善的或道德之理（以朱子语说即"当然之理"和"所当然之则"），但若我们反过来问：道德之理何以能"使事物存在"而有其"存在之理"的身份或功能？沿用上述自然界与人事界的二分，我们也可对此问题作两方面的说明。人事界一面比较易说，前面曾引朱子之言："性即理也。当然之理，无有不善者。"[①]朱子依于孟子哲学，特将此"性"（或曰"性理"）说为"仁义礼智"，如其注《孟子·公孙丑上》"恻隐之心，仁之端也"等四句时提出："恻隐、羞恶、辞让、是非，情也。仁、义、礼、智，性也。"[②]当中的"性"，本身既为"当然之理"，同时亦是"情"之所以存在或发生的根据——"情"的"存在之理"，所谓"有这性，便发出这情；因这情，便见得这性"[③]。唐君毅（1909—1978）《由朱子之言理先气后，论当然之理与存在之理（下）》一文[④]中有一节即题为"当然之理即存在者所以存在之根据之一种"，对"当然之理"在人事界一面之能兼为"存在之

---

① 朱熹著，黎靖德编，《朱子语类》，卷四，第67页。
② 朱熹，《四书章句集注》，第329页。
③ 朱熹著，黎靖德编，《朱子语类》，卷五，第89页。
④ 唐君毅，《由朱子之言理先气后，论当然之理与存在之理（下）》，《中国哲学原论：原道篇》，卷三（台北：台湾学生书局，1993年全集校订版），第473—512页。

理",有详细的阐发。他说:"吾今之论当然之理,为存在者存在之一种根据,将首指出当然之理为知当然之理、行当然之理者之知行,及由此知行所成之人格存在之根据。"①据此说,则仁义礼智之"当然之理"所实现或成就者不仅为"恻隐"等"情",甚而包括了一切道德认知和实践(知行)以至道德人格。总之,在人事界,或更收紧说道德界,当中的"存在物"如恻隐等道德之情、道德认知与实践、道德人格等,其存在均由"当然之理"所实现或说启其端(正如人若不先对"当然之理"有所自觉,则不会修养自己而成就其道德人格)。

　　然而,自然界一面则比较难说:"当然之理"如仁义礼智,如何能使自然界的山河大地存在? 在笔者看来,前述唐君毅一文,就此一面的说明仍嫌未足。另外,李明辉有《再论孟子的自律伦理学》②,本乎牟宗三的思路,并借用康德(Immanuel Kant, 1724—1804)的"自由底因果性""物自身""智性直观"等概念,阐释儒家如何言"创造万物"。如其说:"本心之创造万物,并非就现象说,而是就物自身说。"③"既然本心之创造万物是就物自身而言,则用现代的用语来表达,其创造只能以'智性直观'底方式为之……"④而笔者亦曾发表两篇文章,试图以较为切身的道德实践角度,来说明儒家式的创生⑤。 唯李明辉与笔者的文章,均从心学形态的儒家(即承认"心即理"者)立论,其对儒

---

① 唐君毅,《由朱子之言理先气后,论当然之理与存在之理(下)》,《中国哲学原论:原道篇》,卷三,第478页。
② 李明辉,《再论孟子的自律伦理学》,《儒家与康德》(台北:联经出版事业股份有限公司,1990年),第81—104页。
③ 同上书,第102页。
④ 同上。
⑤ 吴启超,《仁心何以能生出事物来? ——从唐君毅的鬼神论求解,并略说牟宗三的"道德的形上学"》,《中国哲学与文化》第8辑(2010年12月),第143—163页;《儒家为何要对存在问题有所交代? 再论牟宗三的"道德的形上学"》,《"国立"政治大学哲学学报》第36期(2016年7月),第33—68页。

家式创生的说明，不必即能适用于朱子，以其理论非立根于"心即理"故。或许，朱子在此一课题上的立足点实际是一种简单实在论，先认定万物之存在为一既予的（given）事实，然后推证万物之存在背后有一"存在之理"以保证其存在，复基于我们前述那种理论需要，规定此"存在之理"同时为一"当然之理"，从而反证出"当然之理能实现万物之存在"。然则，离乎此发端于实在论的推理，"当然之理能实现万物之存在"的观点，可能便无另外之论据（唐君毅一文即尝试提出"实在论的推理"以外的论据，或值得我们进一步推展）。因此，"当然之理如何能兼为存在之理而使万物存在"一问题，或正是朱子哲学的一个软点（不易证成者、难经得起理论检验者）。唯此问题已越出本书探究的范围，故暂且打住。

总括而言，"穷理"的第一个向度即"究知超越的存在之理"。此"理"即"太极"，其本身不仅为一"存在之理"——"所以然之故"（"太极"为存在之然背后的存在根据，是为"故"），并且是"至善之理"——"所当然之则"。再者，由于"见得太极"须本于"分别是非"（通过辨别是非以排除那些非的恶的之然，仅就是的善的之然去推证出"太极"来），故"分别是非"实为"见得太极"之基要处，是"究知超越的存在之理"的基础。

2. 经验领域的向度：究知事物的特性和规律

前面提过，朱子的"理"尽管大多指"存在之理"，却亦有少数用例是指"形构之理"者。"形构之理"抒表事物的经验特征，即一物类之所以能与其他物类区别开来的征象或性质，此亦可说为"所以然之故"。进一步讲，事物既有各各不同的特性，人们如要利用事物以达成某些目的（如农作物丰收），就必须依循其特性而行，这里即有一种规律、一种"宜"，不可随意违逆，否则便达不到想要的效果（在这个意义下，这种规律亦配称为"所当然之则")。朱子说：

> 问："所谓'一草一木亦皆有理'，不知当如何格？"曰："此推而言之，虽草木亦有理存焉。一草一木，岂不可以格。如麻麦稻粱，甚时种，甚时收，地之肥，地之硗，厚薄不同，<u>此宜植某物，亦皆有理</u>。"[①]

> 盖天下之事，皆谓之物，而物之所在，莫不有理。且如草木禽兽，虽是至微至贱，亦皆有理。如所谓"仲夏斩阳木，仲冬斩阴木"，自家知得这个道理，处之而各得其当便是。[②]

"一草一木亦皆有理"，此"理"显然不是指"超越的存在之理"。因观乎后文，地之"肥硗厚薄"，均是地之特性；"肥地"之"肥"，乃其与"硗地"区别开来的性质。此"肥硗厚薄"不可能是"存在之理"，因"存在之理"不负责事物之殊别特征故（反过来说，"肥硗厚薄"本身亦不能保证地之存在）。由特性之不同则可言"宜"：厚薄不同之地各有所宜种之物，"麻麦稻粱"有其各自的特性，亦各有其所宜种宜收之时。这里自有一种规律（经验世界的规律），必须"知得这个道理，处之而各得其当"，即处得其物之"所当然"，方能达成想要的效果。由此可见，"穷理"有一经验领域的向度，作为究知事物特性（"形构之理"意义上的"所以然之故"）和规律（作为工具价值意义上之"宜"的"所当然之则"）的工夫。

正是在这一点上，笔者虽大体同意金永植的见解，但就"形构之

---

① 朱熹著，黎靖德编《朱子语类》，卷十八，第420页。
② 朱熹著，黎靖德编《朱子语类》，卷十五，第295页。

理”一义而言，其说仍可稍加补充。大体同意者，在于其指出朱子的格物穷理，重点不在对经验事物进行科学式的观察分析：

> 从“格”、“物”这两个汉字的本义及朱熹偶尔作的例解来看，这好像是对事物进行观察分析从而得其“理”的过程。朱熹甚至说：“学者须当知夫天如何而能高，地如何而能厚，鬼神如何而为幽显，山岳如何而能融结，这方是格物。”但朱熹的格物，主要是重在道德与社会问题上。如在上例中，他用自然界的事物和现象来说明“格物”，但他很少想到如何去调查分析这些事物和现象。①

从这一认识出发，金氏很敏锐地指出：“要是他注意到自然界的某种规则性，他关心的只是该规则性的存在，而对这规则性本身的细节则并不感兴趣。”②关于这点，金氏书中举出大量例子，说明朱子实已留意到西方科学家会感兴趣的很多现象，但由于他对具体的经验事实或现象只是如其所如地接受，而没有科学式的“有关现象之所以然”的细究，故其格物穷理，始终不是一种科学活动：

> 他接受的是具体的经验事实，对事实中包含的基本一般原理却不作研究：只作总体接受，不作具体分析。比如，车、船或水车一旦运动了，没有外力也能保持运动状态，朱熹接受这一点，但朱熹不关心（也许他根本没有想到）这一点暗示运动有惯性趋势这

---

① 金永植著，潘文国译，《朱熹的自然哲学》，第25页。
② 同上书，第5页。

一普遍原理。很自然，他不会对运动原理的总体研究和基础研究感兴趣，而没有上述总体研究，就不可能拥有建立在普遍原理上的有关运动的一整套连贯的知识系统。因此，惯性和运动相对性这两个概念的结合帮助西方在运动概念上产生了革命性转变，最终产生了"古典力学"这一知识体系，而朱熹接受理解了蕴含同一基本原理的具体事实，却没有超越具体事实本身。①

然而，尽管笔者同意朱子的格物穷理不是一种科学探究活动，并同意朱子的"理"因而大多数不是指"形构之理"（而是指"存在之理"），但我们仍不宜过当地、一概而论地把少数"理"字用例里的"形构之理"义给排除掉。事实上，金永植也注意到朱子有时似乎想到了自然"规律"（law）或"法则"（rule）（两者大抵即相当于"形构之理"）的观念，只是金氏的意见是这样的：

> 朱熹在说到"理"时，有时脑子里似乎想到的东西更多，甚至有点像"规律"、"法则"那样的观念。例如下面例子中的"理"："舟只可行之于水，车只可行之于陆。"表面上看他似乎在说舟、车运动的规律，但实际上这些"理"说的只是舟行于水、车行于陆的事实，并没有涉及什么舟、车行动的简单原理，也没有什么可用来分析舟车的行动。因此，他的话实际意思只是说，舟行于水，因为

---

① 金永植著，潘文国译，《朱熹的自然哲学》，第347页。牟宗三亦表达过类似观点："朱子之'穷在物之理'其目标是在穷其存在之理，并不是穷其存在之然之曲折本身。穷存在之理是哲学的，穷存在之然之曲折本身是科学的。科学式的积极知识或特殊的专门知识是在其穷存在之理时接触物，因而成其为泛观博览，所谓道问学，通过此泛观博览、道问学之过程，而即在此过程中拖带出的。其重点与目标固不在此。"见牟宗三，《心体与性体》，第三册，第365页。

> 舟的理是舟只能行于水的；车行于陆，因为车的理是车只能行于陆的。而且，行于水和行于陆是成为舟和车的条件。这样，说到底，这句话除了指出"因为舟和车的理，所以舟和车存在"的事实之外，其实什么也没说，而这就是我们前面对理强调的方面。同样的分析可用来说明朱熹的另一句话："冬寒夏热，此是常理当如此。"他甚至说，因为大黄和附子的"理"，所以"大黄不可为附子，附子不可为大黄"。换句话说，因为大黄有它的理，所以它只能成为大黄，不能成为附子。①

这些舟车、冬夏、大黄附子等例子，金氏都剖析得很有说服力：说舟有"行于水"之理、车有"行于陆"之理，就等于说"因为舟和车的理，所以舟和车存在"，除此事实之外，其实什么也没说。换言之，用本书的语言说，金氏认为"理"字有时虽貌似指"形构之理"，实则仍只是"存在之理"。可是，当我们回看前引朱子之言："如麻麦稻粱，甚时种，甚时收，地之肥，地之硗，厚薄不同，此宜植某物，亦皆有理。"②当中的"理"字则涉及各农作物何时宜种、何时宜收，各种土质分别宜植什么等；这个由"理"字所表达的"宜"，就不是只道出"麻麦稻粱、肥地硗地存在"的事实，并非"什么也没说"了。这个"宜"明显是指着各类农作物及土质的特性而言，是故，表达这个"宜"的"理"字，亦应该指"形构之理"。尽管朱子这种对"形构之理"的认识仍是前现代科学的、素朴的、仅以实用为依归的，但无疑在他对"理"的全部谈论里，始终偶有"形构之理"的向度。总之，笔者大体同意金氏的见解，只是在"形构之理"

---

① 金永植著，潘文国译，《朱熹的自然哲学》，第30—31页。
② 朱熹著，黎靖德编，《朱子语类》，卷十八，第420页。

一义上稍加补完。

但无论如何，"穷理"的重心不在"穷究形构之理"的向度上，则可肯定。关于这一点，以下试从笔者自己的观察来析论充实之。

朱子在《大学或问》中为证明《格物补传》乃忠于程颐观点而作，广泛征引程氏之言，其中三段为：

> 或问："观物察己者，岂因见物而反求诸己乎？"曰："不必然也，物我一理，才明彼即晓此，此合内外之道也。语其大，天地之所以高厚，语其小，至一物之所以然，皆学者所宜致思也。"曰："然则先求之四端可乎？"曰："求之情性，固切于身，然一草一木，亦皆有理，不可不察。"①

> 格物，莫若察之于身，其得之尤切。②

> 致知之要，当知至善之所在，如父止于慈，子止于孝之类，若不务此，而徒欲泛然以观万物之理，则吾恐其如大军之游骑，出太远而无所归也。③

---

① 朱熹，《大学或问》，《四书或问》，第21—22页。此条见于程颢、程颐，《伊川先生语四》，《河南程氏遗书》，卷十八，第193页，内容略有不同，所载为："问：'观物察己，还因见物，反求诸身否？' 曰：'不必如此说。物我一理，才明彼即晓此，合内外之道也。语其大，至天地之高厚，语其小，至一物之所以然，学者皆当理会。' 又问：'致知，先求之四端，如何？' 曰：'求之性情，固是切于身，然一草一木皆有理，须是察。'"
② 朱熹，《大学或问》，《四书或问》，第22页。此条见于程颢、程颐，《伊川先生语三》，《河南程氏遗书》，卷十七，第175页，内容略有不同，所载为："'致知在格物'，格物之理，不若察之于身，其得尤切。"
③ 朱熹，《大学或问》，《四书或问》，第22页。此条见于程颢、程颐，《二先生语七》，《河南程氏遗书》，卷七，第100页，未注明程颢语还是程颐语，所载为："致知，但知止于至善，为人子止于孝，为人父止于慈之类，不须外面，只务观物理，汎然正如游骑无所归也。""不须外面"一语为朱子之征引所无，两相比较，《河南程氏遗书》语调较激。

表面上看，程颐在"穷理"上的立场似颇暧昧，如既说"一草一木，亦皆有理，不可不察"，又忧虑说"徒欲泛然以观万物之理，则吾恐其如大军之游骑，出太远而无所归"。实则其思路应该是这样的：一草一木亦皆有理，原则上理无大小，皆宜致察，但事物有"切不切"之分，"格物"当以切身处为先为本，此切身处即"至善之所在"（这是"穷理"的道德向度，下详）。若舍此而逐外理，则泛然无所归。此说之关键在于"理虽无大小，但穷理应有主次、先后"。朱子即借"次第"一观念，以昭示此意。在引录包括上述引文的十条程颐语之后，朱子说：

> 此十条者，皆言格物致知所当用力之地，与其次第功程也。①

理虽遍在，但"穷理"必须讲"次第"。《朱子文集》卷七十二有《杂学辨》一文，当中有言：

> 愚按伊川先生尝言："凡一物上有一理，物之微者亦有理。"又曰："大而天地之所以高厚，小而一物之所以然，学者皆当理会。"……程子之为是言也，特以明夫理之所在，无间于大小精粗而已。若夫学者之所以用功，则必有先后缓急之序、区别体验之方，然后积习贯通，驯致其极，岂以为直存心于一草木器用之间，而与尧舜同者无故忽然自识之哉？②

朱子的解释，厘清了（或修正了）程颐之说。合程朱所言以观，可见他

---

① 朱熹，《大学或问》，《四书或问》，第22页。
② 朱熹，《晦庵先生朱文公文集》，卷七十二，第3493页。

们不将"格物穷理"的重点置于经验的向度上。朱子更表示,只求获取经验知识而忽略更为重要之"理",便非"为己"(取《论语·宪问》"古之学者为己"之意):

> 曰:然则所谓格物致知之学,与世之所谓博物洽闻者,奚以异?曰:<u>此以反身穷理为主</u>,而必究其本末是非之极至;彼以徇外夸多为务,而不核其表里真妄之实。然必究其极,是以知愈博而心愈明;不核其实,是以识愈多而心愈窒。<u>此正为己为人之所以分,不可不察也。</u>①

"以徇外夸多为务"者,只是"为人"。"格物致知",当"以反身穷理为主","为主"即表示重心所在。因此,究知事物的特性和规律,非"穷理"的要义所在(但这个经验的向度仍有必要保留,下详)。然则这个要义何在?前引程颐语已透露了答案:"致知之要,当知至善之所在,如父止于慈,子止于孝之类。"此即"穷理"的道德向度。

3. 道德领域的向度:分别是非

首先需要澄清,之前解释"穷理"的形上向度时表示过,"太极"是一"至善的存在之理",本身具有道德意义;但我们现在仍要将"穷理"的形上向度和道德向度划开,因为前者的目标是认识"超越的存在之理",后者则内在于人事而探问实际的道德问题。是故,"穷理"的道德向度仍有相对于形上向度的独立性。形上向度的"穷理"是"上达"之事,旨在了解"道德之理"同时兼为天地万物的"存在之理"②;道德向

---

① 朱熹,《大学或问》,《四书或问》,第28页。
② 但正如前面所论,"道德之理"(当然之理、所当然之则)同时兼为万物的"存在之理"一义,在朱子是不易证成的,说见第一小节《形上领域的向度:究知(转下页)

度的"穷理"则为"下学"之事,旨在究知"道德之理"本身。此乃"上达"的基础,因吾人必先知得"道德之理",即分别是非,方可"节节推上"而知其兼为"存在之理"(通过辨别是非以排除那些非的恶的之然,仅就是的善的之然去推证出"太极"来)。反过来说,形上领域的"穷理"(所谓"见得大头脑处分明""看得太极处分明"),则为道德领域的"穷理"所极成。

程颐说:"致知之要,当知至善之所在,如父止于慈,子止于孝之类。""至善之所在"就是"人伦身份的道德责任",如"父"之道德责任在于"慈",为人父者应当慈,唯尽慈方算充分履行作为人父的责任。"知至善之所在"为"致知之要",亦即"格物穷理"之"要",他说:

> 人患事系累,思虑蔽固,只是不得其要。<u>要在明善,明善在乎格物穷理</u>。①

以"究知人伦身份的道德责任"为"致知格物"的要义,亦可见于朱子的话语中:

> 致知、格物,《大学》中所说,不过"为人君,止于仁;为人臣,止于敬"之类。②

> 格物,是穷得这事当如此,那事当如彼。如为人君,便当止于仁;为人臣,便当止于敬。③

(接上页)超越的存在之理》之最后部分。
① 程颢、程颐,《伊川先生语一》,《河南程氏遗书》,卷十五,第144页。
② 朱熹著,黎靖德编,《朱子语类》,卷十四,第252页。
③ 朱熹著,黎靖德编,《朱子语类》,卷十五,第284页。

"当如此""当如彼""当止于仁""当止于敬"之"当"字，正表"应当"之意，即人伦世界的"所当然之则"。

但是，仅仅知道"所当然"还未够：

> 格物，须真见得决定是如此。为子岂不知是要孝？为臣岂不知是要忠？人皆知得是如此。然须当真见得子决定是合当孝，臣决定是合当忠，决定如此做，始得。①

见得"要孝""要忠"不难，重要的是真见得"决定是合当孝""决定是合当忠"，意思就是"这肯定是应该的，不得不履行"②。但如何可见得道德责任之不得不行？从引文可见，由"知是要孝"到"见得子决定是合当孝"，有一层之升进，表示对为子、为臣和对孝、忠的"穷理"要拓深一层。而这一层拓深所见得的，就是"所以然"。朱子说：

> 问"十五志于学"章。曰："志学与不惑、知天命、耳顺是一类。立与从心所欲是一类。志学一类，是说知底意思；立与从欲一类，是说到底地位。"问："未能尽知事物之当然，何以能立？"曰："如栽木，立时已自根脚着土，渐渐地生将去。"问："未知事物之所以然，何以能不疑？"曰："知事物之当然者，只是某事知得是如此，某事知得是如此。到知其所以然，则又上面见得一截。"③

---

① 朱熹著，黎靖德编，《朱子语类》，卷十五，第284—285页。
② 所谓"真见得"，即伊川、朱子所强调的"真知"。这在朱子工夫论中是一个很重要的观念，因为它可用以解释"道德动力"的问题："真知"足以推动道德实践。"真知"本于"分别是非"而来，本章先分析"分别是非"的基本含义，有关"真知"的分析及说明其如何可推动"行"，详见本书第三章。
③ 朱熹著，黎靖德编，《朱子语类》，卷二十三，第555—556页。

如吕氏之论明善诚身，皆有所未尽。其于明善，直以为凡在我者，皆明其情状，而知所从来。殊不知天下事物之理，皆有所谓善，要当明其当然，而识其所以然，使吾心晓然真知善之为善，而不可不为，是乃所谓明善者。①

问:"《或问》，物有当然之则，亦必有所以然之故，如何?"曰:"如事亲当孝，事兄当弟之类，便是当然之则。然事亲如何却须要孝，从兄如何却须要弟，此即所以然之故。如程子云:'天所以高，地所以厚。'若只言天之高，地之厚，则不是论其所以然矣。"②

非常清楚，孝、弟分别是事亲和事兄的"当然之则"，至于"所以然之故"所指的，就是事亲当孝、事兄当弟的理由。在道德修养上，仅仅知道"当孝、当弟"还不够，还须知事亲为什么应该孝、从兄为什么应该弟，如此方能升进一层、拓深一层，而"晓然真知善之为善，而不可不为"。此升进拓深即朱子所谓"上面见得一截"或"更上一着":

格物，是穷得这事当如此，那事当如彼。如为人君，便当止于仁;为人臣，便当止于敬。又更上一着，便要穷究得为人君，如何要止于仁;为人臣，如何要止于敬，乃是。③

"穷理"应"更上一着"，即要穷究得人君为什么应以"仁"、人臣为什么应以"敬"为他们的道德责任。这个解释"为什么应该"的"所以然"，就是"道德责任之所以为应该的理由"。因此，道德向度上的"穷理"，

①　朱熹《孟子或问》，《四书或问》，第451页。
②　朱熹著，黎靖德编《朱子语类》，卷十八，第414页。
③　朱熹著，黎靖德编《朱子语类》，卷十五，第284页。

除要"究知人伦身份的道德责任"外，还要了解到此等责任之所以为应然的理由。后者比前者为"更上一着"，因为有了后者，就必然会有前者：一个人了解到自己有理由必须履行某一道德责任，表示他确切知道自己的义务所在。反之，一个人仅仅人云亦云地记着事亲当孝，从兄当弟，不表示他知道为什么应当如此，亦不表示他真正相信事亲当孝，从兄当弟。

推而广之，如果说见得道德领域的"所当然之则"即"知道什么应该、什么不应该，什么合理、什么不合理"，则见得"所以然之故"就是"知道应该不应该、合理不合理的理由"。"应该不应该、合理不合理"，在朱子即云"是非"，而"应该不应该、合理不合理的理由"，自然是"是非之所以然"，如朱子注《孟子·公孙丑上》的"知言养气章"便说：

> 知言者，尽心知性，于凡天下之言，无不有以究极其理，而识其是非得失之所以然也。①

"究极其理"即"穷理"。识得应该不应该、合理不合理的理由，就能辨别得是非分明。"穷理"的要义即在"分辨事事物物之是非"：

> "格物"二字最好。物，谓事物也。须穷极事物之理到尽处，便有一个是，一个非，是底便行，非底便不行。凡自家身心上，皆须体验得一个是非。②

"格物穷理"在"自家身心上"讲（此即"穷理之学"作为"为己之学"

---

① 朱熹，《四书章句集注》，第322页。
② 朱熹著，黎靖德编，《朱子语类》，卷十五，第284页。

的切要处），就是"我的思虑行为应该如何表现、生活上的每一处境应该如何应对，皆要分辨清楚"。

至如要认识和看待天下一切事，其关要也只是分别是非，故说"天下只是个分别是非"：

> 如今要紧只是个分别是非。一心之中，便有是有非；言语，便有是有非；动作，便有是有非；以至于应接宾朋，看文字，都有是有非，须着分别教无些子不分晓，始得。心中思虑才起，便须是见得那个是是，那个是非。才去动作行事，也须便见得那个是是，那个是非。应接朋友交游，也须便见得那个是是，那个是非。看文字，须便见得那个是是，那个是非。日用之间，若此等类，须是分别教尽，毫厘必计始得。……天下只是个分别是非。若见得这个分明，任你千方百计，胡说乱道，都着退听，缘这个是道理端的着如此。如一段文字，才看，也便要知是非。若是七分是，还他七分是；三分不是，还他三分不是。如公乡里议论，只是要酌中，这只是自家不曾见得道理分明。这个似是，那个也似是，且捏合做一片，且恁地过。若是自家见得是非分明，看他千度万态，都无遁形。……如今道理个个说一样，各家自守以为是，只是未得见这公共道理是非。……世上许多要说道理，各家理会得是非分明，少间事迹虽不一一相合，于道理却无差错。一齐都得如此，岂不甚好！这个便是真同。只如今诸公都不识所谓真同，各家只理会得半截，便道是了。做事都不敢尽，且只消做四五分。这边也不说那边不是，那边也不说这边不是。且得人情不相恶，且得相和相同，这如何会好！此乃所以为不同。只是要得各家道理分明，也不是易。须是常常检点，事事物物，要分别教十分分明。是非之间，有些子

<u>鹘突也不得</u>。只管会恁地，这道理自然分明。分别愈精，则处事愈当。①

朱子这番话极其严肃，彰显了"穷理之学"根本处的理性精神：我们只应接受经得起理性考验而站得住脚的观点、想法和言论。遇有互相冲突的观点时，必使其互相诘难，因为我们的理性不容苟且含混。相反地，"且得人情不相恶，且得相和同"的态度，只是一种圆滑的折中和会（"只是要酌中"），欲将不同观点勉强拼凑，"捏合做一片"，这根本不是"穷理"。"穷理"必须要在道理上"分别教尽，毫厘必计"，不容苟且含混，如其所如地检验，"若是七分是，还他七分是；三分不是，还他三分不是"②。这样做不是斤斤计较、不留情面，而是要追求理性的公正，不以"人情"牺牲"道理"（至于见得道理之余在实践上又要如何顾全人情，则是另一问题，讲究理性的公正不代表不顾人情），正如朱子训门人周谟说：

　　问："谟于乡曲，自觉委靡随顺处多，恐不免有同流合污之

---

① 朱熹著，黎靖德编，《朱子语类》，卷三十，第769—771页。
② 朱子常常强调这种"分别教尽，毫厘必计"的"穷理"精神，如说："且如看文字，圣贤说话粹，无可疑者。若后世诸儒之言，唤做都不是，也不得；有好底，有不好底；好底里面也有不好处，不好底里面也有好处；有这一事说得是，那一件说得不是；有这一句说得是，那一句说得不是，都要恁地分别。如临事，亦要如此理会那个是，那个不是。若道理明时，自分晓。有一般说，汉唐来都是；有一般说，汉唐来都不是，恁地也不得。且如董仲舒贾谊说话，何曾有都不是底，何曾有都是底。须是要见得他那个议论是，那个议论不是。如此，方唤做格物。如今将一个物事来，是与不是见得不定，便是自家这里道理不通透。若道理明，则这样处自通透。"（朱熹著，黎靖德编，《朱子语类》，卷十八，第393页）又如说："如今有十人，须看他那个好，那个不好。好人也有做得不是，不好人也有做得底。如有五件事，看他处得那件是，那件不是。处得是，又有曲折处。"（《朱子语类》，卷十八，第394页）

失。"曰:"'孔子于乡党,恂恂如也,似不能言者。'处乡曲,固要
人情周尽;但须分别是非,不要一面随顺,失了自家。天下事,只
有一个是,一个非;是底便是,非底便非。"问:"是非自有公论?"
曰:"如此说,便不是了。是非只是是非,如何是非之外,更有一个
公论? 才说有个公论,便又有个私论也! 此却不可不察。"①

人情周尽须以不碍是非分明为限,是底便是,非底便非,自有客观公论,
不以人情为转移,此见朱子对于理性自有一份庄严感。值得注意的是,
朱子认为"公论"之为"公",必通乎"我"与大众而为"公",故追求公
论者必不会"失了自家"(自己不做判断,完全随顺大众之见)。只有大
众观点而没有"我"所参与建构的"论",自非"公论"(随口说"是非自
有公论"者,可能只是想置身事外,将分别是非的责任推诿给他人,是
以朱子必深诫之:自己不问是非,如何会有公论)。唯有充分考查各方
的理据,提出自己的判断,以协调出真正的"公共道理是非",如此方为
"真同"。

4. 小结:三个向度的关系及"分别是非"的核心地位

以上分别析论了"穷理"的三个向度,此中道德领域的向度可说
是整个"穷理之学"的核心。一方面,道德向度与形上向度相比,前者
的"分别是非"实为后者的"见得太极"的基要处。正如前面所说,"太
极"作为万物存在的"所以然之故",只负责是的善的"然"之存在,非
的恶的"然"并无积极的存在,只是由"气"不依"理"而妄动所歪曲出
来的假象。因此,要"见得太极",必先通过"分别是非"以拣别出那些
非的恶的"然","节节推上"而穷究至"太极"处。

① 朱熹著,黎靖德编,《朱子语类》,卷一百一十七,第2808页。

另一方面，前面说过，纯粹的"博物洽闻"在朱子眼中只是"为人之学"，非"穷理之学"的切要处，此切要处当在道德领域内的"分别是非"。因此，道德向度与经验向度相比，则前者又更为根本。但应注意，朱子只是区别开这两个向度的主从地位，而仍然承认，在以"明善"为主的情况下，经验向度内的"穷理"仍是必要的。其实程颐早就说过："且如欲为孝，不成只守着一个孝字？须是知所以为孝之道，所以侍奉当如何，温清当如何，然后能尽孝道也。"①就是说，知道应当为孝之后，亦要讲究如何体现孝："侍奉当如何，温清当如何。"朱子亦表示：

> 致知、格物，《大学》中所说，不过"为人君，止于仁；为人臣，止于敬"之类。古人小学时都曾理会来。不成小学全不曾知得。然而虽是"止于仁，止于敬"，其间却有多少事。如仁必有所以为仁者，敬必有所以为敬者，故又来《大学》致知、格物上穷究教尽。②

这里的"所以为仁""所以为敬"，意思当指实践上怎样落实或表现仁与敬。这个意思在下述答问中表达得更清楚：

> 徐（孟宝）又曰："'为人君，止于仁；为人臣，止于敬；为人子，止于孝'，至如'止于慈，止于信'。但只言'止'，便是心止宿之地，此又皆是人当为之事，又如何会错？"曰："此处便是错。要知所以仁，所以敬，所以孝，所以慈，所以信。仁少差，便失于姑息；

---

① 程颢、程颐，《伊川先生语四》，《河南程氏遗书》，卷十八，第206页。
② 朱熹著，黎靖德编，《朱子语类》，卷十四，第252页。

　　敬少差,便失于沽激。毫厘之失,谬以千里,如何不是错!"①

从"仁少差,便失于姑息",可知此"失"是"道德价值之落实"上的问题:用错手段、方式,致令"仁"(宽容待人)流为"姑息"。因此,"穷理"亦包括知所以仁、所以孝等,即知如何落实道德价值。在这种探求的过程中,自然需要事物特性和规律的知识,如侍奉父母之物(食物、药品等)的特性如何、何种药治何种病、在什么情况下不可服哪种药等。在体现道德价值之目的下,自然要讲究事物之"宜",以"合宜"来实现道德目的;事物之"宜"如何,又取决于事物之特性。因此,经验向度内的"穷理"在这个意义上是必要的。

　　析论至此,我们整理出一条理路:朱子工夫论的陈构特别倚重于《大学》,而在《大学》诸工夫概念里,则特重"格物""致知";朱子承二程意,援《说卦传》之"穷理"释"格物";在他的用法里,"穷理"有三个向度,而以道德向度——分别是非——为基础。最后补充一点,朱子依据《大学》来建构其工夫论,所重视的概念除"格物"和"致知"外,其次则数"诚意"。然依笔者理解,"诚意"工夫即相当于以下朱子工夫论另一组概念中的"省察"。他在《大学章句》里这样界定"诚意":"诚其意者,自修之首也。"②而"自修"即指"省察克治"的工夫——"自修者,省察克治之功。"③故"诚意"工夫,当可收入下述之"省察"里去。

(三)另一组概念:"省察""涵养""敬"

　　在朱子的整套工夫论里,除上述"致知""格物""穷理"外,尚有

① 朱熹著,黎靖德编,《朱子语类》,卷六十三,第1528页。
② 朱熹,《四书章句集注》,第10页。
③ 同上书,第8页。

几个观念是应当注意的，即"省察"（或"察识"）、"涵养"（或"存养"）和"敬"。我们要正视"涵养"和"敬"，因为朱子自其"中和新说"成立后，其工夫论即服膺程颐"涵养须用敬，进学则在致知"①一语（关于"中和新说"，稍后将会析论）。仅就此语来看，作为一种工夫论纲领，它似乎表示"敬"与"致知"（在朱子即相当于"穷理"）乃工夫的两大宗，因而对本书的论断——"穷理"是朱子工夫论的整体特性所在——可能构成挑战。所以我们有必要探讨朱子工夫论中"涵养须用敬"的一面，以判断其理论定位。此外，"察识"（"省察"）和"涵养"的先后问题是朱子哲学成立过程里的重要课题，从"先察识"到"先涵养"，是朱子中和新旧说的一大转变。此课题亦关乎朱子与其论敌湖湘学派的争论。探讨"省察"与"涵养"孰先孰后的问题，有助于我们了解朱子思想的演变及他对湖湘之学的不满所在，为下一章的探究提供思想史的背景。

如果要找一段扼要地囊括上述三个观念的朱子语，则可举《中庸或问》：

> 殊不知经文所谓致中和者，亦曰当其未发，此心至虚，如镜之明，如水之止，则但当<u>敬以存之</u>，而不使其小有偏倚；至于事物之来，此心发见，喜怒哀乐各有攸当，则又当<u>敬以察之</u>，而不使其小有差忒而已，未有如是之说也。②

"敬以存之"的"存"就是"存养"或"涵养"，"敬以察之"的"察"就是

---

① 程颢、程颐，《伊川先生语四》，《河南程氏遗书》，卷十八，第188页。
② 朱熹，《中庸或问》，《四书或问》，第59页。

"察识"或"省察"①。我们先谈"省察"。

"省察"比较易解,它其实只是应用于特定情况下的"分别是非",是"穷理"在某种情况下的应用。我们知道,"分别是非"不一定用于一己的思想行为上,程颐所谓"穷理亦多端,或读书,讲明义理,或论古今人物,别其是非"②,表示讲明书的义理、别古今人物的是非,亦是"穷理"工夫。然"省察"或"察识"则特指在一己的意念行为发动时对之进行"分别是非"的活动,决定取舍,合理则为之,不合理则制止之。如刚才的引文所言,"省察"工夫乃用于"事物之来,此心发见"之时,即"心"应事接物的当儿。此时"喜怒哀乐各有攸当",即"心"之各种表现皆有个"当然之则"(应该如何表现),这里便应"省察",不使其表现有丝毫违离("不使其小有差忒")。因此可说,"省察"乃一种应用于特定情况的"分别是非"活动,用于己心表现种种念虑行为之时,是以一己的念虑行为为对象。例如:

> 有涵养者固要省察,不曾涵养者亦当省察。不可道我无涵养工夫后,于已发处更不管他。若于发处能点检,亦可知得是与不是。③

---

① 如朱子在《朱子语类》卷六十二有言:"存养是静工夫。静时是中,以其无过不及,无所偏倚也。省察是动工夫。动时是和。才有思为,便是动。发而中节无所乖戾,乃和也。"(第1517页)此其言"存养"之例。又如同卷:"未发已发,只是一件工夫,无时不涵养,无时不省察耳。"(第1514页)此其言"涵养""省察"之例。再如卷十二:"学者当知孔门所指求仁之方,日用之间,以敬为主。不论感与未感,平日常是如此涵养,则善端之发,自然明著。少有间断,而察识存养,扩而充之,皆不难乎为力矣。造次颠沛,无时不习。此心之全体皆贯乎动静语默之间,而无一息之间断,其所谓仁乎!"(第213页)此其言"察识"之例,并见"敬"作为"涵养""察识"之本之意。
② 程颢、程颐,《伊川先生语四》,《河南程氏遗书》,卷十八,第188页。
③ 朱熹著,黎靖德编,《朱子语类》,卷六十二,第1515页。

　　但是凡人不知<u>省察</u>，常行日用，每与是德相忘，亦不自知其有是也。今所谓顾误者，只是心里常常存着此理在。<u>一出言，则言必有当然之则，不可失也；一行事，则事必有当然之则，不可失也。</u>①

　　人之本心，固是不要不忠信。但才见是别人事，便自不如己事切了。<u>若是计较利害，犹只是因利害上起，这个病犹是轻。惟是未计较利害时，已自有私意，这个病却最重。</u>往往是才有这个躯壳了，便自私了，佛氏所谓流注想者是也。所谓流注者，便是不知不觉，流射做那里去。<u>但其端甚微，直是要省察！</u>②

　　<u>盖人只有天理人欲。日间行住坐卧，无不有此二者，但须自当省察。</u>譬如"坐如尸，立如齐"，此是天理当如此。若坐欲纵肆，立欲跛倚，此是人欲了。<u>至如一语一默，一饮一食，尽是也。</u>③

　　相比之下，"涵养"就比较复杂了④。让我们先考查朱子强调"涵养"以至"先涵养"的理由，这就得由他苦参中和的经历说起。这段经历牵涉朱子所师承的"道南学派"的工夫宗旨，陈来对此有概括的描述："朱熹早年最重要的老师是李侗（延平），李侗学出罗从彦（豫章），罗从彦受业于二程高弟杨时（龟山）。龟山——豫章——延平——考

---

① 朱熹著，黎靖德编，《朱子语类》，卷十七，第386页。
② 朱熹著，黎靖德编，《朱子语类》，卷二十一，第484页。
③ 朱熹著，黎靖德编，《朱子语类》，卷四十二，第1079页。
④ 必须指出，以下论"涵养"，只取其与"省察"相对时的含义（省察是"已发"时的工夫，相对来说，本节所谈的涵养则为"未发"时的工夫），为的是带出"敬"在朱子工夫论里的重要地位。实则"涵养"一词在朱子的用法里是有歧义的，如同陈来所指出："朱熹所谓涵养也有不同意义，一指未发时涵养，一兼指已发的涵养。"（见陈来，《朱子哲学研究》，第328页）本节所论即仅及所谓"未发时涵养"。至于"涵养"的另一面意思——"已发的涵养"——则留待第三章第三节《问题之深化》再行交代。

亭这一传承系统一般称之为道南学派。……从杨时到李侗，道南一派极力推崇《中庸》的伦理哲学，尤其注重其中的未发已发说。《中庸》说：'喜怒哀乐未发谓之中，发而皆中节谓之和。中也者，天下之大本也。和也者，天下之达道也。'杨时强调：'学者当于喜怒哀乐之未发之际，以心体之，则中之义自见。'(《龟山文集》卷四)这就把《中庸》未发的伦理哲学转向具体的修养实践，而'体验未发'也成了龟山门下的基本宗旨，这在罗从彦以至李侗的发展中尤为明显。……李侗向朱熹传授的仍是这一点，朱熹曾指出：'李先生教人，大抵令于静中体认大本未发时气象分明，即处事应物自然中节，此乃龟山门下相传指诀。'(《答何叔京二》，《文集》四十)可见，'静中体验未发'确实是道南龟山一派的真传宗旨。"[①] 所谓"道南宗旨"——"静中体验未发"，大意是这样的：根据《中庸》"喜怒哀乐未发谓之中，发而皆中节谓之和"之说，道南学派认为，修德者当于"喜怒哀乐未发之际"("静时"，引申为"心未应事接物之时")体认而把握此"中"，然后以之处事应物，则自然"中节"(合乎道德规范)。

"朱熹从学李侗时，李侗曾努力引导他向体验未发上发展，然而，正如朱熹所说：'余蚤从延平李先生学，受《中庸》之书，求喜怒哀乐未发之旨，未达而先生没。'(《中和旧说序》)'昔闻之师，以为当于未发已发之几默识而心契焉，……向虽闻此而莫测其所谓。'(《答何叔京四》，《文集》四十)'旧闻李先生论此最详，……当时既不领略，后来又不深思'(《答林择之二十》，《文集》四十三)。"[②] 其实朱子亦曾依循"道南宗旨"去求"未发"，他后来自述道："尝试以此求之，则泯然无觉之中，邪暗郁

———————————

① 陈来，《朱子哲学研究》，第157—158页。
② 同上书，第160页。

塞,似非虚明应物之体。而几微之际,一有觉焉,则又便为已发,而非寂然之谓。盖愈求而愈不可见……"^①可见他并不契于这条工夫进路。

李侗(字愿中,号延平,1093—1163)死时,朱子34岁。此后,朱子开始独自探索"中和问题"或"已发未发问题"。此问题的症结在于:用何种方法可以把握得"中"或"未发"?期间朱子曾请教过湖湘学派的张栻(字敬夫、钦夫,号南轩,1133—1180),张栻向他介绍了以其师胡宏为代表的湖湘之学,尤其是该学派"先察识后涵养"的工夫。据朱子后来自述,张栻之说在当时并没有对他产生多大影响("钦夫告予以所闻,余亦未之省也,退而沉思,殆忘寝食")^②。直到他37岁时(1166年),朱子"一日,喟然叹曰:'人自婴儿以至老死,虽语默动静之不同,然其大体莫非已发,特其未发者为未尝发耳。'"^③是为朱子中和思想的第一次重要演变,称为"丙戌之悟"(其时为南宋乾道二年丙戌),其确立的见解则为"中和旧说"。朱子"喟然叹曰"者,大意是说人的一切活动皆属"已发",而"未发"者则一直隐藏在背后而"未尝发"。言下之意,实际上并无一种"求未发"的工夫,因为才去"求",这个"求"的活动便是"已发"了。再者,"未发""已发"根本不是两个时段,而是两个存有级序:人的一切活动都在"已发"的层面上发生,而"未发"则居其上一个层次。不过,"未发"却可以借某些"已发"层面上的活动来呈现。由是在工夫论上,他便引湖湘之学为同调,主张"先察识后涵养":

> 然则天理本真,随处发见,不少停息者,其体用固如是,而岂

---

① 朱熹,《与张钦夫》,《晦庵先生朱文公文集》,卷三十,第1315页。
② 朱熹,《中和旧说序》,《晦庵先生朱文公文集》,卷七十五,第3634页。此序成于朱子43岁(1172年)。
③ 朱熹,《中和旧说序》,《晦庵先生朱文公文集》,卷七十五,第3634页。

物欲之私所能壅遏而梏亡之哉？故虽汩于物欲流荡之中，而其<u>良</u><u>心萌蘖</u>，亦未尝不因事而发见。学者于是<u>致察而操存</u>之，则庶乎可以贯乎大本达道之全体而复其初矣。①

"未发"者就是"天理""良心"，是"体"；它会"因事而发见"，此为其"用"。由是，工夫实践便应在良心发见之时，即于其"用"以把握其"体"（此为"致察"，即"察识"），从而努力保有之，令其无时不发用、无处不发用（此为"操存"，即"涵养"）。这就是"先察识后涵养"之大意。对于这种工夫论主张，下一章还会有详细探讨。

然而，即使在"旧说"阶段里，朱子在实践上亦未能真有得于"先察识"之工夫，其《答张敬夫》一文即有言曰：

大抵日前所见累书所陈者，只是侊侗地见得个大本达道底影象，便执认以为是了，却于"致中和"一句全不曾入思议。所以累蒙教告以求仁之为急，而自觉殊无立脚下工夫处，盖只见得个直截根源倾湫倒海底气象，日间但觉为大化所驱，如在洪涛巨浪之中，不容少顷停泊。盖其所见一向如是，以故应事接物处但觉粗厉勇果增倍于前，而宽裕雍容之气略无毫发。虽窃病之，而不知所自来也。②

朱子由这段亲身经历所得出的感受——"但觉粗厉勇果增倍于前，而宽裕雍容之气略无毫发"，引发出他日后对湖湘学派"先察识"说的一

---

① 朱熹，《与张钦夫》，《晦庵先生朱文公文集》，卷三十，第1315—1316页。
② 朱熹，《晦庵先生朱文公文集》，卷三十二，第1392页。

大指控（详见下章）。而驱使朱子彻底抛弃"旧说"的导火线，则是他40岁时（1169年）的一个事件：

> 乾道己丑之春，为友人蔡季通言之，问辨之际，予忽自疑，斯理也，虽吾之所默识，然亦未有不可以告人者，今析之如此其纷纠而难明也，听之如此其冥迷而难喻也，意者乾坤易简之理，人心所同然者，殆不如是。而程子之言，出其门人高弟之手，亦不应一切谬误以至于此。然则予之所自信者，其无乃反自误乎？则复取程氏书虚心平气而徐读之，未及数行，冻解冰释。然后知情性之本然，圣贤之微旨，其平正明白乃如此。[①]

此番"冻解冰释"，就是朱子中和思想的第二次重要演变，称为"己丑之悟"（其时为南宋乾道五年己丑），其确立的见解是为"中和新说"。

"新说"下的代表作，首推《与湖南诸公论中和第一书》。此可谓其"新说"成立的一篇重要宣言，而"涵养"的意义亦于焉透露。其中说：

> 《中庸》未发、已发之义，前此认得此心流行之体，又因"程子凡言心者，皆指已发而言"，遂目心为已发、性为未发。然观程子之书，多所不合，因复思之，乃知前日之说，非惟心、性之名命之不当，而日用功夫全无本领，盖所失者不但文义之间而已。按《文集》、《遗书》诸说，似皆以思虑未萌、事物未至之时，为喜怒哀乐之未发。当此之时，即是此心寂然不动之体，而天命之性，当体具

---

① 朱熹，《中和旧说序》，《晦庵先生朱文公文集》，卷七十五，第3634—3635页。

焉。以其无过不及，不偏不倚，故谓之中。及其感而遂通天下之故，则喜怒哀乐之情发焉，而心之用可见。以其无不中节，无所乖戾，故谓之和。此则人心之正，而情性之德然也。然未发之前不可寻觅，已觉之后不容安排，但平日庄敬涵养之功至，而无人欲之私以乱之，则其未发也，镜明水止，而其发也，无不中节矣。此是日用本领工夫。至于随事省察，即物推明，亦必以是为本。而于已发之际观之，则其具于未发之前者，固可默识。故程子之答苏季明，反复论辨，极于详密，而卒之不过以敬为言。又曰："敬而无失，即所以中。"又曰："入道莫如敬，未有致知而不在敬者。"又曰："涵养须是敬，进学则在致知。"盖为此也。向来讲论思索，直以心为已发，而日用工夫，亦止以察识端倪为最初下手处。以故阙却平日涵养一段工夫，使人胸中扰扰，无深潜纯一之味，而其发之言语事为之间，亦常急迫浮露，无复雍容深厚之风。盖所见一差，其害乃至于此，不可以不审也。[①]

这段话义理丰富，举凡"心""性""情""未发""已发""中""和"的概念均已囊括其中，而其含义亦皆予以一定程度的阐述。现仅就本章脉络和讨论需要，按引文列举"新说"其中两点突破。首先，"旧说"认为未发已发非指"时段之先后"，而指"体用"；"新说"则重纳"时段"义，认为心有"未发时"，有"已发时"。但"体用"义仍予保留，认为心未发时为"寂然不动之体"，此时"天命之性，当体具焉"；心已发时有喜怒哀乐之情，是为"心之用"。是故与"旧说""心为已发，性为未发"有异：一来心有未发之时，二来性不当与心相对，而当与情相对。其次，

---

① 朱熹，《晦庵先生朱文公文集》，卷六十四，第3130—3131页。

朱子拈出程颐的"敬"作为工夫重点,其作用为"涵养",认为"未发之前不可寻觅"——寻觅未发是不可能的(因为一寻觅便已不是"未发"),只能以"敬"来"涵养"之。此"未发之前不可寻觅"之见虽与"旧说"同,但工夫重点(即所谓"先后"之"先")却不在"察识"而在"涵养"。未发时涵养,已发时察识,工夫不可待到已发时才做,此即"先涵养后察识"之新说大旨。

　　这样就可以解答两个问题:朱子为什么强调"涵养"?又为什么强调"先涵养"?两个问题的答案恰恰对应《与湖南诸公论中和第一书》的两句:"未发之前不可寻觅,已发之后不容安排。"第一个问题的答案在于前一句:强调"涵养",因为心有未发时,在此便应有一种相应的工夫,并且"未发之前不可寻觅",故需要一种"非寻觅"的工夫——"涵养"。唯应注意,"旧说"时的朱子都说"涵养",但这个"涵养"并不相应于"未发",因为他当时并不认为"未发"有工夫可言,"察识""涵养"皆用于已发处。而"新说"下的朱子则认为,心确有未发时,倘若此一时段无工夫,修养便有所欠缺。虽说"未发之前不可寻觅"(与"旧说"观点同),但"涵养"却非"寻觅"的工夫,不是要去"找出未发以与之照面",而是要"栽培、保育、长养心的未发状态"(其具体意思、方法和效果于稍后申论)。

　　至于朱子强调"先涵养",理由是"已发之后不容安排"[1]。"已发之后"其实应是"喜怒哀乐发出的当下",并非"发了之后的时段"。正如"未发之前"其实就是"未发",没有"未发之前的时段"。就"时段"

---

[1] 以下只是顺朱子思路,分析其"先涵养后察识"的想法,但并不代表他对湖湘学派"先察识"说的批评为成立。事实上,湖湘学派的"识"或"察识",其意义根本与朱子所想的不同。换言之,朱子对其论敌是有误解的。若严格遵守湖湘学派之"识"的意思,则"察识须在先"是有理由可言的,详论见本书第二章。

讲，只有发与未发两段。"已发之后不容安排"，是说心应事接物之际的
"不自觉反应"不是人自己可以控制的。比如一个人本身性格较为自
私，爱计较得失，常因小小失利而不自觉动怒。他当然可以在怒意发出
时加以遏止，冷静下来，事实上儒家很重视这种临事而做恰当举措的修
养。不过，"加以遏止"已经是后一步工夫，是被动的，是在"动怒"这
个先在事件发生后才作出的补救，而怒意之发出、发怒的冲动要涌现，
却非人在那当下可以控制。怒意既已发出，人能做的就只是应变和补
救，把已动的怒气压下去，不致做出坏事来。怒意之发是当下"不容
安排"的，要"安排"实属为时已晚，只能尽力不使怒意贯彻到行为上。
朱子认为，与其落后一着，不如先发制人地堵绝此怒气的根源：爱计较
利害的心态、自私的性格。因此，工夫用力之地就不在已发的当下，而
在其素养，故有"平日涵养"之称，意谓在平日常以"庄敬"的态度，涵
养心于未发时"镜明水止"的状态，使其临事之际，亦能以此无乖戾的
状态去应接，如是则发出来者"无不中节矣"。

　　然而，这样说还是比较抽象，什么是"镜明水止"？为什么这种状
态能引生"无不中节"的效果？《朱子文集》卷四十三的《答林择之》
（三十二之二十）一文则有较为详细的解释。此书与《与湖南诸公论中
和第一书》同时，成于朱子40岁[1]，其言曰：

　　　　所引"人生而静"，不知如何看"静"字？恐此亦指未感物而
　　言耳。盖当此之时，此心浑然，天理全具，所谓"中者状性之体"，
　　正于此见之。但《中庸》、《乐记》之言有疏密之异，《中庸》彻头
　　彻尾说个谨独工夫，即所谓敬而无失平日涵养之意。《乐记》却直

① 此据陈来考证，参看《朱子书信编年考证》，第66页。

> 到好恶无节处,方说"不能反躬,天理灭矣"。殊不知未感物时,若无主宰,则亦不能安其静,只此便自昏了天性,不待交物之引然后差也。盖"中和"二字,皆道之体用,以人言之,则未发已发之谓。但不能慎独,则虽事物未至,固已纷纶胶扰,无复未发之时。既无以致夫所谓中,而其发必乖,又无以致夫所谓和。惟其戒谨恐惧,不敢须臾离,然后中和可致而大本达道乃在我矣。①

依朱子,《乐记》"人生而静"的"静"和《中庸》的"中"均指心未感物、即"未发"的状态。心灵此时无所偏倚,无纤毫私欲:

> "喜怒哀乐未发谓之中",只是思虑未萌,无纤毫私欲,自然无所偏倚。所谓"寂然不动",此之谓中。②

然而,《乐记》的工夫论不及《中庸》严密,因为《中庸》说出个"谨独工夫",即"涵养未发"的工夫,使心在未感物时"有主宰""能安其静",即能保有"静"时"天理全具"的理想状态。盖朱子认为"心具理",理都在心中,但心属"气",其活动可以违理而生出"歪曲"的"然"(这里指念虑行为)。唯其"静"时,因未有活动故,其状态未受干扰,此处便当"涵养",否则便会"自昏了天性",纵使事物未至,"已纷纶胶扰,无复未发之时"。到得感物时,则"其发必乖",浑无章法条理。就像刚才所举的例子一样,平素不能涵育保有心灵未发时的明静("镜明水止""人生而静")而"天理全具"的状态,则在接物前其至善的天性便

---

① 朱熹,《晦庵先生朱文公文集》,卷四十三,第1979页。
② 朱熹著,黎靖德编,《朱子语类》,卷六十二,第1509页。

已昏了（自私自利）。到得事情发生时，又一往由其自私的性格和心态主导，以至于不当有怒意时却因计较利害而动气。因此，与其在动气后被动补救，不如在未发前涵养心灵那本无私意、天理全具的"镜明水止"，使其喜怒哀乐皆发而中节。

至于"涵养未发"的方法，就是"敬"。倘就上述两段引文来看，此工夫不外乎庄敬自持、戒慎恐惧等。若要说得更清楚，则可参考朱子的解释，例如：

> 再论湖南问答，曰："……如恐惧戒慎，是长长地做；到慎独，是又提起一起。如水然，只是要不辍地做。又如骑马，自家常常提掇，及至遇险处，便加些提控。不成谓是大路，便更都不管他，恁地自去之理！"正淳曰："未发时当以理义涵养。"曰："未发时着理义不得，才知有理有义，便是已发。当此时有理义之原，未有理义条件。只一个主宰严肃，便有涵养工夫。伊川曰：'敬而无失便是，然不可谓之中。但敬而无失，即所以中也。'"①

> 然其无事之时，尤是本根所在。不可昏惰杂扰，故又欲就此便加持养，立个主宰。其实只是一个提撕警策，通贯动静。②

> 不涵养则无主宰。如做事须用人，才放下或困睡，这事便无人做主，都由别人，不由自家。……要当皆以敬为本。敬却不是将来做一个事。今人多先安一个"敬"字在这里，如何做得？敬只是提起这心，莫教放散；恁地，则心便自明。③

---

① 朱熹著，黎靖德编，《朱子语类》，卷六十二，第1514—1515页。
② 朱熹，《答余正叔》（三之二），《晦庵先生朱文公文集》，卷五十九，第2852—2853页。
③ 朱熹著，黎靖德编，《朱子语类》，卷一百一十五，第2777页。

只收敛身心，整齐纯一，不恁地放纵，便是敬。[1]

"敬"工夫的主旨，在"主宰严肃，提撕警策，莫教心放"。就是说，涵养须靠一种严肃感（庄重自持、整肃专注）；在严肃感之中，心灵自会凝聚专注，不会散漫昏惰而为私欲所干扰。这样，"无纤毫私欲、无所偏倚"的未发状态就得其养，而心灵（无纤毫私欲状态下的原初心境）亦得其主宰性（此"主宰性"是一种"非有意的、自然而然的主导性"，其势令得喜怒哀乐之发不致妄动）。反之，心灵散漫昏惰，则主宰（主导）由私欲而不由其自己，于是就有"不当怒而怒"的情况发生，心灵不由自主地让怒气涌动出来。首段引文骑马之喻，正彰显"敬"乃所以使心当其主宰之道，即要心灵时刻保持一种高度专注的状态。

这就解释了为何要"先涵养"：因为喜怒哀乐是如何地发，有条理还是盲目涌动，要视乎未发的状态有否得到涵养。因此，涵养工夫必须在已发之先，正如朱子所说："若茫然都无主宰，事至然后安排，则已缓而不及于事矣。"[2]

但说到这里即有一问题。我们回看《与湖南诸公论中和第一书》："但平日庄敬涵养之功至，而无人欲之私以乱之，则其未发也，镜明水止，而其发也，无不中节矣。"如果"庄敬涵养"即能导致"其发也无不中节"，则我们又何用再做"省察"工夫？因为既已"无不中节"，便无须再在已发时检验自己的念虑而分别其是非了。

对此，我们先要厘清一点。为方便起见，试从"涵养须用敬"一语入手。朱子"中和新说"成立后，工夫论上即以程颐的"涵养须用敬，

---

① 朱熹著，黎靖德编，《朱子语类》，卷十二，第208页。
② 朱熹，《答胡广仲》（六之四），《晦庵先生朱文公文集》，卷四十二，第1899页。

进学则在致知"为总纲。我们看"涵养须用敬",它并非表示"涵养"与"敬"两个概念的意义为同一,而是说"以敬来做涵养"。正如我们说"灌溉须用水",并非表示灌溉就是水。笔者想借此表明,相比于"涵养","敬"是高一级序的概念,意思是它的涵盖性比"涵养"大。具体来说,即"涵养"必与"省察"相对,而"敬"则能涵盖两者,贯通未发已发。此所以本小节开首所引《中庸或问》,有未发时"敬以存之"、已发时"敬以察之"之说。

回到刚才的问题。没错,原则上,"平日庄敬涵养之功至",确可保证"其发也无不中节"。但实际上,修行者或实践者如何知道自己"平日庄敬涵养之功"是"至"还是"不至"? 这仍得靠已发时的"省察"来验明。就是说,纵使他平日勉力于涵养未发,但由于他不能前知,则到底在临事时,其喜怒哀乐能否发而皆中节、其心所发出的念虑能否皆为合理,仍需检验。这检验的工作,就是"省察"。如通过省察而发现其情绪念虑皆中节合理,即证明其平日涵养的工夫达标、到家;如发现其情绪念虑有不中节,则表示他要更加努力于平日涵养。此省察工夫,在朱子的理解下,也是"敬"——严肃、认真——的展现:

> "敬"字通贯动静,但未发时则浑然是敬之体,非是知其未发,方下敬底工夫也。既发则随事省察,而敬之用行焉,然非其体素立,则省察之功亦无自而施也,故敬义非两截事。[1]

> 敬有死敬,有活敬。若只守着主一之敬,遇事不济之以义,辨其是非,则不活。若熟后,敬便有义,义便有敬。静则察其敬与不

[1] 朱熹,《答林择之》(三十二之二十一),《晦庵先生朱文公文集》,卷四十三,第1980页。

敬,动则察其义与不义。①

省察乃"敬"的贯彻,不可只在未发时庄敬自持,已发时则散漫昏惰,不去知是知非。所以朱子说:

> 然专言主敬,而不知就日用间念虑起处分别其公私义利之所在,而决取舍之几焉,则恐亦未免于昏愦杂扰,而所谓敬者有非其敬矣。②

"敬"如果是货真价实的"敬",必然贯乎动静(已发未发)。因此,严肃感必须贯彻始终,未发时"敬以存之",已发时"敬以察之"(见前引《中庸或问》)。已发后的省察,是"敬"的贯彻表现。在这个意义下,朱子认为"未发已发只是一项工夫":

> 大抵未发已发,只是一项工夫,未发固要存养,已发亦要审察。遇事时时复提起,不可自息,生放过底心。无时不存养,无事不省察。③

此统未发已发而言的"一项工夫",就是"敬"。无时不敬,故"无时不存养,无事不省察"。"未发之前,是敬也固已主乎存养之实;已发之际,是敬也又常行于省察之间。"④

---

① 朱熹著,黎靖德编,《朱子语类》,卷十二,第216页。
② 朱熹,《答余正叔》(三之一),《晦庵先生朱文公文集》,卷五十九,第2851页。
③ 朱熹著,黎靖德编,《朱子语类》,卷六十二,第1511页。
④ 朱熹,《答张钦夫》《晦庵先生朱文公文集》,卷三十二,第1419页。

可以说,在"涵养—省察"的议题上,当朱子确立了"敬贯动静"说或"一项工夫"说后,相比单论涵养察识之先后,义理上便更形周匝圆密。单论涵养察识先后,尚未能明省察工夫何以为必需。必上提一层,而言"敬贯动静",则涵养省察便浑然融摄于一"敬"字,而为此不容少刻间断之"一项工夫"的两个段落[①]。省察不可无,因为"敬"(道德生活上的庄严感)必须贯彻始终。无怪乎朱子对"敬"字推崇备至,誉之为"圣门第一义":

> "敬"字工夫,乃圣门第一义,彻头彻尾,不可顷刻间断。[②]

> 圣人相传,只是一个字。尧曰"钦明",舜曰"温恭"。"圣敬日跻"。"君子笃恭而天下平"。[③]

> 尧是初头出治第一个圣人,《尚书》"尧典"是第一篇典籍,说尧之德,都未下别字,"钦"是第一个字。如今看圣贤千言万语,大事小事,莫不本于敬。[④]

> 因叹"敬"字工夫之妙,圣学之所以成始成终者,皆由此,故曰:"修己以敬。"下面"安人","安百姓",皆由于此。只缘子路问不置,故圣人复以此答之。要之,只是个"修己以敬",则其事

---

① "敬"之不容少刻间断,乃朱子所常强调,例如:"主一又是'敬'字注解。要之,事无小无大,常令自家精神思虑尽在此。遇事时如此,无事时也如此。"(朱熹著,黎靖德编,《朱子语类》,卷十二,第206页)"学莫要于持敬,故伊川谓:'敬则无己可克,省多少事。'然此事甚大,亦甚难。须是造次颠沛必于是,不可须臾间断,如此方有功,所谓'敏则有功'。若还今日作,明日辍,放下了又拾起,几时得见效!"(《朱子语类》,卷十二,第208页)
② 朱熹著,黎靖德编,《朱子语类》,卷十二,第210页。
③ 同上书,第206页。
④ 同上。

皆了。^①

　　"敬"之一字,真圣门之纲领,存养之要法。^②

这里作比较详细的征引,为的是突显本章最后一个重要问题:既然朱子有如此多表示他对"敬"之重视和推崇的言论,那么我们还能否说:"穷理"代表朱子工夫论的整体特性?

　　进入此问题前,先作一项必要的补充,此即关于朱子的"静坐"工夫。前面曾谈及朱子思想成立的曲折经过,大致可分为三个阶段。第一阶段为从学李侗至37岁"中和旧说"成立前,依道南一派"静中体认大本未发时气象"的方法从事工夫修养。第二阶段是37岁至40岁的"中和旧说",放弃隔离于日常应事接物的"静中体认"路数,改从张栻所代表的湖湘学派的"先察识后涵养"工夫,在"良心萌蘖因事而发见"之际"致察而操存之"。第三阶段是40岁成立的"中和新说",象征朱子思想之大定,在工夫论上提出本节所申明的各项主张。概略言之,如果用朱子"敬贯动静"的命题来说,朱子思想大定后所走的工夫论方向,可谓跟道南、湖湘皆不同,乃既不偏动亦不偏静、两不偏废的第三条路(道南、湖湘客观上是否有所偏废可以讨论,但至少朱子本人认为是如此)。所谓动静不偏废,指既不只在日常应接时做察识工夫而"阙却平日涵养一段工夫",亦不忽略日常应接而只做隔离性质的静的工夫。前面曾提到朱子思想大定后回顾第一阶段的"静中体认"实践时说:"尝试以此求之,则泯然无觉之中,邪暗郁塞,似非虚明应物之体,而几微之际,一有觉焉,则又便为已发,而非寂然之谓。盖愈求而愈不

————————

① 朱熹著,黎靖德编,《朱子语类》,卷十二,第207页。
② 同上书,第210页。

可见……"① 根据朱子这番证词，我们很自然会认为，他思想大定之后，会放弃这种静的工夫。

但有趣的是，已有一些学者如王雪卿指出："朱子是理学家中讨论静坐最详尽的儒者，在儒学静坐史上，朱子是不可略过的重量级核心人物。"② 杨儒宾《主敬与主静》一文对朱子静坐法亦有深入剖析，当中提到："后世朱子学者对静坐法不信任可谓事出有因，因为我们如果要找出朱子怀疑'静坐'的话语，其证据绝不难找。然而，正是在朱子的著作中，我们发现到理学传统中最密集的静坐理论，我们看到他有著名的调息法：'鼻端有白，我其观之；随时随处，容与猗移。静极而嘘，如春沼鱼；动极而翕，如百虫蛰。氤氲阖辟，其妙无穷'；我们看到他有'跏趺静坐，目视鼻端，注心脐腹之下，久自温暖'的治病法；我们看到他为万古丹经王的《周易参同契》撰了一本很重要的注解之书；他还有一连串的静坐言论可以提供后人纂辑专集成书，朱子俨然成了静坐大家。"③ 这样看来，我们对于朱子那些为数不少的静坐言论，不应视而不见。

但是，杨儒宾亦同时指出，朱子的静坐工夫，相对于佛道的静坐法，以至由二程发端而特为道南一派所继承发扬的"观喜怒哀乐未发前气象"的静坐口诀，确实有所改造。他扼要地描述了朱子的改造："朱子强调静坐时不要勉强扼杀念头，而当随它来去；也强调静坐法不一定是反智或超智的，它与思量是可以合一的；更特别的，朱子蓄意抹杀静坐法的悟觉作用，而强化它在身心修行上的工具意义以及作为'主敬穷理'说的辅助性功能。"④ 王雪卿亦表示："可以说在术层面的身

---

① 朱熹，《与张钦夫》，《晦庵先生朱文公文集》，卷三十，第1315页。
② 王雪卿，《朱子工夫论中的静坐》，《静坐、读书与身体：理学工夫论之研究》，第26页。
③ 杨儒宾，《主敬与主静》，杨儒宾、马渊昌也、艾皓德编，《东亚的静坐传统》(台北：台大出版中心，2013年)，第133页。
④ 同上书，第135页。

体疗愈效果上,朱子肯定二氏静坐法跏趺坐、调息法的功效;但在道之修养层面,作为理学工夫论的静坐,则不强调坐姿与任何调心调气之法,在坐姿、眼睛、呼吸、静坐空间与时间等问题上,发展出较随意的方式,这些都是为了要与佛道静坐有所区隔。静坐只是静坐——安安静静地坐,宽松随意的身体姿态,成了儒学静坐法的特色之一。"[1]

就目前的论述需要来说,值得留意的是,朱子的改造把静坐工夫吸纳、消化到"敬"与"穷理"中去。除上述杨儒宾的说法外,王雪卿亦同样表示:"朱子在论静坐工夫时,往往将静坐收摄在'主敬工夫'下,并以此教导门人。"[2]

> 明道教人静坐,盖为是时诸人相从,只在学中,无甚外事,故教之如此。今若无事固是只得静坐,若特地将静坐做一件工夫,则却是释子坐禅矣。但只着一敬字,通贯动静,则于二者之间自无间断处,不须如此分别也。[3]

至于把静坐收摄到"穷理"一面,王雪卿亦说:"静坐在他的工夫论中改至渐教'格物穷理'工夫中扮演辅助性角色。"[4]并再举朱子语为证:

> 人也有静坐无思念底时节,也有思量道理底时节,岂可画为两涂,说静坐时与读书时工夫迥然不同!当静坐涵养时,正要体察思绎道理,只此便是涵养,不是说唤醒提撕,将道理去却那邪思

① 王雪卿,《朱子工夫论中的静坐》,《静坐、读书与身体:理学工夫论之研究》,第33—34页。
② 同上书,第35页。
③ 朱熹,《答张元德》(九之七),《晦庵先生朱文公文集》,卷六十二,第2988页。
④ 王雪卿,《朱子工夫论中的静坐》,《静坐、读书与身体:理学工夫论之研究》,第39页。

妄念。只自家思量道理时，自然邪念不作。……今人之病，正在
于静坐读书时二者工夫不一，所以差。①

但笔者认为，说"朱子把静坐工夫吸纳、消化、收摄到'敬'与'穷
理'中去"，此中的"吸纳、消化、收摄"应有宽紧两义。对"穷理"而
言，所谓"吸纳、消化、收摄"取宽松义，表示朱子并未把静坐"化约"为
"穷理"。静坐依然是静坐，穷理依然是穷理，两相独立。而所谓"吸
纳、消化、收摄"，只表示静坐对穷理有所助益②，或静坐时照样要做
穷理工夫（例如引文的"体察思绎道理"），以见穷理为大、为重。对
"敬"而言，则"吸纳、消化、收摄"为紧说，表示静坐的确"化约"为
"敬"——静坐本身就是敬，以其为一种庄敬之表现故（但应注意，这里
说"静坐是敬"，并不蕴含"敬是静坐"。因为"敬"所包比"静坐"为
大；在"敬贯动静"之说法下，"敬"也可包含动时的省察工夫。故只
能说："如果你在静坐，则你在敬。"而不能说："如果你在敬，则你在静
坐。"——因为你可能在省察）。关于静坐与穷理，虽然刚才的引文明
说："岂可画为两涂，说静坐时与读书时工夫迥然不同！"但这仍非一种
紧说。它表示的是静坐时也要"体察思绎道理"，即表示"穷理"工夫
也要在静坐时用，以求两者结合、同时进行，非是说静坐本身就是穷理。
说两者并行，即预认了两者不是同一种工夫。是故，笔者选择把朱子的
静坐工夫收入本小节（而非前几小节有关格物、致知、穷理），作为"敬"
的一种补充。

---

① 朱熹著，黎靖德编，《朱子语类》，卷十二，第217—218页。
② 例如朱子曾训门人郭德元说："人若于日间闲言语省得一两句，闲人客省见得一两
人，也济事。若浑身都在闹场中，如何读得书！人若逐日无事，有见成饭吃，用半
日静坐，半日读书，如此一二年，何患不进！"（朱熹著，黎靖德编，《朱子语类》，卷
一百一十六，第2806页）此见静坐作为辅助工夫对穷理的助益。

　　这项补充带出两点。第一点即刚刚所说,静坐工夫在朱子即是"敬"的一种表现。是故,虽说朱子是"儒学静坐史上的重量级人物",我们不应无视其工夫论中有关静坐的论述,但以静坐可以化约为"敬",我们仍把它视为一个次级工夫概念而收在此小节。第二点,论述至此,我们愈来愈可以看清,"敬"与"穷理"在一众工夫概念里脱颖而出,成为朱子工夫论概念群里之两大宗。这样,我们那余下的重要问题——"敬"与"穷理",孰为究竟重心——便更形突出,更值得我们追问。

(四)总结:"穷理"作为朱子工夫论的总代表观念

　　我们从朱子工夫论里挑出两组共六个主要概念,现在先简单整理两组概念的内部关系。

　　第一组有"致知""格物""穷理"。上文已指出,它们是一体三面的关系,任何一个均可代表其余两个。至于在某一特定陈述里,应该选用哪一个来作代表,则视乎文气要求突出此一体三面的哪一面或哪一种意象而定(比如说,在"进学在致知"一语中,"致"有前进推致之意,能相应"进学"的意象。故言"进学"时,则配"致知"为美,虽然道理上"进学在格物""进学在穷理"也说得通。但当然,"进学在致知"乃程颐原话,故选用"致知"又多一重典故上的理由)。事实上,朱子使用这三个概念时即通常依循此一原则。但笔者认为,从理论角度来说,三种表述之中应以"穷理"最有代表性,理由是朱子的"心"乃可善可恶,必待"理"去指导规范,故"求理"实为修养活动之标的,故取"穷理"为这一组的代表。

　　第二组有"省察""涵养""敬"。在上文揭示出"敬贯动静""一项工夫"一义后,三者关系顿时明朗,"敬"毫无疑问是其余两者的宗主。

如果笔者分析不误，则"穷理"与"敬"便分别自两组概念中脱颖而出。现在当问：两者相较，又以何者为重？

笔者认为，"何者为重"这一问题，实在没有一定的答案，要视乎我们采取什么标准。基于不同标准，我们可以有三种答案："敬"与"穷理"同等重要、"敬"比较重要、"穷理"比较重要。以下顺序剖析这三种答案，最后，笔者将采用一个与本书之探究最为相应的标准，而主张"穷理"较能彰显朱子工夫论的整体特性。

先看第一种答案："敬"与"穷理"同等重要。这个判断所采用的标准是：对于完成修养目的（成为仁者或圣人）而言所必须从事的工夫。要达至修养目的，仔细来说要从事的工夫可有多种表述，例如读书、思辨、涵养、省察、诚意、静坐、克己复礼、知言养气等。但如要对它们予以最高度的概括，则最后只剩下两项："敬"与"穷理"。这就是第一种答案所依的理据。事实上，当程颐说"涵养须用敬，进学则在致知"，便已有这种高度概括的况味，两者之间不用再分高下轻重，而应交养并进。钱穆亦曾说："明道开始提出敬字，伊川增成'涵养须用敬，进学则在致知'两语。朱子教人养心修学方法，乃紧承伊川此两语来。此下当引述朱子敬与穷理致知交养并进之说。"[①]综合钱穆的引述及笔者自己的查考，以下几条朱子语特能扼要道出"交养并进"之意：

> 学者工夫，唯在居敬、穷理二事。此二事互相发。能穷理，则居敬工夫日益进；能居敬，则穷理工夫日益密。譬如人之两足，左足行，则右足止；右足行，则左足止。又如一物悬空中，右抑则左

昂,左抑则右昂,其实只是一事。①

　　人须做工夫,方有疑。初做工夫时,欲做此一事,又碍彼一事,便没理会处。只如居敬、穷理两事便相碍。<u>居敬是个收敛执持底道理,穷理是个推寻究竟底道理</u>。只此二者,便是相妨。<u>若是熟时,则自不相碍矣</u>。②

　　主敬、穷理虽二端,其实一本。③

　　持敬是穷理之本;穷得理明,又是养心之助。④

　　学者若不穷理,又见不得道理。然去穷理,不持敬,又不得。不持敬,看道理便都散,不聚在这里。⑤

笔者同意,在"完成修养目的所必须从事的工夫"的标准下,作为最高概括的"敬"与"穷理"两项工夫,各自皆像原子一样,不能再予分解或统摄于更底层的工夫下;两者亦不能互相取代,而为同等重要。

　　但倘若我们问:在实践上,"敬"与"穷理",谁得依靠谁——哪一个使对方在实践上成为可能? 这时我们便应承认"敬"比"穷理"重要。因为没有"穷理",仍可有"敬"——严肃、认真、收敛、专注的心理状态;但没有"敬","穷理"活动则无从进行——心不在焉,则万事做不成。事实上,朱子的确将"敬"理解为"心在"(心不在焉的相反),相当于"求放心"的工夫(当然,这个"心"不是本然纯善的道德本心,只

---

① 朱熹著,黎靖德编,《朱子语类》,卷九,第150页。
② 同上。
③ 同上。
④ 同上。
⑤ 同上书,第151页。

是"泛泛地一般看"的可善可恶的心):

> "敬"字,前辈都轻说过了,唯程子看得重。人只是要求放心。何者为心? 只是个敬。今才敬时,这心便在身上了。[1]

> 存得此心,便是要在这里常常照管。若不照管,存养要做甚么用![2]

在这个意义下,"敬"果真是"圣门第一义""圣学之所以成始成终者"(见前引文),"敬是彻上彻下工夫。虽做得圣人田地,也只放下这敬不得。如尧舜,也终始是一个敬。"[3]不特"涵养""省察"要靠"敬"(心在)——"敬贯动静","穷理"也要本乎"敬"。

"敬"的这种"实践基础或起点"义,在朱子论古代教育体制下的小学与大学时更形清晰:

> 古人小学养得小儿子诚敬善端发见了。[4]

> 古人于小学存养已熟,根基已深厚,到大学,只就上面点化出些精彩。古人自能食能言,便已教了,一岁有一岁工夫。到二十时,圣人资质已自有十分。大学只出治光彩。[5]

但在当世教育已然不古的情况下,如何弥补小学一段工夫? 答案就是

---

[1] 朱熹著,黎靖德编,《朱子语类》,卷十二,第209页。
[2] 同上书,第203页。
[3] 朱熹著,黎靖德编,《朱子语类》,卷七,第126页。
[4] 同上书,第124页。
[5] 同上书,第125页。

代之以"敬"：

> 古者，小学已自暗养成了，到长来，已自有圣贤坯模，只就上面加光饰。如今全失了小学工夫，只得教人且把敬为主，收敛身心，却方可下工夫。[①]

有"敬"方可下工夫（正如说"心在"才能做事），这就是第二种答案所依的理据。

笔者承认，上述两种答案都可以成立，一来它们都基于合理标准，二来又皆有朱子原话作支持。而本书之所以倾向第三种答案——"穷理"比"敬"重要，乃因应其探究性质、立论目的，故选取另一合理标准作衡量（而这第三种答案亦同样有朱子原话支持）。然而，正如笔者在《导言》所提出，就着"涵养须用敬，进学则在致知"的工夫纲领以至朱子工夫论的理论内部看，"敬"与"穷理"这两大宗之并立无疑是根本的实情，彼此间已难再分主从轻重。故严格来说，笔者并非主张"穷理"（在理论上或实践上）比"敬"重要（就实践上说，"穷理"甚至须本乎"敬"——无"敬"，即心不在焉，则"穷理"活动根本不能开展），而是主张：在比较哲学或理论对照的角度下，"穷理"更能象征朱子工夫论与众不同的理论特点。因为它更能呼应或彰显朱子哲学的特性："心"本质上可善可恶，故需靠"理"去规范和引导。

首先，让我们接续小学与大学的讨论。"心"要得到"理"的规范和引导，关键是它必须"知理"。而"知理"的意思就是要知道"所当然"和"所以然"。但对朱子来说，仅仅知道"所当然"——如何为"是"，

---

① 朱熹著，黎靖德编，《朱子语类》，卷七，第125页。

还未到家；必待知道"所以然"——为什么这是"是"的，方算完成任务。在这个意义下，朱子这样区别小学与大学：

> 今且论涵养一节，疑古人直自小学中涵养成就，所以大学之道只从格物做起。①

> 古者初年入小学，只是教之以事，如礼乐射御书数及孝弟忠信之事。自十六七入大学，然后教之以理，如致知、格物及所以为忠信孝弟者。②

> 古人小学养得小儿子诚敬善端发见了。然而大学等事，小儿子不会推将去，所以又入大学教之。③

> 小学是直理会那事；大学是穷究那理，因甚恁地。④

> 小学者，学其事；大学者，学其小学所学之事之所以。⑤

> 小学是事，如事君，事父，事兄，处友等事，只是教他依此规矩做去。大学是发明此事之理。⑥

> 小学是学事亲，学事长，且直理会那事。大学是就上面委曲详究那理，其所以事亲是如何，所以事长是如何。⑦

----

① 朱熹，《答林择之》(三十二之十九)，《晦庵先生朱文公文集》，卷四十三，第1978—1979页。
② 朱熹著，黎靖德编，《朱子语类》，卷七，第124页。
③ 同上。
④ 同上。
⑤ 同上。
⑥ 同上书，第125页。
⑦ 同上。

小学阶段是培养人"依此规矩做去",培养为善的自然惯性。但这种自然的惯性之势,不保证人会知得什么是善、什么是恶,而真的懂得抉择取舍。虽然这种惯性亦很可贵,但按照朱子的一贯思路,这种因自然之势而为善的情况只是"行其所当然而不知其所以然"。在人的成德修养上讲,这是不完全的。因此,修养应当超越自然之势,更上一层而进入"知"的领域。朱子之说是否符合古代教育体制的实况并不重要,重要的是从小学到大学,象征着从"依循自然而然的惯性之势"的层次进入到"自知自觉地究其所以"的层次,后者是成德修养的重点所在。因此,"穷理"比"敬"更能道出朱子哲学的神髓。

其次,对朱子来说,"敬"(存心)的工夫其实不足以分判开儒家与佛道两家,因为佛道两家也能持敬:

> 人之心性,敬则常存,不敬则不存。如释老等人,却是能持敬。但是他只知得那上面一截事,却没下面一截事。[1]

> 今说求放心,说来说去,却似释老说入定一般。但彼到此便死了;吾辈却要得此心主宰得定,方赖此做事业,所以不同也。[2]

这就表明,如果要充分展示朱子工夫论之特性,便必须透入至"穷理"。由此,我们说"穷理"是朱子工夫论的总代表观念。本章第三节曾提到,《周易》之《无妄》卦辞有"其匪正有眚,不利有攸往"一语,引起宋儒疑问:既然已经"无妄"了,何以尚有"其匪正有眚"的情况?朱子解释说:

---

① 朱熹著,黎靖德编,《朱子语类》,卷十二,第210页。
② 同上书,第202页。

> 有人自是其心全无邪，而却不合于正理，如贤智者过之。他其心岂曾有邪？却不合正理。佛氏亦岂有邪心者？[①]

> 伊川所谓"人虽无邪心，苟不合正理，乃邪心也"。佛氏之学，超出世故，无足以累其心，不可谓之有私意。然只见他空底，不见实理，所以都无规矩准绳。[②]

朱子对"合正理""见实理"的坚持——即使能持敬、存其心，并能无邪心、无邪意，也不够——正是"穷理"之为朱子工夫论整体特性所在的明证。

总结本章，我们的工作以诠释为主，勾勒了朱子工夫论的轮廓，并论证朱子工夫论的整体特性应以"穷理"观念来表示。是故，本书采用"穷理工夫论"一词来指明朱子工夫论的整体要义。在本章里，我们阐明了"穷理"的三个向度，并论证穷理之学的要义在"分别是非"。"要义"的"要"，意谓"切要"和"基要"。虽说认识经验事物的特性和规律，亦属"穷理"，但"穷理"之切身而重要（切要）处却在其道德向度，即"分别是非"。此外，"穷理"亦有其"上达"之义，即要认识到负责万物存在的"超越的存在之理"本身。但此"上达"却必本于"分别是非"的工夫，故"分别是非"实为穷理之学"下学而上达"历程内的基础而首要（基要）处。

---

① 朱熹著、黎靖德编，《朱子语类》，卷七十一，第1798页。
② 朱熹著、黎靖德编，《朱子语类》，卷四十一，第1047页。

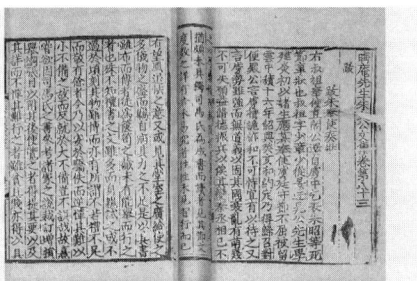

第二章

朱子对"先识本心"的
疑虑：转向穷理工夫论

经过上一章，我们最终选择以"穷理"来表示朱子工夫论的整体特性。由此出发，本章即进行第一重向度的理论检讨——溯源式的检讨；旨在探问：穷理工夫论的出现，是否有其站得住脚的理由？具体来说，即朱子自"中和旧说"那种靠拢湖湘学派的工夫论见解，转向"中和新说"的穷理工夫论，此转向本身有否充足的理据？

　　我们的讨论将集中在湖湘学派"先识本心"的理论主张（随着讨论焦点的明朗化，后文将称之为"识心说"）。此主张由湖湘学派领袖胡宏提出，作为该学派最根本的工夫论纲领，而为朱子所质疑。换言之，朱子工夫论的转向，关键点就是他对"先识本心"的不满，而此转向之合理与否，就取决于其质疑的合理性。

　　本章分为七节。第一节扼要交代问题的背景，即朱子从"中和旧说"到"中和新说"之间对湖湘学派评价之转变。第二节通过胡宏的《知言》，剖析"先识本心"的含义。第三节介绍朱子对"先识本心"的三种疑虑，它们可简称为"阙却涵养""死守"和"悖理"（违反"心为一而不二、为主而不为客"之理而成矛盾）。第四节借用牟宗三的"逆觉体证"概念,澄清"先识本心"乃"一心之自识",以回应朱子的质疑。经过把朱子一些不相应的批评淘汰掉之后,第五节将提炼出朱子的真正有力的质疑(由上述"悖理"一项指控所隐含):"识心"不是"一心之自识";"一心之自识"不能作为"识心"的澄清与辩护。第六节"朱子工夫论转向的详检与证成"篇幅最长,下分四小节,以"识心说"代表经过牟宗三诠释的胡宏立场、"察识说"代表笔者所理解的朱子立场,由浅入深地反复为双方提出论据,最终证成朱子工夫论转向的合理性。第七节作为补充,将扼要交代朱子对"是非"这种"情"的理解。

第一节　问题的背景

作为本章焦点的"先识本心",指的是朱子40岁前后数年间的主要论友——湖湘学派——的工夫论纲领。"先识本心"之意可有不同表述,笔者根据湖湘学派领袖胡宏的说法来提炼出这四个字,以概括和代表该学派的成德工夫总纲。

我们在上一章谈"涵养"概念时便提过,朱子在正式奠定他自己的哲学之前(即40岁前),有一段苦参中和的经历。37至40岁的阶段是为"中和旧说",40岁时确立的对中、和、未发、已发、心、性、情等的新理解是为"中和新说"。在旧说阶段里,朱子很受湖湘学者——特别是张栻——的启廸,在工夫论上亦主"先识本心"。但到"中和新说"却极持反对态度。试对照朱子前后两封甚具代表性的书信,先是旧说阶段的代表作之一《与张钦夫》:

> 然则天理本真,随处发见,不少停息者,其体用固如是,而岂物欲之私所能壅遏而梏亡之哉? 故虽汨于物欲流荡之中,而其良

心萌蘖，亦未尝不因事而发见。学者于是致察而操存之，则庶乎可以贯乎大本达道之全体而复其初矣。[①]

再有新说初成时期的代表作之一《与湖南诸公论中和第一书》：

向来讲论思索，直以心为已发，而日用工夫，亦止以察识端倪为最初下手处。以故阙却平日涵养一段工夫，使人胸中扰扰，无深潜纯一之味，而其发之言语事为之间，亦常急迫浮露，无复雍容深厚之风。盖所见一差，其害乃至于此，不可以不审也。[②]

前书所说，认为人的"良心"（即笔者所谓"本心"）虽会陷溺于物欲之中，但其"萌蘖"（苗裔或端倪）亦总会因事呈现（最经典的例子莫过于《孟子》里的"乍见孺子将入于井，皆有怵惕恻隐之心"）。学者于此当"致察而操存之"，虽未说出"识"字，但肯定已有此意，因为在朱子的用语习惯中，"察""识"两字常连用而合为一词，此观上引后一书所谓"察识端倪"可知。唯前书独没有"先识本心"之"先"意。但观乎后书"向来讲论思索，……日用工夫，亦止以察识端倪为最初下手处"，"向来"显指旧说阶段，而"最初下手处"亦显然表示"在一切工夫之先"。故此可说，在旧说的阶段里，朱子是主张"先识本心"的，姑勿论他对湖湘学派这个主张的理解程度如何。

但从后书可见，"中和新说"成立后，朱子的立场全然改变。他反对"以察识端倪为最初下手处"，认为会有"阙却涵养"之病，由此开启

---

① 朱熹，《与张钦夫》，《晦庵先生朱文公文集》，卷三十，第1315—1316页。
② 朱熹，《晦庵先生朱文公文集》，卷六十四，第3131页。

了著名的察识涵养孰先孰后的论争。当然,朱子对"识"与"心"(本心)的理解如何,有否错解湖湘学派的意思,是不容忽视的问题。但可以肯定,朱子对"先识本心"的不满,乃其工夫论转向的关键。此一枢纽点,正是本章关切的中心。

关于朱子对"先识本心"的批评,牟宗三做过非常深入的剖析和检讨,其论断可以概括为:朱子对湖湘学派这一工夫论纲领的诘难,全然出于误解。在牟氏那部研究宋代理学的皇皇巨著《心体与性体》中,指证朱子误解"先识本心"的分析绝不在少数,试举几段重要文字:

> 顺五峰下来,"先察识"只是"先识仁之体",此是逆觉体证事,本不当言"察识"。即使言"察识"亦当以"先识仁之体"来规定。此察识与朱子所言之"察识",其意义并不相同也。朱子依据伊川之义理间架,成立中和新说,将"涵养须用敬,进学在致知"两语,统于涵养与察识而说之,前语是涵养,后语是察识;又将涵养与察识分属于未发与已发,未发无可察,只可涵养,已发方可察,自此言察识。……察识者,其直接的意思是察识情之已发,推广之,格物穷理俱在内,皆属于伊川所谓"进学在致知"之事也。此是严格遵守伊川之义理间架而言察识,与胡五峰之"先识仁之体"之逆觉体证之义理显然有根本上之不同,而以"涵养察识分属"中之察识说之何耶?"先识仁之体"之识,即使说为察识,岂是朱子系统中之察识乎?[①]

朱子依伊川之义理间架开工夫入路,对于胡五峰之"内在体

---

① 牟宗三,《心体与性体》,第二册(台北:正中书局,1968年),第477—478页。

证"，尤不能欣赏。彼以为此是"先务知识，不事涵养"。殊不知在五峰"先务知识"不是广泛的知识，乃是专指"先识仁之体"而言，即专指经由逆觉以默识体证本心性体而言。此是自觉地作道德实践之本质的关键，何得不先？涵养亦是涵养（存养）此本心性体，何言"不事涵养"？①

　　五峰言此逆觉体证，显本孟子，其所意谓之"良心"，亦不失孟子意。然朱子言操存、言涵养、言"本源全体"，却是本于伊川，字面上虽依附孟子，而义理之实，却是伊川之思理。彼既误解"见而操之"为操此"发用之一端"，而又分别此"发用之一端"与"本源全体"之不同。此种误解，是以其思理间架中之"察识"想此"见而操之"之逆觉，视"良心发见"为喜怒哀乐已发之发。发而察之，是于已发言察识也，故说此是"发用之一端"，而非心之"本源全体"。此是将重点转移，而又误解"发见"为"已发"之"发用"。在五峰，是就此"发见"之一端（亦可就别处之发见）而逆觉体证此心之自体与全体，在朱子却视为"已发"之发，而特重其为"发用之一端"。此显非五峰意，亦失孟子意。此是将孟子义理转到《中庸》之中和处也。亦丧失五峰之"逆觉体证"之义也。②

上面的详细引录，一方面想展示牟宗三对朱子之失误的分析和论证确然是深入详尽，另一方面是为了展示"误解"的意思。简言之，朱子严格遵守程颐的理论框架来陈构其工夫论；在这套思理间架中，"察识""已发"等观念自有其特定意义，朱子依此去理解胡宏（五峰）的

---

① 牟宗三，《心体与性体》，第二册，第477页。
② 同上书，第481页。

"见而操之""良心发见"和"先识仁之体"等，其实是一种误解。所谓"误解"，即无视对方的观念和命题在其自身之说统或义理间架中的特定意义，而改以自己的思理间架中具有不同意义的观念和命题去揣度之、比附之。既先有误解，则随之而来的批驳自然是无的放矢了：你说人家的"先识仁之体"有若何若何之问题、"见而操之"又有若何若何之问题，实则人家的"先识仁之体"和"见而操之"根本不是你所想的意思。牟氏对此作出一锤定音的总结：

> 此一思理熟练于心中（朱子之劲道最宜于说此思理），故一见五峰之说不合此思理，便以此义理间架为背景去批驳五峰之"逆觉体证"。两不对应，故既纠缠凌架，而又处处刺谬。若不知其思理背景，精熟其说统之间架，鲜不为其纠结所困，而亦不知孰是孰非，又不知将若何处理也。[1]

关于朱子的"误解"，我们先说明到这里。至于上面涉及的若干专门术语，如胡宏的"先识仁之体"和牟宗三的"逆觉体证"等，将在往后阐释。

笔者的目标无疑是对朱子的工夫论转向作相应的理解和公允的评估，却无意全面推翻上述"误解"的定性。笔者同意，朱子对湖湘之学的"先识本心"无充分恰当的理解。不过，他将"识心"理解成"察识"却非毫无道理。意思是，即使不预认朱子的思理间架，将"识心"理解为"察识"仍是有道理的。是故，虽然笔者不认为我们有理由全盘推翻牟宗三的判断，但可以作更深入细致的微观，指出朱子对"先识本心"的客观疑虑所在。而这个有理的疑虑，正是朱子那工夫论转向的

① 牟宗三，《心体与性体》，第二册，第482页。

合理之处——朱子在这个疑虑上，有理由提出另一套工夫论。

以下，我们先解释"先识本心"的含义。

第二节　胡宏的"先识本心"

北宋程颢与程颐兄弟的洛学，传至南宋，分流成"道南学派"与"湖湘学派"。前者的开创人物是杨时（字中立，号龟山，1053—1135），后者则为胡安国（字康侯，号武夷，1074—1138）。杨时是程门高足，胡安国则私淑洛学，与谢良佐（字显道，号上蔡，1050—1103）、杨时、游酢（字定夫，号豸山，1053—1123）等程门高弟义兼师友，其思想"自得于（二程）《遗书》者为多"[①]。胡氏原籍福建崇安，后寓居湖湘，著书立说，开湖湘学派。

湖湘学派原近似于家学。胡安国膝下三儿，胡寅（字明仲，号致堂，1098—1156）、胡宁（字和仲，号茅堂，约1109—?）、胡宏，以及侄儿胡宪（字原仲，号籍溪，1086—1162），均从胡安国习二程洛学。至于湖湘学派真正成为一个区域性学派，尤其在思想上有所创建而形成自己的思想体系，则有赖胡宏[②]。

胡宏有《知言》之作，湖湘学派主"先识本心"，其源在此。当中卷四记录了一段答问：

> 彪居正问："心，无穷者也。孟子何以言尽其心？"
>
> 曰："惟仁者能尽其心。"

[①] 黄宗羲原著，全祖望补修，《武夷学案》，《宋元学案》（北京：中华书局，1986年），卷三十四，第1170页。

[②] 参阅何俊，《南宋儒学建构》（上海：上海人民出版社，2004年），第64—65页。

居正问为仁。

曰:"欲为仁,必先识仁之体。"

曰:"其体如何?"

曰:"仁之道,宏大而亲切,知者可以一言尽。不知者,虽设千万言,亦不知也。能者可以一事举。不能者,虽指千万事,亦不能也。"

曰:"万物与我为一,可以为仁之体乎?"

曰:"子以六尺之躯,若何而能与万物为一?"

曰:"身不能与万物为一,心则能矣。"

曰:"人心有百病一死,天下之物有一变万生,子若何而能与之为一?"

居正悚然而去。

他日问曰:"人之所以不仁者,以放其良心也。以放心求心,可乎?"

曰:"齐王见牛而不忍杀,此良心之苗裔,因利欲之间而见者也。一有见焉,操而存之,存而养之,养而充之,以至于大,大而不已,与天同矣。此心在人,其发见之端不同,要在识之而已。"①

在这段对话里,胡宏首先点出"欲为仁,必先识仁之体",最后又说"此心在人,其发见之端不同,要在识之而已"。从两句话表示所要"识"的对象来看,显然前者的"仁之体"就是后者的"心"。又从"此良心之苗裔,因利欲之间而见"一语可知,人要识的"心"即是"良心"。笔者用

---

① 胡宏,《知言》,收入《胡宏著作两种》(长沙: 岳麓书社,2008 年),第 32—33 页。

的"先识本心"四字，正是由此提炼概括出来的[①]。以下分析这种"识本心"的工夫到底是怎么一回事，并且它为什么必须在"先"。

引文中的"齐王见牛而不忍杀"，典出《孟子·梁惠王上》。胡宏以"齐王见牛而不忍杀"来表示良心之发现。齐王不忍杀牛，是他关怀、重视该牛的生命之表现。人一般受制于本能欲望，皆怀一己之生、恶一己之死。顺此本能，按理只会做出对一己之生的延续和丰富为有利的举动。至于其他有生之物的生命，除非有利于己生，否则当不会重视。但人有时却会无条件地关注其他有生之物的生死，因知其死或遇上危难而有所"不忍"。如果前一种生存状态（依顺本能欲望而怀生畏死）叫作"私"，则后一种生存状态（无条件地关注他者的生死安危）可以叫作"公"。既然"私"的一面源自怀生畏死之性（本能），则"公"的一面自有理由被想成源自另一种能力（另一种性），胡宏即称之为"良心"。

所谓"良心之苗裔，因利欲之间而见"，表示人的这种"公"的一面，在"私"的生存状态的间隙中（利欲之间）呈现出端倪（苗裔）来。之所以言"端倪"，因良心可以在不同情况、不同事态中呈现，而"不忍杀牛"只是其中一端而已，故胡宏说："此心在人，其发见之端不同。""端"指"此心之各式表现之相状"（"相状"相当于英语的"appearance"）。若顺此理解而读《孟子》，可知"恻隐之心，仁也"（《孟子·告子上》）与"恻隐之心，仁之端也"（《孟子·公孙丑上》），其实意义无别[②]。

[①] 在孟子，"良心"即是"本心"，前者见《孟子·告子上》："虽存乎人者，岂无仁义之心哉？其所以放其良心者，亦犹斧斤之于木也。"后者见同篇："乡为身死而不受，今为宫室之美为之；乡为身死而不受，今为妻妾之奉为之；乡为身死而不受，今为所识穷乏者得我而为之。是亦不可以已乎？此之谓失其本心。"

[②] 笔者曾撰文讨论孟子之"端"的诠释问题，参阅拙著《当代新儒家与英语哲学界对孟子之"扩充"及"端"的诠释：以牟宗三、唐君毅与黄百锐、信广来为（转下页）

而胡宏以"良心"为"仁之体",亦符合孟子意思。

"识仁之体"或"识心",就是在此心呈现时当下"识"之。这不是一般意义下价值中性的认识或观察,而是一种带着价值上肯定的认取:肯定此心为价值上高于自利的私心。再者,"识心"又不等于认识一件物件,仿佛有一件物件叫作"心"而为我所认识。此所谓"识心",实即认识到自己除了有"私"的一面外,尚有此"公"的一面,并同时肯定"公"的生存状态为价值上较高。更同时发心起愿,向着这"公"的一面之充分实现而奋斗,将原初那"见牛而不忍杀"之心,扩充至事事物物及时时刻刻。胡宏说"一有见焉,操而存之,存而养之,养而充之,以至于大",正是此意。

如果此心重为利欲所支配,就是"放其良心"。引文中,问者以为"识心"有"以放心求心"的问题。就是说,"公心"既已放失,剩下的是"私心"(或"已放失的心",简称"放心"),这个私心又怎能求得那个公心?用浅白的语言讲,人既已服从于利欲,又怎会去希冀一"公"的生命?胡宏答曰:"良心之苗裔,因利欲之间而见。"点出人即使在利欲持续作用中,依然会有良心呈现的时候。而"求"的工夫正是在它呈现时用:正视它、肯认它,勿令其再放失(即所谓"一有见焉,操而存之")。因此,人即使已放失其心,但求放心仍然是可能的。

但我们不妨代问者再进一问:问题恰恰在于,既然是利欲持续作用、私心持续做主,那么当良心呈现时,这个做主的私心又怎会愿意去正视和肯认它,甚至从此退位而让它做主?我们也不妨为胡宏更进一答:这个问题其实是假的,它是受到"以放心求心"的字面表述所误导而来。"以放心求心"的表述,令人想到好像有两个心,一个是私心,一

个是公心。实则心只有一，而有两种状态，不在私即在公。所谓"良心呈现"，其实就是利欲退位、私心退位，而良心做主之时。说明白点，就是此一心顿时由私的状态转为公的状态。因此，"求心""识心""操心""存心"等，其实都只是这个"在公的状态下"之心的自我正视和肯认，并不存在以私心求公心或以放心求心的情况。当然，公心有可能重新陷溺于利欲而退转为私心，所以成德工夫不但在"操而存之"，还在于"存而养之，养而充之，以至于大"。但无论是操、存、养、充，都只是一心（良心）的自我作用：自我肯认、自我完养。

　　以上是"识本心"工夫的含义。至于此工夫为什么必须在"先"，因为它是自觉地作道德奋斗的前提。奋斗必含目标，道德奋斗的目标自然是道德生命的完成，而道德生命的完成无非就是上述"公"的生命的充分实现。要实现这个目标，当然必先对这种生存状态有所体验，并有价值上的肯定和意志的取向，这三者同在于"识本心"的工夫中。因此，"识本心"乃学者成德的第一步。而"先识本心"亦因胡宏的标举而成为湖湘之学的工夫论总纲。

　　现在再就胡宏之说补充一点。胡宏说："欲为仁，必先识仁之体。"这种说法显然来自程颢的"学者须先识仁"①，可见湖湘之学与程颢学说确有一脉相承之处。然而，程颢说"学者须先识仁"之后，紧接即说"'仁者'浑然与物同体"②，在别处又说"'仁者'以天地万物为一体，莫非己也"③。反观胡宏在上引《知言》段落里，两度诘难彪居正之以"万物与我为一"为"仁之体"，似乎胡宏论仁已与程颢有别。但只要细察

① 程颢、程颐，《二先生语二上》，《河南程氏遗书》，卷二上，第16页。此条下标一"明"字，表示为明道（程颢）语。
② 程颢、程颐，《二先生语二上》，《河南程氏遗书》，卷二上，第16页。
③ 同上书，第15页。此条下标一"明"字，表示为明道（程颢）语。

胡宏之说，便知情况并非如此简单。他说："仁之道，宏大而亲切，知者可以一言尽。不知者，虽设千万言，亦不知也。""仁之道"固然宏大，但必须在"亲切"处（切身之事）见，如"见牛而不忍杀"，即"仁之道"在齐王生活里的亲切显现处。能亲切见得，方为真的"知者"，可以一言尽仁道之精蕴。不亲切见得，纵使凭千言万语说得何等高妙，亦为不知。一言以蔽之，"识仁"（识良心）最终乃实践之事，非徒托诸空言。胡宏反诘彪居正之以"万物与我为一"为"仁之体"，乃恐其舍本（实践）逐末（空言），故作高论而已，未可谓其反对"'仁者'浑然与物同体"。事实上，程颢也说："仁至难言，故曰：'己欲立而立人，己欲达而达人。能近取譬，可谓仁之方也已。'欲令如是观仁，可以体仁之体。"[①]胡宏所说的"亲切"，实在就是"能近取譬"的意思，足见胡宏与程颢思想的呼应。

其实，胡宏的想法根本含有"'仁者'浑然与物同体"之义。首先，当良心开显著，人即处于与所关切之物"为一""同体"的境界中。此"为一""同体"当然不是物理上两物的结合，而是与所关切之物疾痛相感，仿如自己亲受其苦一般。程颢说："'仁者'以天地万物为一体，莫非己也"，便是这个意思：在仁心的关切中，他者的痛痒、安危、祸福、生死，就仿如自己的痛痒、安危、祸福、生死一样重要。此人己等视、物我等视正是前面屡言的"公"之实义。再者，此人己等视的心量是可以扩大的，齐王今天关注牛的生死，只要他操存充养此心，便可将其关切扩充及于百姓，而与之同体。故仁者——扩充此心至其极的人——实际上就是"浑然与物同体""以天地万物为一体，莫非己也"。胡宏既然懂

---

① 程颢、程颐，《二先生语二上》，《河南程氏遗书》，卷二上，第15页。此条下标一"明"字，表示为明道（程颢）语。

得"齐王见牛而不忍杀"的例子，更明言"一有见焉，操而存之，存而养之，养而充之，以至于大，大而不已，与天同矣"，足见他同意良心的扩充乃原则上无封限者。那么，"浑然与物同体"之义，自然含乎其中。其实，说良心可以大与天同，亦显然本于程子的"只心便是天，尽之便知性，当处便认取，更不可外求"①，不但显示胡宏了解"扩充"之义，更彰显他与程颢思想之一脉相承。

第三节　朱子的三点质疑

胡宏的《知言》表达了"先识本心"的工夫主张，而朱子对胡宏的直接批驳，就体现在《知言疑义》中。关于《知言疑义》的撰作缘起、成篇经过及内容性质，陈来有扼要的说明："《知言疑义》(《文集》七十三)是朱熹、张栻、吕祖谦讨论胡宏《知言》的综合记录。在丙戌中和旧说时期无论在心为已发、先察识后涵养方面朱熹受胡宏为代表的湖湘之学影响很大。己丑反省旧说之后，他即开始用批判的眼光重新看待五峰学说，批判的注意力首先指向胡宏的代表作《知言》。己丑次年庚寅，朱熹(41岁)把对《知言》的十数条批评寄给当时知严州的张栻，时吕祖谦亦教授严州，张吕两人在朱说的基础上也整理出一些对《知言》的疑义，于是在三人之间展开了对《知言》一些主要观点的讨论，最终由朱熹加以综合整理。"②

我们在上节分析了《知言》里的一段问答。朱子在《胡子知言疑义》中正好有一段批评是针对该问答而发的：

---

① 程颢、程颐，《二先生语二上》，《河南程氏遗书》，卷二上，第15页。此条并未标明谁语。
② 陈来，《朱子哲学研究》，第182—183页。

又"以放心求心"之问甚切,则所答者反若支离。夫心操存舍亡,间不容息,知其放而求之,则心在是矣。今于已放之心,不可操而复存者置不复问,乃俟异时见其发于他处以后,从而操之,则夫未见之间,此心遂成间断,无复有用功处。及其见而操之,则所操者亦发用之一端耳。于其本源全体,未尝有一日涵养之功,便欲"扩而充之,与天同大",愚窃恐其无是理也。①

有趣的是,对于"以放心求心"的问题,朱子与胡宏的答案在形式上其实是一致的:"知其放而求之,则心在是矣。"就是说,并不存在以一个已放失的心去求心的吊诡情况。心只有一,而有两态,要么是"放",要么是"在",一知其放,心即已在。因为"心在"是"知其放"的前提,若非有心在,便不能"知"其放了,故"知其放"涵蕴"心在"。朱子对"求放心"的理解,在《朱子语类》中表达得更清楚:

"求放心",非以一心求一心,只求底便是已收之心;"操则存",非以一心操一心,只操底便是已存之心。心虽放千百里之远,只一收便在此,他本无去来也。②

孟子云"求放心",已是说得缓了。心不待求,只管省处便见。……盖人能知其心不在,则其心已在了,更不待寻。③

只消说知其为放而求之,则不放矣。"而求之"三字,亦剩了。④

---

① 朱熹,《晦庵先生朱文公文集》,卷七十三,第3561页。
② 朱熹著,黎靖德编,《朱子语类》,卷五十九,第1408页。
③ 朱熹著,黎靖德编,《朱子语类》,卷九,第151页。
④ 朱熹著,黎靖德编,《朱子语类》,卷五十九,第1407页。

从朱子对"求放心"的解释中，我们感受到一种"顿"的气息。"顿"与"渐"相对，后者表示一种过程，必须在时间中进行，而前者却表示过程的不存在。朱子认为，求放心是不牵涉过程的，是顿时的、当下的。只要有知其为放的意识，只要有去求它的意识，则这意识已然是心之在，无须展开一个"求"的过程，所以说"知其放而求之"的"而求之"三字是多余的。因此，朱子有时会批评《孟子·告子上》的"鸡犬之喻"：

> 某尝说：孟子鸡犬之喻也未甚切。鸡犬有求而不得；心则无求而不得，才思，便在这里，更不离步。[1]

> 即求者便是贤心也。知求，则心在矣。今以已在之心复求心，即是有两心矣。虽曰譬之鸡犬，鸡犬却须寻求乃得；此心不待宛转寻求，即觉其失，觉处即心，何更求为？[2]

朱子之所以认为"鸡犬之喻"未甚切，就是在于寻求鸡犬必牵涉过程，而"求放心"却是"顿"的。

朱子这种以"顿"解"求放心"的形式与胡宏是一致的。回想《知言》那段问答，问者说："以放心求心，可乎？"胡宏答曰："齐王见牛而不忍杀，此良心之苗裔，因利欲之间而见者也。"看似答非所问，实则是一句话释除两重误解：① 以为"放心"和"心"是两个心；② 因而以为求放心是以一心求一心，如寻求一物般需要经历一段过程。齐王见牛而不忍杀，表示其心顿时由私转为公，即此当儿，其心已不复放，操而存之，便是求放心了，并不存在一个渐的过程。当然，正如我们将会讨论，

---

[1] 朱熹著，黎靖德编，《朱子语类》，卷一百一十九，第2876页。
[2] 朱熹著，黎靖德编，《朱子语类》，卷五十九，第1407页。

朱子与胡宏对"心"的理解是不同的,但就"求放心"之"顿"的形式而言,两人是一致的。

那么,朱子因何批评胡宏?据上引《知言疑义》所说,胡宏的"求放心"的问题在于"间断"。心之放失,是修养上最迫切的问题,是需要立即解决的。但胡宏举出"见牛而不忍杀"这种不常见的罕有事件来说"求放心",朱子遂以为其"求放心"并不讲求此时此处的解决,"乃俟异时见其发于他处以后,从而操之,则夫未见之间,此心遂成间断,无复有用功处"①。就是说,心已放失,却不立即解决,而等待异时、他处才解决,则放失其心之后、"见牛而不忍杀"之前,便有一段工夫实践的间断期。此一间断期所缺的工夫,朱子称为"涵养"。如前引其《与湖南诸公论中和第一书》所说:"向来讲论思索,直以心为已发,而日用工夫,亦止以察识端倪为最初下手处。以故阙却平日涵养一段工夫。"所谓"平日",就是从心已放失到"异时发于他处"之间的那段工夫真空期,这里合该做"涵养"工夫。因此,胡宏这种"以察识端倪为下手处"的"求放心"之法,问题出在"阙却平日涵养一段工夫"。

下文将会证明,"阙却涵养"的批评是不成立的。现在且先顺着这项批评,逐步引出朱子的另外两种质疑。

在《朱子语类》中,朱子有一段跟上引《知言疑义》差不多的批评:

> 因论湖湘学者崇尚《知言》,曰:"《知言》固有好处,然亦大有差失……如论齐王爱牛,此良心之苗裔,因私欲而见者,以答求放

---

① 《朱子语类》卷五十九亦载朱子说:"《知言》中或问'求放心',答语举齐王见牛事,某谓不必如此说,不成不见牛时,此心便求不得! 若使某答之,只曰:'知其放而求之,斯不放矣。''而求之'三字,亦自剩了。"(第1407页)另一段又说:"五峰有一段说得甚长,然说得不是。他说齐王见牛为求放心。如终身不见此牛,不成此心便常不见!"(第1407页)

> 心之间；然鸡犬之放，则固有去而不可收之理；人之放心，只知求
> 之，则良心在此矣，何必等待天理发见于物欲之间，然后求之！如
> 此，则中间空阔多少去处，正如屋下失物，直待去城外求也！爱牛
> 之事，孟子只就齐王身上说，若施之他人则不可。况操存涵养，皆
> 是平日工夫，岂有等待发见然后操存之理！"[①]

骤眼看，这段话好像与《知言疑义》中的批评没两样。但加以细察，还
是可以发现当中提供了新的信息。留意"天理发见"四字，前一句明说
"良心在此"，表示朱子还是会用"良心"一词的。但后句却说"天理发
见"，而不直说"良心发见"。须知道，在《知言》里，胡宏根本是说"良
心发见"的："齐王见牛而不忍杀，此良心之苗裔，因利欲之间而见者
也。"上节已分析过，"良心之苗裔"实即"良心"，所以这句话完全可概
括为"良心发见"。朱子既然也用"良心"，又为什么要作一转折而讲
"天理发见"？经过上一章的诠释，我们已知，"良心"与"天理"在朱子
并非同义词，是不可以互换的，以其不主张"心即理"故。因此，合理的
解释似乎是：齐王见牛而不忍杀，对朱子来说，不宜称为"良心发见"，
理应称为"天理发见"。进一步讲，既然是天理发见，则学者用工夫所
"识"的，应是天理，不是良心。"识良心"与"识天理"两种说法，在朱
子看来，当为差之毫厘，谬以千里：标举"识良心"，其实是埋没了真正
工夫之所在——"识天理"（朱子称为"穷理"）。

　　关于朱子以标榜"识心"为不知"穷理"，可看以下数条：

> 至所谓可识心体，则终觉有病。穷理之学，只是要识如何为

---

① 朱熹著，黎靖德编《朱子语类》，卷一百一，第2588—2589页。

是、如何为非,事物之来,无所疑惑耳。非以此心又识一心,然后得为穷理也。[①]

穷理之学,诚不可以顿进。然必穷之以渐,俟其积累之多而廓然贯通,乃为识大体耳。今以穷理之学不可顿进,而欲先识夫大体,则未知所谓大体者果何物耶?[②]

须知心是身之主宰,而性是心之道理,乃无病耳。所谓识察此心,乃致知之切近者,此说是也。然亦须知所谓识心,非徒欲识此心之精灵知觉也,乃欲识此心之义理精微耳。欲识其义理之精微,则固当以穷尽天下之理为期。[③]

所论近世识心之弊,则深中其失。古人之学所贵于存心者,盖将即此而穷天下之理;今之所谓存心者,乃将恃此而外天下之理。其得失之端,于此亦可见矣。[④]

在胡宏,"求放心"与"识心"是同义的。但在朱子,"识心"却是"有病"的说法(见第一段引文)。朱子认为"近世识心之弊",在于"外天下之理",与古人之学,以其存得之心去"穷天下之理"适成背反(见第四段引文)。这样看来,存心(求放心)与穷理是两回事,不可画上等号。因为第一,"心"并不是"理":"心是身之主宰,性是心之道理。"(见第三段引文)所以"存得心"不表示就"穷得理";第二,穷理不可以顿进,"必穷之以渐,俟其积累之多"(见第二段引文),但"求放心"却是顿

① 朱熹,《答王子合》(十八之五),《晦庵先生朱文公文集》,卷四十九,第2250页。
② 朱熹,《答王子合》(十八之十二),《晦庵先生朱文公文集》,卷四十九,第2257页。
③ 朱熹,《答姜叔权》(五之一),《晦庵先生朱文公文集》,卷五十二,第2460页。
④ 朱熹,《答廖子晦》(十八之七),《晦庵先生朱文公文集》,卷四十五,第2088页。

时的，显见两者并非同一回事。而"求放心"与"穷理"的关系，正是前者为后者的预备：识理自是由心去识，故必以心之在为前提。这就是第四段引文所说的"古人之学"。《朱子语类》中有一段话，将"求放心"与"穷理"的关系表达得更清楚：

> 看来须是先理会个安著处，譬如人治生，也须先理会个屋子，安著身己，方始如何经营，如何积累，渐渐须做成家计。若未先有安著身己处，虽然经营，毕竟不济事。为学者不先存此心，虽说要去理会，东东西西，都自无安著处。孟子所以云收放心，亦不是说只收放心便了。收放心，且收敛得个根基，方可以做工夫。若但知收放心，不做工夫，则如近日江西所说，则是守个死物事。故《大学》之书，须教人格物、致知以至于诚意、正心、修身、齐家、治国、平天下，节节有工夫。①

收放心是做工夫的根基，收得放心，正好将注意力投向"理"，做"穷理"工夫，并节节向上。若心已在，却复求"识心"，便只是牢牢守着一个已然不放失之物，在工夫实践之路上根本未曾踏出一步，正是"恃此而外天下之理"。

至于"穷理"的具体内容，上述第一段引文为我们提供了一个简单的界定："识如何为是，如何为非。"（关于"穷理"的详细剖析，参阅本书第一章）举例来说，在齐王见牛而不忍杀的事件中，有一道德之理（天理）呈现，比如说，对有生之物应当仁慈。以心去识此理，就等如是"识

---

① 朱熹著，黎靖德编，《朱子语类》，卷一百四，第2617页。这里的批评虽然是针对江西陆学，但同样可应用到湖湘之学上。

如何为是"：了解到"对有生之物仁慈"是"是"的。反过来讲，对生物施以虐待残杀的行为，当中是无天理呈现的。但以心反省此事而知其为非，其实亦是对天理的认识。因为我们是以天理（对有生之物应当仁慈）为标准去判断该行为为"非"的，知其为非即表示已预认了天理，是反面地认识天理。故识如何为非，亦是"穷理"。

但说到这里，我们不禁要问：湖湘之学标举"识心"，就排斥了这种"识如何为是，如何为非"的工夫吗？"识心"难道没有包含识是识非的作用吗？回顾上节的分析，"识心"不是对心施以一种价值中性的观察，而是对道德心灵予以价值上的肯认，当中自然包含了是非判断。再以齐王见牛而不忍杀为例，"识心"乃对此爱牛之心给予价值上的肯定，包含对"爱护有生之物"此一道德之理的肯定，正是识如何为是。同时即在价值上排斥不爱牛之心，包含对"残虐生命"的否定，正是识如何为非。因此，如果"穷理"是"识如何为是，如何为非"，则我们没理由说湖湘之学的"识心"不包含这种识是识非的工夫。看来朱子的批评，纯粹是出于他自己的用语取态：在他的字典里，"心"不是"理"，所以"识心"并不表示"穷理"。这样，朱子的批评就只不过是概念定义和工夫命名的问题，属言辞之净，无涉客观义理。

但朱子相信，这是一个客观义理的问题，关键在于：心是不可被识的。"识心"这个说法，本身就是悖理。他批评胡宏之"识心"道：

> 如湖南五峰多说"人要识心"。心自是个识底，却又把甚底去识此心！且如人眼自是见物，却如何见得眼！故学者只要去其物欲之蔽，此心便明。如人用药以治眼，然后眼明。[①]

---

① 朱熹著，黎靖德编《朱子语类》，卷二十，第477页。

另外，《朱子文集》卷六十七有《观心说》，作于41岁，虽驳斥佛家，实同时批评"识心"。由于原文较长，今撮录成三段：

> 或问："佛者有观心说，然乎？"曰："夫心者，人之所以主乎身者也，一而不二者也，为主而不为客者也，命物而不命于物者也。故以心观物，则物之理得。今复有物以反观乎心，则是此心之外复有一心而能管乎此心者也。然则所谓心者为一耶？为二耶？为主耶？为客耶？为命物者耶？为命于物者耶？此亦不待教而审其言之谬矣。"

> 夫谓操而存者，非以彼操此而存之也。舍而亡者，非以后舍此而亡之也。心而自操，则亡者存。舍而不操，则存者亡耳。然其操之也，亦曰不使旦昼之所为，得以梏亡其仁义之良心云尔。非块然兀坐，以守其炯然不用之知觉，而谓之操存也。若尽心云者，则格物穷理，廓然贯通，而有以极夫心之所具之理也。存心云者，则敬以直内，义以方外，若前所谓精一操存之道也。故尽其心而可以知性知天，以其体之不蔽，而有以究乎理之自然也。存心而养性事天，以其体之不失，而有以顺夫理之自然也。是岂以心尽心、以心存心，如两物之相持而不相舍哉？

> 大抵圣人之学，本心以穷理，而顺理以应物，如身使臂，如臂使指，其道夷而通，其居广而安，其理实而行自然。释氏之学，以心求心，以心使心，如口龁口，如目视目，其机危而迫，其途险而塞，其理虚而其势逆。盖其言虽有若相似者，而其实之不同盖如此也。[1]

---

① 朱熹，《晦庵先生朱文公文集》，卷六十七，第3278—3279页。

综合两种引文而观，可以看出朱子对"识心"的深层疑虑。他认为，心一方面是个"识底""观者"，概括言可谓一"认知者"，更准确地说是一"认知主体"。突显主体义，是为了排除客体义，既为主体则不可能为客体，故说"为主而不为客""一而不二"。正如眼是见物的，它不可能见得自己一样，心也是不可被识的。否则，它就既为主又为客而成矛盾。另一方面，心又是个"行动主体"，以"主乎身"和"命物而不命于物"规定，此亦"为主而不为客""一而不二"。正如口是龁物的，它不可能龁其自己一样，心也是不可被使的，否则亦成矛盾。儒家之学，"本心以穷理"，如实地发挥心作为认知主体的功能；"顺理以应物"，如实地发挥心作为行动主体的作用。而（朱子认为）佛家之学却是"以心求心，以心使心"，是反其道而又悖理的表现。撇开朱子对佛家的评价是否公允，我们在这里可以看出他必须将"心"与"理"区别开来的理由：不在于个人的用语取态，而是要严辨心的主体义。在他看来，湖湘的"识心"工夫，完全没有相应于心的功能。第一，它根本没有发挥心的认知功能。所谓"识心"，严格讲是悖理，勉强来说亦只是一种"守心"的活动："块然兀坐，以守其炯然不用之知觉。"守着知觉不用，则其心无异于死物（以其没有进行其应有的活动故）。所以朱子说："若但知收放心，不做工夫，则如近日江西所说，则是守个死物事。"[1]第二，既无"本心以穷理"，则下一步的"顺理以应物"自亦阙如，故根本没有恰当发挥心的行动功能。因此，"识心"即使可以勉强称为工夫，充其量也只是一种"死守"的无用工夫。

　　说到这里必须澄清一点。在日常生活中我们常有检讨、反省自家心灵的经验。比如说我刚刚产生了一个坏念头，而现在我检讨自己，说

---

[1]　朱熹著，黎靖德编《朱子语类》，卷一百四，第2617页。

刚才那个念头是不对的、我的心刚才产生了歪念云云,这难道不是"识心"吗? 事实上,朱子所讲的"察识"或"省察"就是这种自我检讨的工夫(详见本书第一章),但他却不称之为"识心",理由是这种自我检讨和自我批判在进行着时,所识的并非当下这检讨着和批判着的主体自己,而是刚才那个事件(产生歪念)的是非。

点出"察识"和"识心"的分别后,我们可以总结一下朱子对"先识本心"的三种疑虑。一方面,① 如果湖湘之学的"识心"意指"察识",那么"先识本心"便等同于"先察识",这样就有"阙却平日涵养一段工夫""此心遂成间断"的问题。另一方面,如果"识心"不是"察识",则其② 要么是悖理的(违反"一而不二、为主而不为客"之理而成矛盾),③ 要么就是一种类于佛家的修养方法——一种"死守"的无用工夫:既不能"穷理",又不能"顺理以应物"。

第四节 逆觉体证:一心之自识

现在,我们想针对"识心是悖理的"这个指控,看看"识心"之说可有什么回应。

我们试提出一个切入的角度:如果心是认知的主体,而它所认知的均是客体,那么"心是认知主体"这个命题是如何成立的? 心如何能够认识到主体这种东西,并认识到这个主体就是它自己? 如果"心是认知主体"这个命题为真,那是否意味着:除了"以主识客"这种认知方式外,心尚有一种"自知"(知道它自己是一个主体)的认知模式?

事实上,牟宗三正是从"一心之自识"的角度理解"先识本心"。他为"识心"提供了一个精致的描述:这是一种"逆觉"活动。严格来说,"逆觉"一词并非牟氏的凭空杜撰,而是一种古今融会的重铸。他认为"逆觉"一词确有所本：

> 良心发见之端虽有种种不同，然从其溺而警觉之，则一也。此即是"逆觉"之工夫。言"逆觉"之根据即孟子所谓"汤武反之也"之"反"字。胡氏虽未明言此词，然吾人可就其实意并根据孟子之"反"字而建立此词。此词是最恰当者，亦是孟子本有之义，并无附会。人若非"尧舜性之"，皆无不是逆而觉之。"觉"亦是孟子之所言，如"先知觉后知，先觉觉后觉"，此言觉虽不必即是觉本心，然依孟子教义，最后终归于是觉本心，先知先觉即是觉此，亦无不可。象山即如此言。故"逆觉"一词实恰当也，亦是孟子本有之义也。……孟子又言："舜在深山之中，与木石居，与鹿豕游，其所以异于深山之野人者几希？及其闻一善言，见一善行，若决江河，沛然莫之能御。"此是典型的逆觉之例。从不自觉到自觉也。……胡五峰就良心萌蘖而指点之，显以孟子为据，又明是言逆觉。此是道德践履上复其本心之最切要而中肯之工夫，亦是最本质之关键。[①]

牟氏从"大舜觉悟"这典型的逆觉例证中，点出"逆觉"最核心的意义：从不自觉到自觉。这是成德的最切要、最中肯、最本质、最关键的工夫。

就常识而言，成德工夫亦多端，或读书明理，或虚心求教，为什么恰恰是逆觉工夫才最为切中肯要而本质关键？我们暂且按下不表，而先问：这种觉是觉什么？牟宗三接着上段引文而进一步说：

---

① 牟宗三，《心体与性体》，第二册，第476页。

　　此种"逆觉"工夫①，吾名之曰"内在的体证"。"逆觉"即反
而觉识之、体证之之义。体证亦函肯认义。言反而觉识此本心，
体证而肯认之，以为体也。"内在的体证"者，言即就现实生活中
良心发见处直下体证而肯认之以为体之谓也。不必隔绝现实生
活，单在静中闭关以求之。此所谓"当下即是"是也。李延平之
静坐以观喜怒哀乐未发前大本气象为如何，此亦是逆觉也。但此
逆觉，吾名曰"超越的体证"。"超越"者闭关（"先王以至日闭关"
之闭关）静坐之谓也。此则须与现实生活暂隔一下。隔即超越，
不隔即内在。此两者同是逆觉工夫，亦可曰逆觉之两形态。"逆"
者反也，复也。不溺于流，不顺利欲扰攘而滚下去即为"逆"。②

牟氏区分了两种逆觉体证，"内在的"和"超越的"，湖湘的"识心"属前
者。由于我们讨论的焦点是"识心"，故本章所谈论的逆觉体证，仅指
"内在的"而言③。就引文所见，"逆觉"所要"觉"的就是"良心"（"即
就现实生活中良心发见处直下体证而肯认之"）。而这种"逆觉"活动
的内容，详言之即"觉识""体证""肯认""以为体"。"觉识"大概相当
于我们一直谈论的"认识"（当然，这种认识乃有别于"以主识客"的认
识，下详）。"体证"是"觉识"的具体说明，"体"是"身体力行"之体、
"体会"之体，表示一种实践性的认知，有别于概念性的认知。比如说，
"打篮球"乃可用概念加以说明者，但"打篮球的乐趣"虽亦可用概念

---

① 依文脉，此指胡宏的"识心"。
② 牟宗三，《心体与性体》，第二册，第476—477页。
③ 关于两种逆觉体证的分析，可参看高柏园，《论牟宗三先生"逆觉体证"义之运
　　用》，《鹅湖月刊》第259期（1997年1月），第1—8页；郑宗义，《明儒陈白沙学思探
　　微：兼释心学言觉悟与自然之义》，《"中央"研究院中国文哲研究集刊》第15期
　　（1999年9月），第337—388页。

语言去解释，但终究要由实践者去亲身体会、亲身感受，才能确切认识。"体证本心"乃相当于后一类的认知活动。古人常言的"体道"，亦当如此理解。"肯认"则进一步表示，对本心的认识并非价值中性的，而是伴随着对本心的价值上之肯定。"以为体"又是对"肯认"的具体说明：所谓肯定本心为有价值是什么意思？就是肯认它是"体"。此"体"字作名词，意谓"主体"。然则，"以本心为主体"又是什么意思？说穿了，就是以此本心为"我"（"主体"当然是"我"）、真正的"我"，或"我"最真实的一面、"我"的真本性、"我"的真心①。一言以蔽之，就是肯认此本心所开显和代表的生存状态为"我"的最真实和应有的生存状态，是"我"的生命之安顿处，其持续不坠是"我"的道德奋斗之永恒目标。

如果笔者对牟宗三的解读不误，我们便可发现，他对"识心"的理解，完全是对胡宏思想的善会；其说"即就现实生活中良心发见处直下体证而肯认之以为体"，堪称对胡宏"识心"观念的最佳注解。"现实生活中良心发见处"可以包含胡宏所举的"齐王见牛而不忍杀"的例子。"直下体证"则正如胡宏认为"识仁"（识心）最终乃实践之事，非徒托诸空言。胡宏说"仁之道，宏大而亲切，知者可以一言尽。不知者，虽设千万言，亦不知也"，牟氏的"体证"概念，正好便指一种"亲切"的

---

① 牟宗三有一段话，可以作为这里将"体"与"我"联系起来的支持："我们可以这样正面地描述'仁'，说'仁以感通为性，以润物为用'。感通是生命（精神方面的）的层层扩大，而且扩大的过程没有止境，所以感通必以与宇宙万物为一体为终极……润物是在感通的过程中予人以温暖，并且甚至能够引发他人的生命。这样的润泽作用，正好比甘霖对于草木的润泽。仁的作用既然如此深远广大，<u>我们不妨说仁代表真实的生命（Real life）；既是真实的生命，必是我们真实的本体（Real Substance）；真实的本体当然又是真实的主体（Real Subject），而真正的主体就是真我（Real Self）</u>。至此，仁的意义与价值已昭然若揭。"见牟宗三，《中国哲学的特质》（台北：台湾学生书局，1974年第二版），第五章，《孔子的仁与"性与天道"》，第44页。

知。至于"肯认之以为体"，胡宏虽未明说，但一方面他确实以"仁之
体"为"良心"，一方面经过我们的分析，所谓"识心"，实即认识到自己
除了有"私"的一面外，尚有此"公"的一面，并同时肯定"公"的生存
状态为价值上较高（详见本章第二节），则"肯认之以为体"之意，已然
含乎其中。至如牟宗三说："'逆'者反也，复也。不溺于流，不顺利欲
扰攘而滚下去即为'逆'。"①正亦点出"识心说"的关键：所谓"齐王见
牛而不忍杀，此良心之苗裔，因利欲之间而见者也。一有见焉，操而存
之，存而养之，养而充之，以至于大"，此中操、存、养、充等字，正显"不
顺利欲滚下去"的"逆反"意象。

　　现在我们可以回答"为什么逆觉体证是最切中肯要而本质关键的
工夫"的问题。重点是逆觉乃从不自觉到自觉，而此自觉实即"就良心
发见处直下体证而肯认之以为体"。正如我们在第二节分析"识本心"
的工夫何以必须在"先"的理由一样，逆觉体证是自觉地作道德奋斗的
前提。因为奋斗必含目标，道德奋斗的目标自然是道德生命的完成，而
道德生命的完成无非就是"公"的生命的充分实现，或"我"的最真实
和应有的生存状态之持续不坠。要实现这个目标，当然必先对这种生
存状态有所体验（体证之），并有价值上的肯定和意志的取向（肯认之
以为体），这三者同在于逆觉体证（亦即"识心"）的工夫中。因此，它
乃学者成德的第一步。此所以牟宗三为胡宏辩解道：

　　　　朱子依伊川之义理间架开工夫入路，对于胡五峰之"内在体

---

① 牟氏在别处也说："逆觉者即逆其汩没陷溺之流而警觉也。警觉是本心自己之震
　动。本心一有震动即示有一种内在不容己之力量突出来而违反那汩没陷溺之流
　而想将之挽回来，故警觉即曰逆觉。"见牟宗三，《从陆象山到刘蕺山》（台北：台湾
　学生书局，2000年第二版），第168页。

证",尤不能欣赏。彼以为此是"先务知识,不事涵养"。殊不知在五峰"先务知识"不是广泛的知识,乃是专指"先识仁之体"而言,即专指经由逆觉以默识体证本心性体而言,<u>此是自觉地作道德实践之本质的关键,何得不先?</u> 涵养亦是涵养(存养)此本心性体,何言"不事涵养"?<u> </u>①

这里除交代了逆觉体证必须在先的理由外,还回应了朱子以胡宏为"不事涵养"的指控:胡宏说的"存而养之"(引文简称为"存养"),便是涵养工夫。事实上,按照我们上面的分析,"存而养之,养而充之,以至于大"正意味要使"公"的生命得以充分实现(扩充至事事物物和时时刻刻,不仅体现于"见牛而不忍杀"之一事一时而已),或使"我"的最真实和应有的生存状态得以持续不坠,这无疑已属涵养(完养道德生命或德性自我)之工夫。

不仅如此,牟宗三甚至反诘朱子说:

> 彼言:"未见之间,此心遂成间断,无复有用功处。及其见而操之,则所操者亦发用之一端耳。于其本源全体未尝有一日涵养之功"云云。夫"未见之间",功无所施。即"有用功处",如朱子所说之平日之涵养,焉知其所涵养者是此"本心"耶? 焉知其非成心习心耶? 人皆有此本心,然不警觉而体证之,在茫茫习心本能之机括中滚,此心虽自有,亦只是隐而不显耳。而其人即总在不觉中,不复知有其本心,亦不知其本心之何所是,不能有亲体之肯认与体证。于此而言涵养之功,则涵养甚的,真成问题矣。汝如

---

① 牟宗三,《心体与性体》,第二册,第477页。

何能知并断定此所操存涵养的必是本心,而不是习气本能耶？[①]

这个反诘是不容小觑的,因为它完全命中要害。此段文字的关键点是"未见之间,功无所施",表示在良心发见、逆觉体证之前,根本无工夫问题,因为整个工夫历程尚未启动。就算有所谓"用功处",有所谓涵养"工夫",所涵养的可能都只是成心习心,而非自觉的本心。以在幼儿园里读书的幼童为例,他们接受各式各样的训练,如认字、算术、劳作等,但这些训练并不等于修养工夫,因为这些学童并不是自觉地决定要学懂识字、计数和画画。那些练习纯粹是外界所施加,而为幼童所不自觉地接受。直至学童醒悟到学习的意义,此时他们所进行的练习才称得上"工夫",因为这才是由自觉地决定要修养而启动的实践和承担。这些工夫,才是涵养其"希望学会写字、计数、画画"之心。在此"自觉"发生之前,其"涵养"的,当然不是这个心(因为这个心尚未觉醒),而只是牟宗三所说的"习气本能"。工夫自是道德修养、道德奋斗的工夫,而道德修养和奋斗必含对修养和奋斗的自我要求,此自我要求即表示"自觉"。自觉之前,道德奋斗尚未启动,因此并不存在工夫问题。当然,并不是说自觉前的积习毫无用处,它确可为自觉以后的修养带来一些便利(如以往对于算术的熟习使得往后的自觉修养较易成功),只是这些积习尚未进入自觉生命的范围内,而成自觉修养的工夫。因此,朱子批评湖湘之学"阙却平日涵养一段工夫""间断",其实是不相应的。因为自觉以前,无所谓阙却工夫,而工夫历程尚未启动,自亦无所谓间断。历程启动后的停滞(本心的重新陷溺)是间断,启动前则不存在间断。同样地,人在自觉前,外在所施加的培训也是有用的,但这只是涵养其

---

① 牟宗三,《心体与性体》,第二册,第479—480页。

好习惯（积习）而已，本身不等于当事人的自觉修养，不能取代当事人的自觉，更不能保证当事人会因此而自觉。至此，我们彻底明白牟宗三说逆觉体证"是道德践履上复其本心之最切要而中肯之工夫，亦是最本质之关键"一语的意义。逆觉体证"是自觉地作道德实践之本质的关键，何得不先？"在先，因为它是吾人进入自觉修养历程的第一关。

谈到"识心"的工夫义，可顺带回应朱子的另一种批评："识心"是"死守"的工夫。此批评亦不称理。朱子说"识心"不能"顺理以应物"，实则湖湘要识的心，正是一顺着理以应着物的心。以"齐王见牛而不忍杀"为例，其心当时正是顺着"不可滥杀"之理，以应着"牛将被杀"一事。"识心"正是要在此顺理应物之心发见的当儿去肯认它，作为道德奋斗的目标，以期其持续保有而不坠。说穿了，就是要求以后的生命都如同这原初的表现（见牛而不忍杀）一般，能顺理以应物。当然，道德世界有很多理，自非见牛而不忍杀那一刻所能穷尽，此仍赖往后的不断学习。但这些学习，正是那"保有此心"的要求之所要求：在保有此顺理应物之心的要求下，必然会引发对各种道德之理的求索和服膺，否则不足以完养出一个时时顺理应物的人生[1]。吾人如果是真诚地"识心"，自然不会"死守"。因此，朱子批评"识心"为不穷理、不践理，是不公允的。

---

[1] 我们马上想到明儒王守仁与门人徐爱在《传习录》卷上的一段著名答问："爱曰，'至善只求诸心。恐于天下事理，有不能尽'。先生曰，'心即理也。天下又有心外之事，心外之理乎'？……爱曰，'……如事父一事，其间温凊定省之类，有许多节目。不知亦须讲求否'？先生曰，'如何不讲求？只是有个头脑。只是就此心去人欲存天理上讲求。就如讲求冬温，也只是要尽此心之孝，恐怕有一毫人欲间杂。讲求夏凊，也只是要尽此心之孝，恐怕有一毫人欲间杂。只是讲求得此心。此心若无人欲，纯是天理，是个诚于孝亲的心，冬时自然思量父母的寒，便要求个温的道理。夏时自然思量父母的热，便要求个凊的道理。这都是那诚孝的心发出来的条件。却是须有这诚孝的心，然后有这条件发出来。"（第30页）

现在只剩下"识心是悖理的"这一项指控。牟宗三以"逆觉体证"来诠释"识心"，逆觉之所觉是良心或本心，然而是什么去觉此心？答案呼之欲出，当然就是此心自己。牟氏认为，逆觉体证乃本心之自识，与一般"以主识客"的认知方式不同。在逆觉体证中，心并未歧而为二（既为主又为客、既为能又为所），故不会犯上朱子所以为的矛盾。且看牟氏的解释：

> 这种反身的体证（观或知）实是虚层，当下即可融于此本心而只是此本心之呈现，并无真实的能所义（主客体义）。此若简单地说，此只是心之自知而已，并无何可反对处。此如观察过失之心，吾亦可反身知道它是观察之心。它观，这是心实际在呈现观察（明了）之活动，吾亦可反身直接知道这是观察明了的活动。这个反身的知只是这明了活动的心之自用于其自己，结果还是那明了活动的心之自己，并不是另有一个心来知它。它有其明能明物，岂不能明其自己为明耶？是以它明其自己为明，实仍是它自己，仍只是这一明了活动之心之自己，并未歧为二心。此时之能所并无实义，只有名言上之意义，只是一个姿态。不要因为名言上有能所，便执认真有一个心为能，而此明了活动之心为所也。……
>
> 推之，就心之主宰乎身，吾亦可依其主宰作用中之觉明而知其为主宰乎身。就其一而不二，吾即可依其纯一有定向中之觉明而知其为一而不二。就其为主而不为客，吾即可依其不能被推置于外而永远超然在上之觉明而知其为主而不为客。就其为命物而不命于物，吾即可依其为主动而不为被动之觉明而知其为命物而不命于物。凡此种种知亦皆是融于各该心义之自己而自知，而不形成另一

个心。否则汝何以能说其为主宰、为一、为主、为命物等等耶？[①]

上面两段文字，第二段明显针对朱子的《观心说》。看最后一句，可见牟宗三在处理"以心识心"的问题时，采取的正是我们之前提出的切入角度："心是认知主体"这个命题是如何成立的？如果心仅仅能识客体，则"汝何以能说其为主宰、为一、为主、为命物等等耶?"这就迫出"自知"这一观念。自知，简单地说就是心反身地知道自己在认知着，而知自己为认知的主体。而"这个反身的知只是这明了活动的心之自用于其自己，结果还是那明了活动的心之自己，并不是另有一个心来知它"，"一口不能自龁，一目不能自视，但心可以自知"[②]。所谓"以心识心"，看起来好像有两个心，前者是主是能，后者是客是所，于是为矛盾。实则这只是名义上的姿态，并无真实的主客、能所义。情形就如"以放心求心"之并非以一心求一心一样。前面说过，"逆觉"之"逆"表示不顺利欲之流滚下去。其实，"逆"也表示此"自知"之义：

> 这里是顺所透视出的认知作用不顺用于外物，而是逆回来反而用于本心之自己。……吾亦曰此是逆觉的体证。此是就"自知"一义而名理地分析其意义曰"逆觉"。[③]

总的来说，牟宗三以"逆觉体证"去诠释湖湘之学的"先识本心"，回应了朱子的批评。从以上的分析看来，朱子的几种疑虑似乎都不能成立。

---

① 牟宗三，《心体与性体》，第三册，第334—335页。
② 同上书，第336页。
③ 同上。

第五节　真正的疑虑："发见"与
"肯认"是同一种作用吗？

朱子批评"先识本心"为"阙却平日涵养一段工夫"，实则从对方的角度来看，这个批评并不对题。因为在他们的说统里，工夫历程须以自觉来启动（"先识本心"正表示自觉乃工夫修养第一关），自觉以前并无工夫可言，最多只有不自觉的受训。朱子又批评"识心"为"死守"：不穷理、不践理。实则"识心"正是要识此顺理应物之心的可贵，以保有此心为理想；在此理想下，穷理、顺理乃必然之要求。朱子又以"'识心'为悖理"作诘难，牟宗三则以"识心"（逆觉体证）实属"一心之自识"为湖湘之学辩护。这正是笔者想要斟酌的：牟宗三的回应成功吗？

首先，朱子在《观心说》里明说心"为主而不为客""命物而不命于物"，他心里面应该对"心是认知主体"之如何成立有一个解释。牟宗三以"自知"或"反身的知"来解释：心在认知客体的同时，能反身地知道自己在认知着。而这个"反身的知"只是那认知作用之反用于主体自己，并不构成主客、能所的关系。因此，心自知其为认知主体并不会落入"心同时为主亦为客"的矛盾之中。牟宗三认为，舍乎此，我们根本无从确认心是认知主体。姑勿论这种解释是否为唯一的或最好的，我们只想指出，观乎朱子解释"求放心"时说："既知其放，又知求之，则此便是良心也。"[1]本亦有一种反身的味道。因此我们有理由说，朱子对"心是认知主体"的成立问题，其解释大抵亦类似"自知"或

---

[1]　朱熹著，黎靖德编，《朱子语类》，卷一百一，第2593页。

"反身的知"。既然如此,他又为什么要反对"识心"呢? 他的反对是否有客观的道理在呢?

让我们先提出一种初步论证[1],再举出文献证明朱子所想的有可能是以下的质疑。

笔者首先要指出,湖湘的"识心"<u>不应类比于</u>"自知"。我们知道,"自知"(心确认自己为认知主体)牵涉两件事情:第一,心认知客体。第二,心即在认知客体的活动中反身自知其为认知的主体。虽为两件事情,却只涉及心的同一种作用——知的作用。前者是此作用之顺用于客体,后者是此作用之逆用于心自己:知自己在知着。反观"识心",都牵涉两件事情:第一,本心发见("发见"一词由胡宏说"此良心之苗裔,<u>因利欲之间而见者也</u>"而来)。第二,肯认本心("肯认"一词由牟宗三说"识心"乃"就现实生活中良心发见处直下体证<u>而肯认之以为体</u>"而来)。然而,我们能够说两件事情当中只有心的同一种作用吗? 举例来说,齐王见牛而不忍杀,这是"本心发见",他将"不忍"用于牛。但倘若齐王接着肯认此心,他是将同一种作用反用于其心吗? 显然不是。他的肯认并非以"不忍"的作用反用于自己,而是对之前的"不忍"给予价值上的肯定。又如今人乍见孺子将入于井而有怵惕恻隐之心,此恻隐是一种作用。接着此人肯认其刚才的表现,却非同一种作用的反身自用:他并非回头恻隐其自己,而是检讨刚才的表现,而判断那是应该的。由此看来,"识心"和"自知"是不对称的,我们不能以"自知"为合理,来类推"识心"为合理。个中的关键是:"自知"只涉及一种"知"的作用,而"识心"却涉及两种作用,先有"不忍""恻隐"等情感作用,后有评估该情感表现的是非判断

---

[1]　在下一节里,我们的论证会持续深化和调整,故这里所提的论证只是初步的。

作用①。

　　接着我们要问：上述的质疑，是纯粹由笔者提出的，还是朱子自己的想法？笔者想先退一步说：我们要探讨的，是朱子工夫论的转向是否有理，而非他本人的动机。故此，就算笔者提出的质疑并非朱子所确实想过，亦不表示我们对"先识本心"的质疑，以及对朱子工夫论转向的理论证成，为不成立。之所以要退这一步，因为就文献看来，朱子确未明白说出上述质疑。但笔者亦必须指出，朱子确有一种说法，让我们有理由相信他会同意上述质疑，这就是他对湖湘学派"观过知仁说"的批评。

　　"观过知仁"是湖湘学者胡实（字广仲，胡宏之从弟，1136—1173）、胡大原（字伯逢，胡宏之从子）、吴翌（字晦叔，胡宏之弟子）等提出的工夫指引，乃本于"先识本心"的纲领而来。其大意是：

　　　　"观过知仁"云者，能自省其偏，则善端已萌。此圣人指示其方，使人自得。必有所觉知，然后有地可以施功而为仁也。②

留意第一句，牟宗三解释说：

　　　　"苟能自省其偏，则善端已萌"，是即言于过处能观省其为过（偏差）而心有所不安（警醒），则即是其本心之"善端已萌"（本心

<hr />

① 然而，"不忍""恻隐"等固是情感表现，唯它们是否亦同时表达了是非判断？这是情感哲学（philosophy of emotion）里的一个重要议题：情感本身是否为一种判断？笔者将于下一节"朱子工夫论转向的详检与证成"之第二、第三小节，以脚注略陈自己的看法。
② 黄宗羲原著，全祖望补修，《五峰学案》，《宋元学案》，卷四十二，第1386—1387页。

之善已透露）。[1]

可以看出，"观过知仁"实本于"先识本心"。"知仁"就是肯认那观省过失而有所不安的心（"仁"即"良心"，胡宏在《知言》里已明说）。但朱子在《答吴晦叔》一文中却批评道：

> 且心既有此过矣，又不舍此过而别以一心观之；既观之矣，而又别以一心知此观者之为仁。若以为有此三物递相看觑，则纷纭杂扰，不成道理。若谓止是一心，则顷刻之间有此三用，不亦匆遽急迫之甚乎？[2]

朱子认为"观过知仁"有两种可能含义。第一种是："犯过"之心、"观过"之心以及"知观过之心为仁"的心等，分别为三心；而"此三物递相看觑"，这是"不成道理"的。"不成道理"即悖理，其理由当如《观心说》所言，心"为一而不为二""为主而不为客"。如果"观过知仁"是指三心之"递相看觑"，便是自相矛盾的。第二种可能含义是"观过知仁"只涉及一心，而有三用（三种作用或表现），则问题在于"顷刻之间有此三用"，乃"匆遽急迫之甚"。留意，朱子对于第二种可能含义，并没有批评为"不成道理"，只批评为太过匆忙。换言之，朱子并不认为"一心三用"是悖理，只是反对提倡一种"顷刻三用"的急迫工夫。撇开朱子的批评是否称理，我们想要指出，朱子认为"识心""知仁"等工夫，实牵涉心的不同之"用"："观省过失而不安"是一种用，"判断此不

---

① 牟宗三，《心体与性体》，第三册，第308页。
② 朱熹，《晦庵先生朱文公文集》，卷四十二，第1911页。

安之心为仁"又是另一种用，两种用是不同的。无怪乎他会将"识心"理解为"察识"。"察识"不是牟宗三的"逆觉体证"（胡宏的"识心"），后者指心的同一种作用的反身自用，前者则不然，而是指心先有一种表现（如发出善念），及后对此表现做检讨而判别其是非，而这两种作用是不同的（关于"察识"或"省察"的详细解说，参看本书第一章第四节）。这样，朱子虽未明说"识心"不应解读成"自知"，但从其以"察识"解"识心"、以"观过知仁"为"心的不同作用的综合运作"看来，他应该会同意这个质疑。

第六节　朱子工夫论转向的详检与证成

以下，我们要进一步回应"识心说"，并为朱子工夫论转向之合理与否作出最后裁定。但经过前数节论述，涉及内容甚多，故在进一步分析之前，先扼要回顾以上的反复论辩。

首先，朱子对"先识本心"所作的"阙却涵养"和"死守"的批评均不成立，但其以"识心"为悖理却值得再三斟酌。他批评的理由是："心为一而不为二""为主而不为客"。对此的回应是：心可以自知——知自己在知着。唯有如此，"心是主体"这一命题才能成立。而"识心"的含义亦类同，故并非悖理。

因此，若仍要坚持反对"识心"，理由便只有："识心"不类同于"自知"。"自知"是"知自己在知着"，但"识心"不是"恻隐自己在恻隐着"，而是判断心在先前的场合里表现恻隐是合理的。关键是"恻隐"和"是非"（检讨先前的恻隐，判断其合理与否）是两种各自独立的作用，"是非"不涵摄在"恻隐"之中。

我们说过，即使朱子没有明确提出这个质疑，亦不足以推翻我们为其工夫论转向所作的理论证成。何况我们有理由相信朱子会认同这个质疑：第一，他反对"一心三用"，并非因其"不成道理"，只因其"匆遽急迫"，表示他认同"观过知仁"是心的不同作用之综合运作的结果。第二，他以"识心"为"察识"，表示他不将"识心"类比成"自知"（一心一用而反身自用），而是将它理解为心的先后两种作用或活动的后一种。此先后两种作用或活动，其一是"发见"（恻隐），其一是"检讨此'发见'"或"检讨心之先前表现"（是非）。朱子所理解的"识心"，亦即"察识"，便是指"检讨心之先前表现"这种活动。

这样，如果要维持言"识心"，就必须证明"发见"（恻隐）与"肯认"（是非）是同一种作用，或后者涵摄在前者之中，而"分"出来或"延伸"出来。

继续讨论之前，我们须先澄清两点。第一，去"肯认"一个"发见"不等于"知道"一个"发见"，去肯认自己的恻隐不是知道自己在恻隐。上文屡言，"肯认"是一种价值上的肯定，这是属于"分别是非"的活动，"分别是非"指价值判断。第二，以"是非"去代表"肯认"是必须的（详细论证见本节第四小节），但我们为什么要以"恻隐"而不以"是非"去代表"发见"呢？首先，以"恻隐"代表"发见"是顺着胡宏自己举的例子——齐王见牛而不忍杀——而来的，我们这样做可以符合湖湘之学的本意。其次，如以"是非"说"发见"，则"发见"与"肯认"就必然是同一种作用：我的本心借助"是非"的样态来"发见"（呈现），而判断某件事为"非"，然后我肯认我这个"是非之心"，说它是"是"的，这显然是同一"是非"作用的反身自用，故"发见"与"肯认"并非两种作用。笔者认为这样理解无疑是对的，只不过，朱子也是这么说：

> 人只有两般心：一个是是底心，一个是不是底心。只是才知

> 得这是个不是底心，只这知得不是底心底心，便是是底心。便将
> 这知得不是底心去治那不是底心。知得不是底心便是主，那不是
> 底心便是客。便将这个做主去治那个客，便常守定这个知得不是
> 底心做主，莫要放失，更那别讨个心来唤做是底心！①

以"是非"代表"发见"，湖湘之学应该不会拒绝，但这样做就不能
突出它和朱子学的分野。引文反而彰显了一点：既然朱子都可以
讲"是"（肯认）一个"是非之心"，即以"是非"之作用反用于"是非
之心"自己，而他却仍然反对"识心"，则更表示他不认为"恻隐"和
"是非"是同一种作用②。而湖湘之学却必须包含以"恻隐"为"发
见"，因此，它不能以"是非作用可反身自用"来解释"识心"之说的
合理性。

现在开始，我们尝试由浅入深地反复为双方提出论据。以下，"识
心说"代表经过牟宗三诠释的胡宏立场，"察识说"代表笔者所理解
的朱子立场。由于本节篇幅较长，为清眉目，现将各小节之标题列出
如下：

（一）"识心说"的论据："肯认"是"发见"的延伸

（二）"察识说"的论据："延伸"是不恰当的描述

（三）"识心说"的论据："恻隐"和"是非"乃"一用之两态"

（四）"察识说"的论据："证成力量"乃"是非"独有

---

① 朱熹著，黎靖德编，《朱子语类》，卷十七，第376—377页。
② 或说：在朱子，"是非"和"恻隐"均属"情"。但我们应注意，朱子从没明确表示
"是非"是一种"情感"（emotion）。笔者认为，在朱子，"恻隐""羞恶""恭敬"都是
情感，唯独"是非"不是（或至少缺乏显明的情感义）。关键是他的"情"概念并不
全指情感，我们在本章第七节将提出相关举证和讨论。

（一）"识心说"的论据："肯认"是"发见"的延伸

首先为"识心说"回应"两种作用"的质疑，论证"发见"与"肯认"是心的同一种作用。我们试提出一个类比论证。

比方说，一人看见甲物大于乙物，稍后又看见乙物大于丙物，于是他判断：甲物大于丙物。事后他再加以反思而组织出一条通则：凡甲大于乙，而乙大于丙，则甲大于丙。这人的前后两个判断（即先前那应用于实物上的判断，及其后那关于通则的判断），实际上并不出于两种不同的心灵作用或思维能力：后一判断并非出于一种有别于前一判断的作用，而只是前一种作用的延伸——同一逻辑思维作用的延伸。就是说，前后两个判断其实都运用着同一种逻辑推理能力，后一判断运用它来反省前一判断，而整理、提炼、组织出前一判断所隐含的通则来。

"发见"与"肯认"的关系似乎都是这样。齐王见牛而不忍杀，这是"发见"，表示其心判断"那头牛不应被杀"，实践地体现着"对有生之物应当仁慈"之理。情形就如上述那人的前一判断，实际上也是应用着"凡甲大于乙，而乙大于丙，则甲大于丙"这条逻辑规则。然后齐王对"发见"之事加以反省，而组织出"对有生之物应当仁慈"的理则来，并肯定其心之前的表现为合理，这是"肯认"，相当于上述那人事后组织出"凡甲大于乙，而乙大于丙，则甲大于丙"的理则来。倘若我们的逻辑例子表示前后两个事件乃心灵的同一种作用的延伸，则齐王的例子似乎亦然。

据笔者所知，牟宗三并无提出过上述类比论证，但他在评论朱子《答吴晦叔》一文（上文曾引录）对"观过知仁"的批评时，却说过以下一番话：

知此观时所呈现之本心即是仁（仁心觉情、仁体），此知只是一虚层，并非一实层。此"知"字只是说明上之自觉自证，无所谓"又别以一心知此观者之为仁"也。朱子视此"知"字为别是一心，显是以虚为实，故加"文致"。自实际言，只是一本心之呈现，此自觉自证而为说明上之"知"字并无所增益。若说别是一心，亦只是吾人之说明活动耳。若在实践之当事人自己，则只是一自知自证，自明此本心即为仁耳。若果此自知自证自明有一种肯认之力量，则还是那本心之呈现，融此自知之肯认于本心而为一也。①

"此自觉自证而为说明上之'知'字并无所增益"（"知"即"肯认"）一语，如果用来解释上述逻辑推理的例子，就是说：那人后来经反省而组织出一条通则，并不表示他做了异乎前一判断的另一种"知"的活动，而知多了什么；因为早在他判断甲物大于丙物时，他已经知道"凡甲大于乙，而乙大于丙，则甲大于丙"了。自实际言，前后两个事件均是同一逻辑思维能力的呈现。事后的知，只是一种"说明活动"：将早已知道的理则用语言组织出来。若在实践之当事人自己，却只是同一种知的再次表现、重复作用（就是我们说的"延伸"），反身确认他知道刚才所已知道的理则而已。同样的道理移到"识心"上讲，齐王见牛而不忍杀，表示他判断"不应杀那头牛"。然后他反省并肯定其心之表现为合理，只是再一次表示他的先在判断：不应杀那头牛。自实际言，这种"肯认"根本融于那不忍之心而只是那同一本心之"发见"。

（二）"察识说"的论据："延伸"是不恰当的描述

现在轮到为朱子发言。我们要指出，上述类比并不妥当，因为两

---

① 牟宗三，《心体与性体》，第三册，第315页。

个例子是不对称的。故此,说"'是非'乃'恻隐'的延伸"并不恰当。

我们试从观察者的角度来描述"甲物大于丙物"的例子。这个例子中包含两个事件,第一个事件可描述为:

> 那个人判断:甲物大于丙物。

然后是第二个事件:

> 那个人判断:凡甲大于乙,而乙大于丙,则甲大于丙。

明显地,两个事件都涉及"判断",都属于"语言行为"(逻辑推理能力的呈现必须通过语言),彼此是同质的。这样,说"后一判断是前一判断的延伸"是可理解的,因为"延伸"必须预设"同质"。

再看"齐王不忍杀牛"的例子。当齐王"肯认"他之前的"发见",这里亦涉及两个事件。然而,第一个事件似不能如此描述:

> 齐王看见那头牛在觳觫,而判断:那头牛不应被杀。

这个描述似乎不相应于齐王的实际表现,因为齐王在那一刻只是表现了一种情感,而未进行任何语言行为。因此,第一个事件应该如此描述:

> 齐王看见那头牛在觳觫,而有"不忍"的情感反应。

至于第二个事件,则可描述为:

　　齐王判断他刚才的"不忍"反应为"是"。

我们发现，第一个事件不牵涉语言行为，而第二个事件却牵涉。这样，说一个判断（语言行为）是一个情感反应（非语言行为）的"延伸"，其意义是难明的。实情更应该是：两个事件之间并无延伸关系（尽管有因果关系），关键就在于"非语言行为"和"语言行为"是异质的。之前的"逻辑例子"是判断延伸为判断，"不忍杀牛的例子"却是先有情感，后有判断，而后者不是前者的延伸。因此，两个例子是不对称的①。

　　在上一段引文里，牟宗三说："自实际言，只是一本心之呈现，此自觉自证而为说明上之'知'字并无所增益。若说别是一心，亦只是吾人之说明活动耳。若在实践之当事人自己，则只是一<u>自知自证</u>，自明此

----

① 这里即涉及情感哲学中一个富有争议的问题：情感本身是否为一种判断（judgment）？关于此一议题，*The Oxford Handbook of Philosophy of Emotion* (Edited by Peter Goldie. Oxford: Oxford University Press, 2012)里有两篇文章值得参考，分别是John Deigh, "Concepts of Emotions in Modern Philosophy and Psychology" 及 Bennett W. Helm, "Emotions and Motivation: Reconsidering Neo-Jamesian Accounts"。这个问题的其中一个争议点，是情感是否为一种具备"命题内容"（propositional content）的"认知状态"（cognitive state），如是，则情感就可算作判断。对此，反对者的其中一种理据是：人类以外的动物和人类的婴儿皆有情感，但却没有语言能力，因此情感不当具有命题内容。然而，即使是这类反对者，似乎亦难以否认：情感本身是一种评价（evaluation），尽管它可以是"非认知性的评价"（non-cognitive evaluation）。而既然是评价，便很难说它不是判断。在这个意义下，湖湘学派的"识心说"应可得到一定支持，因为他们大可主张：情感（例如齐王之不忍）已然是一种评价活动。至于其后那"肯认"的工作，只不过是对此先在的评价予以"命题化"。实则"发现"与"肯认"（命题化的判断）两者，其为评价一也。笔者无意否决这种说法。事实上，我们目前的讨论只是一个阶段（换言之，笔者最后无意坚持说"情感不是判断或评价"）。在下一小节（"识心说"的论据："恻隐"和"是非"乃"一用之两态"），我们将尝试为湖湘学派提供进一步的论据，把"发见"和"肯认"一概视为"价值表态"（即相当于刚刚提到的"evaluation"）：前者为非语言性的，后者为语言性的。这样便可以说："发见"和"肯认"两者之间乃一种延伸。只是，随后的第四小节（"察识说"的论据："证成力量"乃"是非"独有）将指出，即使"识心说"能把"发见"和"肯认"讲成一种延伸，其说法相比于朱子的"察识说"而言，仍然有其弊病。

本心即为仁耳。若果此自知自证自明有一种肯认之力量,则还是那本心之呈现,融此自知之肯认于本心而为一也。"但笔者认为,即使"自知自证",仍是牵涉两种作用。因为"自知自证"无论如何都必须是一种语言行为,是"我判断:我的心为仁",断不可以又是另一种情感反应。换言之,实情是"我'是非'我的'恻隐'",而非"我'恻隐'我的'恻隐'"。"肯认"必须是"是非",因为"肯认"必然是判断心的先在表现为"是"的活动,这是"是非"的作用。当事人固然是自知自证自明,但这并不表示同一作用的反身自用。这个自知自证自明正是对先前的"恻隐"进行"是非"判断,前后涉及两种作用:非语言的与语言的。

(三)"识心说"的论据:"恻隐"和"是非"乃"一用之两态"

现在试进一步为"识心说"辩护。这里先提出一个概念:"一用多态"。举例来说,"跑"是一种作用,而"飞奔"和"缓跑"就是"跑"的两种模态。要证成"识心说",关键是说明"发见"和"肯认"乃同一种作用。但明显地,恻隐是恻隐、是非是是非,如果要调和两者为同一作用,便应将它们统合或收摄于一种更高层次的作用中,而为其两种不同模态:非语言的与语言的。"一用多态"的概念有助精致化"识心说",使之一方面能说明"识心"是心的同一作用的反身用于其自己(因"一用"故),一方面仍能承认"恻隐"和"是非"的区别(因"两态"故),而非勉强地在两者间直接画上等号(因"两态"毕竟是"两")。我们将指出,牟宗三实际上即运用着"一用两态"去进行论述。

接着的问题自然是:那个位居"恻隐"和"是非"之上而为统摄者的作用是什么? 牟宗三在此提出了"本体论的觉情":

> "心有所觉谓之仁",此语等于说:心有所感觉、不麻木、谓

之仁。句中虽有"所"字，然实非认知活动中能所之所，而是着重在此"觉"字之本身。如诸葛公云："揭然有所存，恻然有所觉。"……此恻然之觉之具体意义，举例言之，如常有不安不忍之感，常有悲悯之怀。不必问所不安不忍的特殊对象是什么，亦不必问所悲悯的特殊对象是什么。……只看这悲悯之怀之自身，只看这不安不忍之感之自身，这便是仁了。……然则从不安不忍之自身、悲悯之自身、忧之自身，总之是"恻然有所觉"之觉之自身去了解仁之名义正是恰当而切至者，此即是"以觉训仁"之切义。此不安、不忍、恻然之觉体（觉即是体）仁体（仁心即是体）一旦呈现，自能随事感通，当机而发，而所不安不忍者自不能外。此即为仁体之感润无方，其极也即为"以天地万物为一体"，亦所谓"浑然与物同体"也。……是故此不安、不忍、恻然之觉（甚至说知觉）显然是一个本体论的实体字，而不是一个认识论的认知字，是相当于 feeling（觉情），而不相当于 perception（取相的知觉）。feeling是 moral feeling, cosmic-feeling 之 feeling，吾人可名之曰"本体论的觉情"（ontological feeling），而不可看成是"认识论的取相的知觉"（epistemological perception）。以前词语简略，亦说为"知觉"，而其意实即"觉情"。并非认知的取相的知觉也。①

---

① 牟宗三，《心体与性体》，第三册，第276—277页。牟宗三对引文中诸葛亮两语多所推崇。他在别处亦提过："诸葛亮说：'恻然有所觉，揭然有所存。'这句话就见出诸葛亮是了不起的圣人。一个人的生命，把'四端之心'概括起来，这两句话就够了。'恻然有所觉'表示一个人的生命，人的心灵常惺惺。你常常有所警觉，心中常常有不安，你总不能麻木不仁。这样才表示你这个生命是活的，要不然你这个生命死掉了。"见牟宗三，《〈孟子〉演讲录》（六），《鹅湖月刊》第353期（2004年11月），第6页。然而，查诸葛亮的《戒外甥书》，牟氏所引两语应作"揭然有所存，恻然有所感"，见诸葛亮著，段熙仲、闻旭初编校，《诸葛亮集》（北京：中华书局，1960年），第28页。

牟氏这里是要解释湖湘学派的"以觉训仁"。他指出,"觉"是"觉情"而非"知觉",即使湖湘学者间以"知觉"说之,其意亦当指"觉情",因为"以觉训仁"之"觉"明显不是"认知的取相的知觉"。这段话的主要目的无疑是为湖湘之学澄清"以觉训仁"的意义,但从其以"本体论的觉情"来标示不安、不忍、悲悯、恻然有所觉的特质看来,我们亦可以说,牟氏是从"恻隐"上提一层,点出"觉"这种作用,去涵摄"恻隐",以之为"觉"的一种模态。在这段引文之后,牟氏随即表示"羞恶""恭敬"和"是非"也是"觉"的三种模态:

> 此仁心觉情是一超越的、创生的道德实体。在当机而动中,其直接相应其自体而显发者是不安、不忍与恻然;在对可羞恶之事上,则整肃而为羞恶、果断,此即其义相;在对恭敬辞让之事上,则平静舒展而为恭敬、辞让,此即其礼相;在对是非须辨别而不可混之事上,则澄然贞定收敛而为明辨与清晰,此即其智相。义礼智皆以仁心觉情之超越体为其底据,但却都不是直接相应此超越体自身而显发者,都好像有一特殊之定向,有一屈曲之局限,虽亦是此体自身之所起者,然而却是此体自身起了绉绞,因而显出纹路与脉络。其所以起了绉绞,是因为所当之机有不同,是相应这机而绉起来的。然而因是仁心觉情之天理当如此,故虽起绉绞,而其自体仍平平。此绉绞是天理决定,非物气决定(即非感性的、非被动的)。然而总是绉绞,故亦总有特殊之定向与特殊之局限,因而与这仁心觉情之自体总有其各自相当之距离。此即其虽一体而有异也。①

---

① 牟宗三,《心体与性体》,第三册,第277—278页。

"仁心觉情"（本体论的觉情）在不同的机缘上会以不同的形态呈现。"恻隐"（不安、不忍、恻然）是直接相应于其自体的呈现。除此之外，它还有"义""礼""智"三相。不称"恻隐"为"仁相"，乃因"相"表"绉绉"——非直接相应其自体，而"恻隐"非"绉绉"，故不以"相"言。此觉情的自体是"平平"的，而三相则代表此体自身起了"绉绉"。依笔者理解，"平平"和"绉绉"当是以水为喻，"平平"意指水面波平如镜，"绉绉"则指水面起了波纹。但"平平"与"绉绉"者皆为水，是"一体"之同质。这样看来，牟氏之说并不完全等于以"四端"为"一用四态"，但两者其实没有重大差异。其一，"仁心觉情"虽称"体"，但"恻隐"却是其直接相应的"用"，故此可说"仁心觉情"既是体又是用。无论说"一体"还是"一用"，皆指同一个"觉"而言，"体""用"的标签在此不必拘泥。其二，牟氏虽未将"恻隐"称为"仁相"，但我们仍不妨称之为一种"态"（正如"平平"都可说是水的一种"态"），只是它乃"仁心觉情"的"直接之态"，而"是非"等则为其"非直接之态"。是故，"恻隐"和"是非"实属同一种"觉"的"两态"。

　　以上的概念修正仅出于方便，实则"直接"与"非直接"的分别无关宏旨，重要的是那个"觉"究竟是什么作用？它如何能涵摄"恻隐"与"是非"于一身？水的比喻甚为明白——水平水绉皆是水，但为什么"恻隐""是非"皆是"仁心觉情"？

　　我们试来说明这个"觉"。在笔者心目中，有几个词项都可以用来标示和说明"觉"的意义，例如可以把它叫作"价值觉"或"价值自觉"，甚或"价值直观"也未尝不可。但经过考虑，笔者决定选用"价值表态"一词。最重要的理由是"表态"有"主动"的意味，以"乍见孺子将入于井而有怵惕恻隐之心"为例，那个见者在此是主动地表达出一种态度：他不愿意那个孺子入于井。这个态度纯粹是由主而发的，不是去"观"一个现成的、摆在那里的物事。至于"价值自觉",虽然都有"主动"的意味,但由于我们本来是要解释"觉"字,如果我们所选用的代换概念中又有"觉"字(如"价值觉"),似乎便不够理想。

笔者提出"价值表态"一词,最主要的用心自然是从"恻隐"和"是非"上提一层、抽象一层,使得"觉"这种作用之"能涵摄恻隐(情感表现)和是非(价值判断)"成为可理解者。"表态"显然不如"判断"之仅指语言行为般凿实,而可以兼涵非语言行为。换言之,"恻隐"虽然难以称为"价值判断",却可以是一种"价值表态":"非语言性的价值表态"。而"是非"虽然是"价值判断"、语言行为,并非情感表现,但亦属于"价值表态":"语言性的价值表态"。再者,如果这种概念归属能够成立,则"肯认本心"就可以是心之同一作用的反身自用:"价值表态"的能力呈现("发现""恻隐"),然后它反身对自己表示价值上的肯定("肯认""是非")。这是"价值表态"的能力对其自己表达一种"价值表态"(判断自己是善的、是的、对的、好的),等于说"我'觉'我的'觉'"(此"觉"取"价值表态"义),不涉及两种作用,只涉及同一作用的两种模态(非语言的与语言的)而已[1]。

至于"恻隐"为什么能算作"价值表态"?试再以观察者的角度来描述,"乍见孺子将入于井而有怵惕恻隐之心"的事件可以描述为:

那人乍见孺子将入于井,而有"怵惕恻隐"的情感表现。

---

[1] 这就印证了笔者在本章(第151页)注里的说法:"笔者最后无意坚持说'情感不是判断或评价'。"对于情感哲学里那个富有争议的问题——情感本身是否为一种判断,笔者事实上无意选择一个明确的取态,以其并非必要故。我们只需表明:即使这里的"一用两态说"——把"恻隐"之情感表现也视为一种价值表态——能够成立(因而,"识心说"之以"识心"工夫为"心之同一作用的反身自用"亦能成立),湖湘学派仍得面对一些理论负担,详见下一小节。

这无疑是准确的描述。但笔者认为，这件事同样可描述为：

> 那人乍见孺子将入于井，而通过情感方式（"怵惕恻隐"）表达了一种态度：他不愿意"孺子入井"之发生。

前后两个描述应为同等准确。那人虽无表达出一个价值判断（语言行为），却仍是进行着一种和价值有关的"表态活动"，用非语言的方式、情感的方式"宣告"了一项"价值态度"或"价值取向"：他不愿意"孺子入井"，并倾向于相信"孺子入井"是不应该的、不合理的。"态度"和"倾向"是非语言性的。倘若他及后作出反思而判断说："孺子入井是不应该发生的。"这只是同一态度借助语言的形式而重现，只是"表态"的模态不同。并且，此重现同时表示他信任和认同自己刚才的价值表态，就是说，他判断：由于孺子入井是不应该发生的，所以他刚才的"怵惕恻隐"乃应有之表现。这就是对刚才的"恻隐"表示"肯认"，是同一价值表态能力的"反身自证"：虽然是"他'是非'他的'恻隐'"，但这只是模态之别，实际上仍然是"他'觉'他的'觉'"（此"觉"取"价值表态"义）。

以上，我们提出"价值表态的一用两态"来为"识心说"辩护，统摄了"恻隐"与"是非"于"价值表态"（觉）一作用之下，而为其两种模态——其一为"非语言性的情感表现"，其二为"语言性的价值判断"；从而将"识心"诠释成"价值表态的反身自用"，说明了"识心只涉及一种作用"的观点。以下我们将进一步提出朱子"察识说"的论据，并为其工夫论转向之合理性问题作最后判定。

（四）"察识说"的论据："证成力量"乃"是非"独有

我们一直思索讨论的，是"发见"（恻隐）和"肯认"（是非）究竟是一种作用还是两种作用。"识心说"必须坚持它们是同一种作用,以回应朱子那"悖理"的指控。"察识说"则要尽量论证两者的差异,指出它们是心灵的两种独立作用。经过上一点分析,"识心说"可借"一用两态"来回应。这个构想的好处是能够承认"恻隐"与"是非"的差异,但仍可将两者视为同一种作用。"一用"是"价值表态","两态"则为"恻隐"和"是非",是"价值表态"的两种模态。因此,从"发现"到"肯认"的过程本身,其实只是"价值表态"在模态上的转换,无须讲成两种完全不同的作用。换言之,"肯认本心"依然可类比于"自知"(我知我在知着),是同一作用的反身自用,不必如朱子的"察识说"般,讲成"情感表现"与"是非判断"之两种作用。

　　"一用两态"的观点确实言之成理,但笔者对它尚有一点保留。所谓"一用两态",乃是通过一种抽象,将"恻隐"和"是非"统摄于一种作用下,将它们的差异看成只是模态之异,而模态之异却无关宏旨。然而笔者认为,"一用两态"由于将注意力集中在"一用"上,导致在说明"肯认"工夫的实义时显得过分抽象,未能正视和点明"是非"作用的关键特性,反不如"察识说"之清晰明白,因而引出一个比较严重的问题。让我们先从"是非"的特质谈起。

　　笔者认为,恻隐、羞恶、辞让(恭敬)、是非等"四端"之中,唯独"是非"因涉及"理由赋予"的活动而具备"证成力量"。"证成"是"理由赋予"的活动:对一件事情、一个行为或一种观点赋予理由,以成其为合理,即为吾人的理性所认可和接受。它不等于或不能化约为"情感抒发"。"抒发情感"不是"赋予理由",因为理由必须通过语言来表达(我们不能设想一个无须通过语言来表达的理由)。换言之,"理由赋予"必须是一种语言行为。就算是"自知自证",虽然无须宣之于口,但当事人都必须在心里以语言向自己陈述理由:构作若干命题、组织论证，以推论出合理的判断。命题、论证、推论、判断，都不能离开语言。由此看来，"是非"（尤其在朱子的理解下）的独特性在于：第一，"恻隐""羞恶""恭敬"（作动词看时）都是"情感抒发"的活动，不是语言行为，故不能赋予理由。只有"是非"（是非判断之活动）才是语言行为，具备"理由赋予"的可能。我们将会指出，"是非"不应被看成一种道德情感（当它作名词看时）或抒发情感的活动（当它作动词看时），否则会造成严重的理论困难。第二，至少在朱子的规定中，"是非"确然是一种"理由赋予"的活动。回看第三节其中一段引文，朱子说："穷理之学，只是要识如何为是，如何为非，事物之来，无所疑惑耳。""穷理"和"是非"的概念联系是显而易见的。但这里说"是非"是"识如何为是，如何为非"，好像说"是非"只是要识一件"是"的事情是"如何""是"法，"非"是"如何""非"法，强调的是"如何"而不是"为何"，似乎"是非"与"理由赋予"之间尚有一间之隔。盖"理由赋予"严格来讲乃针对"这件事为何合理"一类的问题，而非回答"如何"的问题。然而，朱子在别处却清楚告诉我们，"是非"乃一种"理由赋予"的活动：

> 知言者，尽心知性，于凡天下之言，无不有以<u>究极其理</u>，而<u>识其是非得失之所以然</u>也。[1]

朱子在这句注文里极为浓缩地将几个概念串联起来，包括"知言""尽心知性""穷理"（究极其理）和"是非"。他将"是非"规定为"识是非得失之所以然"，即识"是""之所以"或"为何"为"是"、"非""之所

---

[1]　朱熹，《四书章句集注》，第322页。

以"或"为何"为"非"。是非的"所以然",只能是"理由"。"是非"活动就是要提出一件事情之所以堪称"是"或"非"的理由。因此对朱子来说,"是非"显然是"理由赋予"的活动。即使他有时说"是非"是"识如何为是,如何为非",这个"如何"都应作"为何"解[①]。这里虽只举出朱子个人对"是非"的概念规定,但我们将会指出,这种规定有客观理论上的必要,非徒为朱子的主观选择。

由以上两点,我们可以得出结论:由于"是非"(尤其在朱子)是"四端"之中唯一的"理由赋予"活动,因此"证成力量"乃"是非"所独有。接着我们要论证:所谓"肯认"的工夫就是对"发见"提出"证成",因此,"肯认"必须是"是非"。

"肯认"是一种工夫,是去给予心之"发见"(在胡宏是"本心""良心"呈现,在朱子则是"心之依理而动"的表现)以价值上的肯定,并将"心之持续保有这种善的状态"确立为道德修养和奋斗的目标。我们试剖析"肯认"这一活动:首先,它不可能等于"发见",因为这样就等于取消了修养者所应做的工夫。举例,齐王见牛而不忍杀,如果才不忍(发见)就已经肯认了,那么齐王根本无须做任何工夫,只需静心等待下一次"发见"就可以了。道德修养即无异于不断等待一次又一次的"发见"。其次,"肯认"不可能是仅仅知道"发见",因为仅仅"知道"并不包含价值上的肯定,并不保证有一道德奋斗的目标被确立起

[①] 关于朱子之使用"如何"一词,《朱子语类》即至少有两个符合笔者理解的例子。第一个:"问:'或问,物有当然之则,亦必有所以然之故,如何?'曰:'如事亲当孝,事兄当弟之类,便是当然之则。然事亲如何却须要孝,从兄如何却须要弟,此即所以然之故。如程子云:"天所以高,地所以厚。"只言天之高,地之厚,则不是论其所以然矣。'"(卷十八,第414页)第二个:"格物,是穷得这事当如此,那事当如彼。如为人君,便当止于仁;为人臣,便当止于敬。又更上一着,便要穷究得为人君,<u>如何要止于仁</u>;为人臣,<u>如何要止于敬</u>,乃是。"(卷十五,第284页)

来。再次，"肯认"亦不可能只是对"发见"表达感性上的喜好，因为感性之喜好纯属主观的口味问题，不能确立道德上之"是"或"善"。这样看来，"肯认"就只能是这样一种活动：它知道先在的"发见"现象，并判断该现象是应有的、善的，值得持续保有，并以"持续保有之"为人生修养的目标。如此的"肯认"工夫，显然是对"发见"进行"语言性的价值判断"，而非"非语言性的情感表现"。最后，它同时应是一种"理由赋予"的活动，而非"情感抒发"，是对"发见"之为善的、应有的之判断提供理由。因此，这种工夫无疑就是"是非"。当然，理由是可以一直追问下去的，例如齐王复可自疑：为什么对牛表现"不忍"之情是应该的？我为何应珍惜和守护他者的生命？但要回答这些问题，以及可能有的后续追问，所依赖的仍然是"理由赋予"的力量，提供理由去证成其看法。初步的"是非"未必即能提供彻底解决问题的终极理由，但无论如何，要贞定我们对原初那"发见"的价值肯定和道德目标的追求，还是有赖于"是非之心"的不断思索、反复推明。朱子喜将"仁、义、礼、智"配"春、夏、秋、冬"和"元、亨、利、贞"，智的"贞"德，他是很重视的。"贞而不固，则非贞"[1]，"在冬，则见其有个贞固意"[2]，"贞固以贞为骨子，则坚定不可移易"[3]。"贞"以"固"规定，"贞固"以"坚定不可移易"规定。因此，智有"贞固"的特质，有"坚定不可移易"的功能：贞定我们对道德目标的认识和追求，使坚定不移。唯有不断思索、反复推明，用理据说服自己，辩破种种诘难（来自自己与他人的）和诱惑，证成道德理想之价值，方得"贞固"。唯"是非之心"具有这种"证成力量"。

---

① 朱熹著，黎靖德编，《朱子语类》，卷六，第109页。
② 同上书，第105页。
③ 同上书，第109页。

明乎此，我们就能了解，为什么"是非"不可以是道德情感或抒发道德情感的活动。因倘若连"是非"都属情感活动，则"肯认"的工夫（在朱子则为"察识"工夫）便落空了。"肯认"不是感性喜好的宣示，而必须是"依理由而作价值肯定"的工夫。"四端"之中，恻隐、羞恶、恭敬都是情感活动，并非理由赋予活动，不具备证成功能。如果连"是非"都属情感活动，那么"证成力量"便失其所寄。如此，"肯认"便无异于对"不忍杀牛"等现象抒发一种主观的崇敬、爱好，不能通出去而提供客观的、超然的理由证成。总之，若"肯认"就是"依据理由而对'发见'作价值肯定"的工夫，则人的心灵便必须具备提供理由的机能，而此机能舍"是非之心"则无从落脚（因恻隐、羞恶、恭敬皆为情感活动故）。因此，"是非"绝不应作为道德情感或抒发道德情感的活动来看。这是从客观道理上讲。至于朱子之不以"是非"为情感的文献举证和分析（在朱子，"是非"是"情"，但"情"不一律作"情感"解，"是非"即一个特例），则见本章第七节。

厘清了"肯认"和"是非"的意义后，我们便可说明"一用两态"如何失诸抽象。"一用"是"价值表态"；"两态"分别是"恻隐"和"是非"，前者是"非语言性的价值表态"——情感表现，后者是"语言性的价值表态"——是非判断。这个理论的结构无疑是精致的。然而，由于它的目的在于证成"识心"乃"心之同一作用的反身自用"，焦点便自然集中在"一用"上，将"两态"的差异尽量地"无关痛痒化"，从而认定：从"发见"（恻隐）到"肯认"（是非）只是同一作用以不同模态来呈现。具体而言就是："恻隐"是一种"价值表态"，发出了一种关于道德价值的意愿、态度、倾向；"是非"是"价值表态"的另一种模态，把刚才的意愿、态度和倾向用语言表述出来。"肯认"不过是"发见"时的态度或意向的一种复述、重申或再现，它们的差异纯粹是形式上的。但是，经过上面的分析可知，"肯认"并非"发见"的重申，而是有"实质生产"的，所增益的就是理由和证成；从事"肯认"工作的是"是非之心"，它不是"恻隐之心"的"传话人"，而是扮演着独当一面的角色：一个具有"证成力量"的仲裁者、理由提供者。"恻隐"的出现，是对私欲予以"力量上的压服"，尽管这种力量是来自"本心"的，但仍只是一种诉诸情感力量的抗拒和不愿意，并未提供任何理由；"是非"的仲裁，才是"道理上的折服"，提供理由以裁定"恻隐之心"胜诉。牟宗三说"观过知仁"的"知"并无所增益，在这个意义下，笔者不能同意。这样看来，"发见"和"肯认"的差异是实质的、非形式的，后者并非前者之无所增益的再现。在如实认识和说明"肯认"的含义上，这种差异并非无关痛痒。是故在这里，"一用两态"是失诸抽象的，它过当地泯除了"恻隐"与"是非"的差异，隐没了"是非之心"的特有功能。

　　反观朱子的"察识说"，却能充分正视心灵在检讨其表现时的"是非"作用：

> 有涵养者固要省察，不曾涵养者亦当省察。不可道我无涵养工夫后，于已发处更不管他。若于发处能点检，亦可知得是与不是。①

"省察"与"察识"同义，是检讨心灵的表现（即所谓"发处"），判断其是非。"肯认"——对心灵之合理表现依据理由而给予价值上的肯定，证成其为合理——自然包含于这种工夫之中。如果"肯认"必须是"是非"，则朱子将湖湘之学的"肯认本心"说成"察识"，自然是有道理的。并且，由于"是非"在朱子明确地被理解为"理由赋予"的活动，因此，他更能正视和说明"肯认"的特殊性格，不会简单地将其视为只是"发见"

---

① 朱熹著，黎靖德编，《朱子语类》，卷六十二，第1515页。

之借另一模态而再现。这样看来,"察识说"还是比较清晰的。而且,如果我们接受"察识说",就无须承担因过于强调"发见"与"肯认"为"一用"而带来的"隐没了'肯认'的'理由赋予'作用"的理论代价。

或许我们还可以再退一步,让"一用两态"再作修正,将"两态"讲成"非理由赋予式的价值表态"与"理由赋予式的价值表态"。不过,即使这一修正成立,都已经是一种无甚价值的自圆其说了。如果它所达至的理论效果只是和"察识说"一样,那么我们更没理由说:直截了当的"察识说",比这个迂回曲折的说法更差。但笔者想表明,我们的目的不在于推翻"识心说",只是要论证"察识说"有其理论优势。因此,我们无须杜绝"识心说"的一切自圆其说的可能,只是要表明"察识说"在正视"肯认"的特性上显得更为简明、清晰、直接和具体。

更何况,无论以上的修正是否成功,都不能回避一个严重问题。"识心说"终究必须坚守一种论调:"识心"就是"心的同一作用的反身自用",配上"一用两态"而言,就是"价值表态反身肯定价值表态之能力自己"。然而问题是:"恻隐"是价值表态,"是非"也是价值表态,那么"价值表态反身肯定价值表态之能力自己"到底表示"恻隐之心的自我宣判",还是"是非之心的客观仲裁"?正如刚才所言,"恻隐"的呈现,尽管是道德情感,但仍只是对私欲予以"力量上的压服",对欲望宣示了一种抗拒和不愿屈从的意向。反过来说,当欲望作祟时,其实都宣示了一种不愿服膺道德的意向。当两种意向反复倾轧时,我们为什么应在价值上肯定道德情感而拒绝私欲?这里自需一个客观独立的、超然的、中立的仲裁机制,给予理由以回答"我为何应道德而不应顺从欲望"的问题,肯定和确认道德的价值,这就是"是非之心"的角色和功能。在从"发见"到"肯认"的过程里,"肯认"必须是由"是非之心"的中立仲裁而来的、判断"恻隐之心"胜诉的客观裁决,才可杜绝"'肯认'只不过是一种'自我感觉良好'的宣告"之可能。然而，对"一用两态"来说，由于"恻隐"和"是非"都被说成"价值表态"，当"发见"已经是"恻隐"的呈现，若更进而高举"价值表态反身肯定价值表态之能力自己"来规定"肯认"，则我们怎知"肯认"就是"是非之心的中立裁决"，而非"恻隐之心的独白""恻隐之心的自我宣判"？换言之，"识心说"为了维护其论旨，很可能会失诸抽象地、过分笼统地隐没了"是非之心的中立裁决"和"恻隐之心的自我宣判"之区别。不能清晰准确地区别开两者，等于不能突显"肯认"工夫的应有和实质意义。

说"是非之心"是中立的仲裁机制，"中立"即表示"恻隐之心""羞恶之心""恭敬之心"有可能"败诉"。换言之，"恻隐"等道德情感是有可能"发错"或"不中节"的。朱子的想法正是如此：

> 恻隐羞恶，也有中节、不中节。若不当恻隐而恻隐，不当羞恶而羞恶，便是不中节。[1]

> 恻隐、羞恶、是非、辞逊，日间时时发动，特人自不能扩充耳。又言，四者时时发动，特有正不正耳。如暴戾愚狠，便是发错了羞恶之心；含糊不分晓，便是发错了是非之心；如一种不逊，便是发错了辞逊之心。日间一正一反，无往而非四端之发。[2]

对朱子来说，恻隐、羞恶之发可以"中节不中节"（合理不合理），而四端之发又有"正不正"可言。但中节与否、正与否，如果真要有一客观恰当的裁定，总得依靠一位中立的仲裁者，这个角色自然非"是非之心"

---

① 朱熹著，黎靖德编，《朱子语类》，卷五十三，第1285页。
② 同上书，第1293页。

莫属。否则，"恻隐之心""羞恶之心""恭敬之心"之被判为中节，便无异于它们的自我宣判。如果道德情感真的在客观道理上具有较高价值，就必须超越这种"独白"的层次，通过"是非之心"的客观审理程序。当然，朱子明说"是非之心"都可以发错，然而是谁去判"是非之心"发错？毕竟仍是"是非之心"自己，就像上文引过的一段话：

> 人只有两般心：一个是是底心，一个是不是底心。只是才知得这是个不是底心，只这知得不是底心底心，便是是底心。[①]

言下之意，只要知得"是非之心"发错，只这"知得"便是发对了的"是非之心"了。正如推翻法庭判决的仍然是法庭，这并无损法庭的超然、中立和客观。

或者说："是非之心"如何可能中立？如果前文分析不误，则人的生存状态不在"私"即在"公"。而"是非之心"发用时，人当在"公"的状态中。换言之，"是非之心"乃属"本心"一方，而不在"私欲"一方，那又怎能说它是超然于公私之上的中立仲裁者？即连朱子自己也说心只有一，不为"道心"即为"人心"，而"是非之心"乃属于"道心"：

> 人自有人心、道心，一个生于血气，一个生于义理。饥寒痛痒，此人心也；恻隐、羞恶、是非、辞让，此道心也。[②]

> 心一也，操而存则义理明而谓之道心，舍而亡则物欲肆而谓之人心。亡不是无，只是走出逐物去了。自人心而收回，便是道

---

① 朱熹著，黎靖德编，《朱子语类》，卷十七，第376页。
② 朱熹著，黎靖德编，《朱子语类》，卷六十二，第1487页。

> 心；自道心而放出，便是人心。顷刻之间，恍惚万状，所谓"出入无时、莫知其乡"也。[①]

> 此心之灵，其觉于理者，道心也；其觉于欲者，人心也。[②]

> 盖尝论之，心之虚灵知觉，一而已矣，而以为有人心、道心之异者，则以其或生于形气之私，或原于性命之正，而所以为知觉者不同，是以或危殆而不安，或微妙而难见耳。[③]

在朱子，心的种种作用或活动被概括为"虚灵知觉"，包括各种情绪反应、思虑营为等。心是一、虚灵知觉是一，意即心的知觉活动（如发出意念）虽有合理不合理、道德不道德，但无论如何都是知觉，在这里是同质的。之所以有道心人心之别，乃由于知觉活动可以依循不同的原则来进行，依于"义理"或"性命之正"（道德之理）而行则为"道心"，依于"血气"或"形气之私"（生物本能）而行则为"人心"。"是非之心"属"道心"，因为它是依于"智"之理而发的。如果连朱子自己也说心只有一，不为"道心"即为"人心"，并且明说"是非之心"是"道心"，则所谓"是非之心"之"中立"还可成立吗？

我们可分三步来思考。首先，说"是非之心"是中立的仲裁者，意

---

① 朱熹，《答许顺之》，《晦庵先生朱文公文集》，卷三十九，第1751—1752页。
② 朱熹，《答郑子上》，《晦庵先生朱文公文集》，卷五十六，第2680页。
③ 朱熹，《中庸章句序》，《晦庵先生朱文公文集》，卷七十六，第3674页。据钱穆考证，此序经改定而成现在看到的版本，与刚引的《答郑子上》均足代表朱子人心道心之辨的定论。钱氏说："《中庸章句序》成于淳熙己酉，越两年辛亥，答季通贻书，犹憾语有未莹。《答子上书》又曰：'《中庸序》后亦改定，别纸录去。'今读《中庸序》与《答子上书》意同，则已是改定之本。人心道心之辨，盖至是始臻定论。……然则此一问题之定论，断在淳熙辛亥朱子年六十二以后可知。"见钱穆，《朱子论人心道心》，《朱子新学案》，第二册，第213—214页。

思是它中立于道德情感与本能欲望两边，仅依理由来作裁决。"是非"本身不是情感，而是一种"证成活动"或"理由赋予活动"，在这个意义下它不落于道德情感和本能欲望两边，故为中立。其次，这个意思完全不会与"'是非之心'是'道心'"之说相抵触。"是非之心"依理而检讨以肯定或否定心之各种表现，从其"依理"而为有法度，而非"依本能欲望"而为盲目无定准来说，固然应属"道心"。但从其本身不属于情感而为超然于情感之上的仲裁者而言，则为中立。这两种说法分属不同层次，不相抵触。再次，以上的困惑其实来自这样的错觉：恻隐之心、羞恶之心、辞让之心是道心，如果是非之心都是道心，它便与前三者为同一阵线，很难说它不会偏袒于三者而仍能作出中立的决断。除非是非之心既不属道心，又不属人心，作为一种超然于"道德的"与"非道德的"的生存状态，方能真正成为中立的仲裁者。这种质疑之所以是基于错觉，关键在于它以为只有中立于道心人心方能成为中立的仲裁者，不知是非之心虽属道心，但由其不属于道德情感而言，它仍然具有某种超然性。我们说的"中立"仅表示是非之心不落于道德情感与本能欲望两边：两边都不能提供理由，只有"是非"是理由赋予的活动而具证成力量，本身不是情感；在此"超然于情感与欲望"的意义下，我们说它是中立的。既然它是超然于情感而诉诸理由，则无所谓偏袒。上文所说"是非"乃独立于"恻隐"而非其"传话人"，就是这个意思。我们无须因此便推论说：是非之心既非道心又非人心。诚如朱子所言，是非之心乃"生于义理""觉于理""原于性命之正"，那当然是道心，属于"道德的"生存状态。但重要的是：并非道心之下的四端之心都一律是道德情感①。除非如此，是非之心的裁断方或许有"偏袒"可

---

① 当然，这又触及"朱子的'是非'是否为情感"之问题，我们即将于第七节讨论。

言。只要是非之心不是道德情感，便可既言"中立"，又是"道心"，无须说为一种超然于"道德的"与"非道德的"所谓"中立的生存状态"。"中立于道德情感与欲望两边"不表示"本身不能属于道德的生存状态"，这是两个层次。正如法庭是政府部门，却无须独立于政府以外方成其为中立的仲裁者，只要它断案时不受政府干预，并有权依理判决政府胜诉或败诉，便为中立。

　　至此可对"识心说"与"察识说"的争辩作出最后裁定。"识心说"若要自圆其说，"一用两态"是必须走的方向。笔者无意推翻"一用两态说"，只是认为此说有"失诸抽象"的弊病。此可分两点言之：第一，"识心说"认为"肯认"时的"是非"只是"发见"时的价值表态通过另一模态而再现，或只是"发见"时那"恻隐"所宣示的价值意向之重申或复述，实际上无所增益。但事实上，"发见"时只有情感表现，尽管是道德情感，其自身却未有提供理由去证成自己为合理，这有待"肯认"时的是非之心去完成。为了说明清楚"肯认"工夫的实义，清晰地表明这一点是重要的。"一用两态"会过于笼统地隐没了"肯认"时"是非"的证成作用，忽略了是非之心的角色。第二，"识心说"必须强调从"发见"到"肯认"乃心之同一作用的反身自用，配合"一用两态"讲即"价值表态反身肯定价值表态之能力自己"。这样说即使能成立，却不免模糊化了"恻隐之心的自我宣判"与"是非之心的中立裁决"的差别。事实上，欲望也可以通过情绪性的力量而"宣称"自己在价值上高于道德情感，但这只是其独白而已。"肯认"如果要有客观道理上的力量，就不应是"道德情感的独白"，而应通过中立的仲裁机制和客观的审理程序，凭理由来证成道德情感为合理，并在价值上高于本能欲望。在这里，突显是非之心的中立仲裁角色是重要的。高举"价值表态反身肯定价值表态之能力自己"，实不足以突显"是非之心的中立裁决"一义。

因此，"识心说"在这两点上可谓失诸抽象、过于笼统。反观"察识说"却能充分正视是非之心的独特功能和角色，无须承担上述两重理论代价。因此在这个意义上，"察识说"是较为优胜的。

总结以上讨论，朱子将胡宏的"识心"理解成"察识"——检讨"心之表现"的工夫，提供理由以证成其合理与否，属"是非"的作用，与"恻隐"的作用两相独立——是有客观道理的。因而他舍弃湖湘学派的工夫论，转而提出自己的穷理工夫论，亦属有理。他完全有理由另辟蹊径，与对方分道扬镳。笔者强调，本章的工作是证成朱子工夫论转向的合理性，这和朱子事实上是否想到我们所提出的理据是可以无关的。然而，我们仍尽量顾及朱子的想法，举出文本证据以力求与朱子思路一致。因此，以上关于"识心说"的得失及朱子工夫论转向的论述，虽不全是朱子所明确提出，却仍本乎朱子的思路。是故，我们的疑虑和论证，可能不全是"朱子的"，但至少是"朱子式的"。

第七节　朱子的"是非之情"

以上第一至六节为本章正文。第六节虽然篇幅甚长，论旨则很简单：相比于湖湘学派的"识心说"，朱子的"察识说"有其理论上的优势，是故他有理由舍弃湖湘之学而转向穷理工夫论。

然而，在第六节的反复讨论里，有一项值得注意的认定：朱子的"是非"（"是非之心"的"是非"）不是一种情感。本节作为补充，旨在阐明：在朱子的论述里，"是非"跟"恻隐""羞恶""辞让"有着明显差异，其情感性格并不突出，我们有理由不以情感视之。

如果要说朱子可能不将"是非"看成一种情感，马上便要面对一项文本挑战：朱子在注解《孟子》时，明确把"恻隐""羞恶""辞让""是

非"四者一律界定为"情"。且先看《孟子·公孙丑上》提出的著名的
"四端"：

> 恻隐之心，仁之端也；羞恶之心，义之端也；辞让之心，礼之
> 端也；是非之心，智之端也。

然后，朱子以其善于分解的头脑，将这段话读成一套心、性、情三分的理
论。其注"恻隐之心，仁之端也"一句说：

> 恻隐、羞恶、辞让、是非，情也。仁、义、礼、智，性也。心，统性
> 情也。端，绪也。因其情之发，而性之本然可得而见，犹有物在中
> 而绪见于外也。①

如此解读，使孟子的说法显得思理严密、层次分明，心、性、情皆有着落
（至于此诠释是否恰当，则为另一问题）。无怪乎朱子说孟子此段最好
看、说得最详尽：

> 孟子说四端处最好看。恻隐是情，恻隐之心是心，仁是性，三
> 者相因。横渠云"心统性情"，此说极好。②

> 某尝谓孟子论"四端"处，说得最详尽，里面事事有，心、性、
> 情都说尽。心是包得这两个物事。性是心之体，情是心之用；
> 性是根，情是那芽子。恻隐、羞恶、辞逊、是非皆是情。恻隐是仁

---

① 朱熹，《四书章句集注》，第329页。
② 朱熹著，黎靖德编，《朱子语类》，卷五十三，第1286页。

> 之发，谓恻隐是仁，却不得，所以说道是仁之端也。端，便是那端绪子。[①]

朱子的诠释是否恰当，姑置不论。我们目前只消注意，由"恻隐、羞恶、辞逊、是非皆是情"一语来看，"四端之情"和"是非之情"两名可得而立。

如何面对此一文本上的挑战，且稍待下文。笔者现在想顺带提出朱子在上述"四端之情"外的关于"情"的另一组概念：七情。除了用"四端"概括不同的情之外，朱子还有使用"七情"一词。最具代表性者来自以下一段文字：

> 然人之一身，知觉运用，莫非心之所为，则心者固所以主于身，而无动静语默之间者也。然方其静时，事物未至、思虑未萌，而一性浑然、道义全具，其所谓中，是乃心之所以为体而寂然不动者也。及其动也，事物交至、思虑萌焉，则七情迭用、各有攸主，其所谓和，是乃心之所以为用而感而遂通者也。然性之静也而不能不动，情之动也而必有节焉，是则心之所以寂然感通周流贯彻，而体用未始相离也。[②]

"七情"一词的文献根据是《礼记·礼运》："何谓人情？喜怒哀惧爱恶欲，七者弗学而能。"朱子在使用"七情"时，提到"和"以及"有节"，可知在其心目中，"七情"是放在《中庸》首章"喜怒哀乐之未发，谓之

---

① 朱熹著，黎靖德编，《朱子语类》，卷一百一十九，第2867页。
② 朱熹，《答张钦夫》，《晦庵先生朱文公文集》，卷三十二，第1419页。

中；发而皆中节，谓之和"的脉络上讲的。因而《中庸》的"喜怒哀乐"实可归入"七情"之中。

"四端"和"七情"都是对不同的情之概括，但为什么会出现两种概括？两者有何不同？林月惠在其《中韩儒学的"情"：以朱子与李退溪为例》一文中对此有详细分析①。她经由思想史的考察指出："'中和新说'确立后，朱子与湖湘学派又有'仁说'的论辩。有趣的是，'中和新说'所讨论的情是指'七情'之'情'；而以伊川'仁是性，爱是情'为纲领的《仁说》，其讨论的情是以'四端'之'情'为主。换言之，朱子的《仁说》，是以'中和新说'心性情三分的义理间架来理解《孟子》的四端之心。"②"虽然《仁说》与'中和新说'有相同的义理架构，但其论述的重点并不相同。'中和新说'以'心'为工夫枢纽，《仁说》重视的是'性情之辨'，集中体现一个思想——'仁者，心之德爱之理'。"③就是说，"中和新说"借"七情""可中节、可不中节"（可善可恶）之特质来突显"心"作为修养工夫的枢纽。情之善恶表现，系于心之是否为主宰。故朱子说：

> 熹谓感于物者心也，其动者情也，情根乎性而宰乎心，心为主宰，则其动也无不中节矣，何人欲之有？惟心不宰而情自动，是以流于人欲而每不得其正也。然则天理人欲之判、中节不中节之分，特在乎心之宰与不宰，而非情能病之，亦已明矣。④

---

① 林月惠，《中韩儒学的"情"：以朱子与李退溪为例》，《中山人文学报》第15期（2002年10月），第77—105页。

② 同上书，第86页。

③ 同上书，第87页。此乃林氏引述陈来的观点，陈氏之说见其《朱熹哲学研究》（台北：文津出版社，1990年），第146页。

④ 朱熹，《问张敬夫》，《晦庵先生朱文公文集》，卷三十二，第1395页。

而《仁说》论情则以"四端之情"为主，为的是要严辨性、情之别，高举"仁是性，爱是情"之旨，杜绝"认情为性"的弊病①，故重点不在言情之可善可恶，而在表明性、情分属两层，是"心"依"性"而表现"四端之情"。在此脉络下，由于"四端之情"是心依至善之性而发，故纯善而无恶。

明了"四端"与"七情"的含义之后，可进而说一种对朱子之"情"的可能误解，同时回应上文提到的文本挑战——朱子既说"恻隐、羞恶、辞让、是非，情也"，则"是非"怎会不是情感？

笔者的回答是：我们或许由于朱子以"情"概括恻隐、羞恶、辞让、是非，而太快地以为此四者皆一概属于"情感"（emotion）。如上所述，"七情"是可善可恶的，而"四端"则为纯善无恶。论者易因此将两者分别界定为"感性之情"和"道德情感"。如林月惠便说：

> 朱子似乎也察觉到"四端"与"七情"二者之感物而动有别，"四端"是仁、义、礼、智之"性"先在浑然具于心，而主动地应物而发，故具道德意涵而为道德情感。七情则是被动地应物而发，是属于一般意义的感性之情，其表现不一定具有道德意涵。②

而李明辉亦参照康德哲学而有以下配对：

> 在朱子理、气二分的存有论架构中，性、情分属于理、气，心则

---

① 朱子与张南轩讨论《仁说》时说："熹按程子曰：'仁，性也；爱，情也。岂可便以爱为仁？'此正谓不可认情为性耳，非谓仁之性不发于爱之情，而爱之情不本于仁之性也。熹前说之'爱之发'对'爱之理'而言，正分别性情之异处，其意最为精密。"见朱熹，《答张钦夫论仁说》，《晦庵先生朱文公文集》，卷三十二，第1410页。
② 林月惠，《中韩儒学的"情"：以朱子与李退溪为例》，《中山人文学报》第15期（2002年10月），第98页。

为"气之灵"。借用康德的用词来说，孟子所说的"四端"（恻隐、
羞恶、辞让、是非）即是"<u>道德情感</u>"，《礼记·礼运篇》所说的"七
情"（喜、怒、哀、惧、爱、恶、欲）即是"<u>自然情感</u>"。正如康德将道
德情感与自然情感一概归于感性领域，朱子也将四端与七情一概
归于气。①

笔者说这种配对——"四端"是"道德情感"，"七情"是"感性之情"
或"自然情感"——可能会对朱子有所误解，关键就在于：朱子是否
打算将所有他称为"情"的东西都视为"情感"（emotion）？我们现
在要思疑的，即作为"情"（四端之情）的"是非"能否被理解成道德
情感。

　　让我们先考虑一下，"是非"如要被理解为一种道德情感，则它最
有可能指哪一种？我们知道，道德情感不止一种，例如悲悯、义愤、惭
愧就是三种不同的道德情感。因此我们要问："是非"如果是一种道德
情感，则其所指的是什么？笔者认为，王守仁（阳明）的见解应较有代
表性：

> 　　良知只是个是非之心。<u>是非只是个好恶</u>。只好恶，就尽了是
> 非。只是非，就尽了万事万变。②

---

① 李明辉，《四端与七情：关于道德情感的比较哲学探讨》（台北：台大出版中心，
　　2008年），第10页。关于"是非之心"作为一种道德情感，李氏亦在他处解释过：
　　"是非之心所涉及的'是非'并不是知识上的是非，而是道德上的是非。说恻隐、
　　羞恶、辞让、是非四端之心是'情'，并无不可；但它们并非一般意义的'情感'，而
　　是'道德情感'或'道德感'（moral sense）。"见李明辉，《孟子与康德的自律伦理
　　学》，《儒家与康德》，第74页。
② 王守仁，《传习录》，卷下，第341页。

对此,李明辉解释说:

> 是非之心是四端之一,阳明却将它提升到良知(即本心)的层面。
> 当他说"是非只是个好恶"时,他是以是非之心来涵盖四端。四端在
> 此代表仁、义、礼、智之理的活动相,而仁、义、礼、智之理则是发自本心。
> 在这个脉络中,恻隐、羞恶、是非、辞让四端在本质上是相通的。①

就是说,阳明认为四端是同一"本心"(良知)的四种活动相,四者在本
质上是相通的,同是心,是理(性),亦是情("情感"义之情)。故"是非
之心"可视为一种道德情感。既然如此,则阳明所谓"是非只是个好
恶",此"好恶"自不会是"好逸恶劳""好利恶害"那种感性之情,而当
是"好是恶非""好善恶恶"之道德情感。

但反观朱子的"是非",却似无上述之"好善恶恶"义②。换言之,
"是非"虽属情,却可能不是道德情感。我们试分两步阐明。首先应知
道,朱子以"情感"说"情",只在论述个别具体之"情"(如恻隐、羞恶)
时才有(后文将举例)。当他对"情"作一般性的界定时,其意义却是相
当抽象的,例如在《朱子语类》说:

> 性以理言,情乃发用处,心即管摄性情者也。故程子曰"有指
> 体而言者,'寂然不动'是也",此言性也;"有指用而言者,'感而遂
> 通'是也",此言情也。③

---

① 李明辉,《四端与七情:关于道德情感的比较哲学探讨》,第348页。
② 实则李明辉亦有此意,见《四端与七情:关于道德情感的比较哲学探讨》,第117—
118页。但正如前面所引,当他将康德的"道德情感"及"自然情感"与朱子的"四
端"与"七情"对照起来时,仍不免以朱子之"四端"为道德情感。
③ 朱熹著,黎靖德编,《朱子语类》,卷五,第94页。

> 虚明不昧，便是心；此理具足于中，无少欠阙，便是性；<u>感物
> 而动，便是情</u>。[①]

朱子顺程颐之意，取《易传·系辞上》之"感而遂通"言"情"，又取
《礼记·乐记》之"感于物而动"说"情"。"感"指外在事物的触发而
心灵给予回应（心灵发用）的过程，"情"便是此过程的产物。就字面
而言，因应"感而遂通""感物而动"之"感"字而说朱子的"情"是
"情感"，亦无不可。但要知道此"情感"不等同于"emotion"。朱子
的"情"概念可以包括"emotion"，如"七情"之类，但在"感物而动"
之一般性规定下，"情"实不全指"emotion"。再看《朱子语类》两段
引文：

> 性者，心之理；<u>情者，性之动</u>；心者，性情之主。[②]

> 性是未动，情是已动，心包得已动未动。盖心之未动则为性，
> <u>已动则为情</u>，所谓"心统性情"也。[③]

撇开心、性、情的关系不论，朱子对"情"的规定，不外乎感、动、发、用四
者，此仍只是一种抽象界说，并未落实说"情"就是"emotion"。这种抽
象界定具有一项理论功能，即由其抽象，故可涵摄"情感"之情与"非
情感"之情。

  其次看朱子所理解的"是非之情"。只要看看以下两段文字，便知

---

① 朱熹著，黎靖德编，《朱子语类》，卷五，第94—95页。
② 同上书，第89页。
③ 同上书，第93页。

"是非"与恻隐、羞恶、辞让三者有多大差别：

> 四端未是尽，所以只谓之端。然四端八个字，每字是一意：恻，是恻然有此念起；隐，是恻然之后隐痛，比恻是深；羞者，羞己之非；恶者，恶人之恶；辞者，辞己之物；让者，让与他人；是、非自是两样分明。①

> 人之所以为人，只是这四件，须自认取意思是如何。所谓恻隐者，是甚么意思？且如赤子入井，一井如彼深峻，入者必死，而赤子将入焉！自家见之，此心还是如何？有一事不善，在自家身上做出，这里定是可羞；在别人做出，这里定是恶他。利之所不当得，或虽当得，而吾心有所未安，便要谦逊辞避，不敢当之。以至等闲礼数，人之施于己者，或过其分，便要辞将去，逊与别人，定是如此。事事物物上各有个是，有个非，是底自家心里定道是，非底自家心里定道非。就事物上看，是底定是是，非底定是非。到得所以是之，所以非之，却只在自家。②

观乎第一段引文，已知恻隐、羞恶为情感，前者是"恻然隐痛"，后者是"羞己恶人"，唯辞让之情感义仍不明。但看第二段引文，说"心有所不安""不敢当之"，"不安""不敢"已属主观感受和意志态度。而"是非"却显然无情感义，只是一种分别是非的活动，并未涉及实践者的主观感受或情绪反应。

再次，若看四端之情各自的反面是如何，则"是非"与其余三者的

---

① 朱熹著，黎靖德编，《朱子语类》，卷五十三，第1286页。
② 朱熹著，黎靖德编，《朱子语类》，卷十五，第285页。

差异便更显明：

> 且见得恻隐便是仁，不恻隐而残忍便是不仁；羞恶便是义，贪
> 利无廉耻便是不义；辞逊便是礼，攘夺便是非礼；是非便是智，大
> 段无知颠倒错谬，便是不智。①

> 恻隐便是仁，若恁地残贼，便是不仁；羞恶是义，若无廉耻便
> 是不义；辞逊是礼，若恁地争夺，便是无礼；是非是知，若恁地颠
> 颠倒倒，便是不知。②

> 且如恻隐之心胜，则残虐之意自消；羞恶之心胜，则贪冒无耻
> 之意自消；恭敬之心胜，则骄惰之意自消；是非之心胜，则含糊苟
> 且顽冥昏谬之意自消。③

"是非之心"的反面就是无知含糊，就是把是非颠倒错谬，这完全是认
知水平或认知素质的问题。与残忍、无耻、好争夺等负面感情相比，"无
知"实在难说带有什么情感色彩。

最后，且再看朱子一语：

> 或问："智未见束敛处。"曰："义犹略有作为，智一知便了，愈
> 是束敛。孟子曰：'是非之心，智也。'才知得是而爱，非而恶，便交
> 过仁义去了。"④

---

① 朱熹著，黎靖德编《朱子语类》，卷五十三，第1287页。
② 同上书，第1282页。
③ 同上书，第1295页。
④ 朱熹著，黎靖德编《朱子语类》，卷十七，第374页。

知是知非属"认知"或"判断"，爱与恶属"情感"。应当注意：朱子说"才知得是而爱，非而恶，便交过仁义去了"，意思并非"是非之心"有爱恶，而是说在知是知非后，一进入爱是恶非的阶段，便已属仁、义的作用领域了。这从"智一知便了"一语可知："一知便了"，故不涉爱恶。"义犹略有作为"，因其有羞己恶人之情感义。相比之下，智则似乎不属情感层次，而是爱是恶非的前一阶段。因此，我们实不应轻易以朱子的"是非"为道德情感。至少，它显然不是"爱是恶非"或"好善恶恶"的道德情感。

经过以上讨论，我们应可得出一个可信的结论：在朱子的论述里，"是非"跟"恻隐""羞恶""辞让"有着明显差异，其情感性格并不突出（与阳明不同，朱子并未把"好善恶恶"的情感性格加到"是非之心"上）；甚至，它有可能根本不是情感。反而，当他描绘"是非之心"时，却处处强调其"分别是非"的认知或判断作用。笔者同意，这个结论跟我们一般对朱子的认知可能有距离。但我们若要拒绝这个结论，则有两点应该注意。首先，我们应避免两种可能是先入为主之见，其一是把朱子的"情"概念理所当然地看成"情感"（emotion），其二是把阳明"是非只是个好恶"的见解当成朱子"是非之心"的含义，忽略朱子说"智一知便了"而与"爱恶"分离的独特看法。其次，若要说朱子的"是非"是一种情感，则应根据他本人的说法而清楚指明它到底是什么样的一种情感。

第三章

朱子论知行关系与实践动力

本章继续理论检讨的工作。上一章集中讨论了朱子由倾向湖湘学派"识心说"的工夫论立场，转向他本人的穷理工夫论之理据。现在则着眼于穷理工夫论自身，看看它需要面对怎样的理论难题。笔者认为，此中最富有挑战性的难题，可称为"知行关系与实践动力问题"：作为修养工夫枢纽的"穷理"，本身既属于"知"的活动，则它如何保证道德实践之"行"？在朱子的理论中，从穷理到具体道德实践之间那股"把知落实为行"的动力，似乎是成疑的。是故，我们把朱子工夫论所要面对的最大难题称为"知行关系与实践动力问题"（简称"动力问题"）。

　　宽泛地看，"动力问题"固然是关于"知"如何确保"行"。这在朱子的理论里，可用"真知即能行"一说来回答。然而，若对问题有足够的微观，我们便会发现，"真知即能行"的答案实在未尽周延。这涉及"真知"的来源。我们将会看到，在朱子思想中，"真知"的获得很可能需要"行"的助成。这个助成"真知"的"行"，理论上并不出于"知"，而只能出于某种勉强（勉力而行）。问题倒不在于这种勉强有何神秘难解，而在于它为何最终是可以消除的。孔子自述其"七十而从心所欲不逾矩"(《论语·为政》),便象征着(道德实践上的)勉强之消除。这个境界为什么是可以达到的？我们需要深入到朱子的"心"与"理"的关系上去寻找答案。

是故,本章会把"动力问题"开列为浅深两义:其浅义即"知如何推动行",这在朱子可用"真知即能行"来回应;其深义即"勉强为何终可消除",朱子的回答则颇为复杂,详见第四节"'动力问题'之不圆满答复"。

第一节 问题之由来

作为一个对朱子哲学具有挑战性的理论难题,"动力问题"可能要到20世纪才被充分揭露(下详)。但在古代,"动力问题"多少已在儒者的讨论中有所触及。如果要在古代找出这样一位质疑朱子的穷理工夫论并触及"动力问题"的儒家代表,明儒王守仁应属首选。他曾在《答顾东桥书》里说:

> 朱子谓格物云者,在"即物而穷其理"也。即物穷理,是就事事物物上求其所谓定理者也。是以吾心而求理于事事物物之中,析心与理而为二矣。[1]

> 知之真切笃实处,即是行,行之明觉精察处,即是知。知行工夫,本不可离。只为后世学者分作两截用功,失却知行本体,故有合一并进之说。……然知行本体,本来如是。非以己意抑扬其间,姑为是说,以苟一时之效者也。……晦庵谓"人之所以为学者,心

---

[1] 王守仁,《答顾东桥书》,《传习录》,卷中,第171—172页。

与理而已。心虽主乎一身，而实管乎天下之理。理虽散在万事，而实不外乎一人之心"，是其一分一合之间，而未免已启学者心理为二之弊。此后世所以有专求本心，遂遗物理之患，正由不知心即理耳。……外心以求理，此知行之所以二也。①

单看第一段引文，其讨论的话题仍相对抽象："理"的处所（location）问题——"理"在"心"还是在"物"？我们引录它，目的在显示阳明明确针对朱子的穷理工夫论。相较之下，第二段引文更切合我们目前的讨论。它配上"知""行"概念来批评朱子（晦庵）而指出：第一，"知行工夫，本不可离"，朱子的穷理之学乃把知和行"分作两截用功"（或至少启导了后世学者在知行上分作两截用功），即在"知"之处做一种工夫，在"行"之处又别做一种工夫，两种工夫未能打成一片。第二，阳明强调，他的"合一并进之说"不是纯为矫正时弊的一时权宜，而是如实相应于"知行本体"（"知行本体，本来如是"）。意思是，这个"知行本体"（这里显然指"心"）本来就是知行同时而不分先后的。此意在阳明与门人徐爱（字曰仁，号横山，1487—1517）的一段对话里阐释得很清楚：

爱曰："如今人尽有知得父当孝、兄当弟者，却不能孝、不能弟，便是知与行分明是两件。"先生曰："此已被私欲隔断，不是知行的本体了。未有知而不行者；知而不行，只是未知。圣贤教人知行，正是要复那本体，不是着你只恁的便罢。故《大学》指个真知行与人看，说'如好好色''如恶恶臭'。见好色属知，好好色属行。只见那好色时，已自好了。不是见了后，又立个心去好。闻

---

① 王守仁，《答顾东桥书》，《传习录》，卷中，第166—167页。个别标点经笔者修改。

> 恶臭属知,恶恶臭属行。只闻那恶臭时,已自恶了。不是闻了后,
> 别立个心去恶。如鼻塞人虽见恶臭在前,鼻中不曾闻得,便亦不
> 甚恶,亦只是不曾知臭。"[1]

阳明借用《大学》的"如好好色""如恶恶臭"来描绘"心"这个"知行本体"的特性:见好色、闻恶臭(知)与好好色、恶恶臭(行)是同时发生的。这样,阳明的"知行合一"便非一种"姑为是说"的权宜教法,而是一种相应"知行本体"特性的真实观。现在回看上面第二段引文,我们可以整理出阳明对朱子穷理之学的两点批评。一方面,穷理之学在工夫层面上把知行分离(或至少有启导后世把知行分离之嫌)——"分作两截用功"。另一方面,穷理之学在本体(心)的体认上有误,不明"心"本有知行合一的特性。无可否认,此两面批评尚未直接点出"动力问题"(此处暂取"动力问题"之浅义)——穷理之学仅能照管"知",而未能靠此"知"来保证"行"。但笔者认为,阳明已经隐约触及这个问题了。我们注意他回答徐爱时说:"不是见了后,又立个心去好""不是闻了后,别立个心去恶"。从"又立个心""别立个心"来看,他似乎暗示:在他看来,朱子穷理之学的教法,需要人在知了后,另外用力去行——这个行需要另找力量去启动,其发生未能由知来保证。

如果在历史上再往前追踪,我们甚至会发现,当朱子在世时,其实已遭遇过类似的质疑:

> 问:"'知至而后意诚',故天下之理,反求诸身,实有于此。似
> 从外去讨得来"云云。曰:"'仁义礼智,非由外铄我也,我固有之

---

[1] 王守仁,《传习录》,卷上,第33页。个别标点经笔者修改。

也，弗思耳矣！'（厉声言'弗思'二字。）"又笑曰："某常说，人有两个儿子，一个在家，一个在外去干家事。其父却说道在家底是自家儿子，在外底不是！"[①]

我们稍后还会多看若干段类似答问。现在先看本段，问者的意思似乎不够清晰（当然亦可能是笔录不周）。看"似从外去讨得来"一语，其所问的好像是"理"的处所问题，有似于上述阳明那"析心与理而为二"的指控。观乎朱子答语，他可能也是如此理解问者的疑惑，故特引孟子的"仁义礼智，非由外铄我也，我固有之也"（《孟子·告子上》）作答：仁义礼智是"理"，是"我固有之"的，因此没有所谓"从外去讨得来"的情况。然后在"笑曰"里以儿子为喻，表示格物穷理的"理"好比在外干事的儿子，虽然在外，但依然是"自家儿子"——"心"所具有的"理"。这个比喻固然有不妥当处：在家与在外的儿子虽然同为儿子，却始终是两个，这是否意味格物穷理的"理"与在心中的"理"是不同之"理"？朱子想必不是要表达这个意思，我们因此亦不必胶着于"儿子"的比喻上，只消了解整段答语的重点在"我固有之"四字即可。

　　真正值得注意的，倒在于朱子的答语是否对题？换言之，问者所问的是否为"理"的处所问题（如是，则朱子的答语为对题；如否，则为离题）？可能不是。因观乎其开首引"知至而后意诚"，似乎他关心的是"知至"和"意诚"之间的过渡关系：两者的过渡是否如同《大学》原文所说般容易和平顺？如此解读问者的意图，当有一定道理。因为在这段答问之后，《朱子语类》紧接即录下另一段答问，问者说："知至

---

① 朱熹著，黎靖德编，《朱子语类》，卷十五，第303页。"厉声言'弗思'二字"为原注。

以后,善恶既判,何由意有未诚处?"①有趣的是,再紧接的下一段答问,却是朱子主动问门人:"知极其至,有时意又不诚,是如何?"②前后三段答问被汇聚一处,或许表示它们的主题相近。因此我们有理由相信,第一段的问者,很可能对"知至"和"意诚"之间的过渡关系有所不解。因此,我们现在试来弄清这种"知至而意未诚"的问题到底传达着怎样的疑惑。这里的关键自然是"意诚"的含义,我们必先了解它,才知"知至而意未诚"究竟在问什么。

答案在上述几段《朱子语类》引文的同一卷里很容易就能找到。卷中,朱子对"意诚"状态有这些说明:

> 意诚只是要情愿做工夫,若非情愿,亦强不得。未过此一关,犹有七分是小人。③

> 为善,须十分知善之可好,若知得九分,而一分未尽,只此一分未尽,便是鹘突苟且之根。少间说便为恶也不妨,便是意不诚。④

> 而今说与公是知之未至,公不信,且去就格物、穷理上做工夫。穷来穷去,末后自家真个见得此理是善与是恶,自心甘意肯不去做,此方是意诚。若犹有一毫疑贰底心,便是知未至,意未诚,久后依旧去做。⑤

朱子说得清楚,"意诚"这种状态就是"情愿"或"心甘意肯"地为善去

---

① 朱熹著,黎靖德编,《朱子语类》,卷十五,第303页。
② 同上。
③ 同上书,第299页。
④ 同上书,第300页。
⑤ 同上书,第301页。

恶。相反地，若知其事为恶，却又心存"为恶也不妨"之意，便是"意不诚"。有一点值得注意：朱子的口吻显示他认为"知至"与"诚意"之间的确有一种平顺自然的过渡，甚至有一种"共时"的关系——成则俱成，缺则俱缺。例如，他说在格物穷理上做工夫，"穷来穷去"到最后"真个见得"善恶，便"自"（自然而然）心甘意肯云云。又如，从反面来说，当人"犹有一毫疑贰底心，便是知未至，意未诚"——"知未至"与"意未诚"紧密相连。这就涉及他的"真知即能行"的观点，我们在往后还会详论。现在先回到"知至而意未诚"的问题上。明了"意诚"的含义后，即可明白这问题所传达的疑惑：为什么"知至"了（知得善恶），还会有（在为善去恶上）心不甘、意不肯的情况出现？当然，从"真知即能行"的观点看，这是一个虚假问题，因为"心不甘、意不肯"即表示"知未至"，故根本不会有"知至而意未诚"的情况发生。我们暂且不细究这种观点，笔者目前只想指出，"动力问题"（同样，此处亦暂取"动力问题"之浅义）——穷理之学仅能照管"知"，而未能靠此"知"来保证"行"——可说由来已久，不必等到阳明，即在朱子当时，便已有问者提出。

但无可否认，以上费了如许篇幅来揭发"动力问题"之由来已久，多少反映它在传统儒学讨论里尚在朦胧中闪现。纵有问者提出（如前所引"知至以后，善恶既判，何由意有未诚处"），却仍未被看作一个重大理论问题而给予足够的正视和跟进。此"动力问题"之真被当成一回事，获得其应有的理论阐明，甚至被视为朱子哲学的一大挑战，很可能是在20世纪。以下，笔者试举出两位代表：牟宗三与劳思光。

刚才曾引录一段答问，问者认为"知至而后意诚"乃"似从外去讨得来"，朱子则引孟子"非由外铄我也，我固有之也，弗思耳矣"为答（并厉声言"弗思"二字），复以在家、在外儿子为喻。牟宗三对朱子的答复有这样的分析和评论：

> 问者以为由格物穷理之知至以达意诚，似有"从外去讨得来"之意，此即实已感到他律之难。然此疑难为朱子所最不耐。彼于此即引孟子"仁义礼智非由外铄我也"，"弗思耳矣"，为说，并"厉声言弗思二字"，此可见其不耐之心情。夫以孟子之言为说以表示不是"从外去讨得来"是也，然而其泛认知主义之格物论却非孟子此言之义，其援引孟子之言只是借成语以堵绝难者之疑难耳，并未察及其说统与孟子之言实不相应也。继而缓和口气，以"人有两个儿子，一个在家，一个在外去干家事"为喻，此喻亦极美，然而在朱子之说统中，却并无"一个在家"者，行动之源，所谓内在的大本，并未开发出来。此喻倒能符合象山学之精神，所谓宇宙内事皆己分内事，则在家干，在外干，皆有本以统之，"在家底"固"是自家儿子"，"在外底"亦"是自家儿子"也。然而在朱子之说统中，却实是"从外讨得来"，却实是"不是自家儿子"也。此无可讳也。朱子于此不思郑重考虑，只是不耐以堵绝之，有何益哉？①

之前说过，该段答问的主题比较隐晦：或是关于"理"的处所，或是关于"动力问题"。牟宗三这里选择以后者的角度来诠释。诠释准确与否姑置不论（虽然我们刚才已论证这种诠释有一定道理），我们注意的是他把"动力问题"予以清楚揭露："行动之源，所谓内在的大本，并未开发出来。"最重要的字眼自然是"行动之源"。并且，观乎引文文意，"行动之源"自然不是指"构成一具体行动所需要的知识方面的资源"

(举例来说,当我自觉地依照行人信号灯的信号过马路,必先知道该信号的含义;这个"知道"就是"过马路"这个行动所需要的知识方面的资源),而是指"行动(道德行动)的动力源头"①。牟氏因此定性朱子的工夫论为"泛认知主义之格物论"。"泛认知"即表示朱子以认知去管摄行动,有将行动问题化约为认知问题之嫌:以为经过"格物穷理"的知善知恶后即能决定或保证行动上的为善去恶。牟氏对此意有详细的阐述,先看这句:

> 然正心诚意所表示之心意,是道德之心意,是道德行动之机能,而知是认知之机能。②

所谓"道德之心意",应即相当于前引朱子所用的"情愿"和"心甘意肯"等词。牟氏的见解是,这个"道德之心意"按理不能由认知来保证。且看:

> "如好好色,如恶恶臭"之意之诚是真能实现这行为之好与恶,好善恶恶亦然。此即预伏一本心之沛然又真能实现此善之好与恶之恶,而真能为善去恶者。……然而知之机能与行之机能、在泛认知主义之格物论中,只是外在地相关联,他律地相关联,而行动之源并未开发出,却是以知之源来决定行动者,故行动既是他律,亦是勉强,而道德行动力即减弱,此非孟子说"沛然莫之能

---

① 当然,朱子以"在家儿子"作喻时,心中是否想着"行动之源",实属可疑。依笔者之见,朱子所想的恐怕只是"理的处所"——"理"虽在物(在外干事的儿子),亦同时在"心"。但笔者重申,这里不必斟酌牟氏对原文的诠释,而应注意他对"动力问题"的揭露。

② 牟宗三,《心体与性体》,第三册,第402页。

御"之义也。①

> 朱子之讲法固较顺于《大学》之辞语（欲诚其意者先致其知，
> 知至而后意诚），然却亦不必即是《大学》之原意。其说成泛认知
> 主义之格物论，以"格物穷理"之知决定"诚意"，此中至少实有问
> 题，即致知与诚意并无必然之关系，行动之源并未开发出，而《大
> 学》亦并不必显明地即是此系统也。②

综观以上几段牟氏文字，我们可这样概括他的意见：作为"行动之源"
（道德行动的动力源头）的"道德之心意"，是不能通过朱子理论中的格
物穷理而开发出的；因为"道德之心意"属"行之机能"（道德行动之机
能），而格物穷理所行使或应用的只是"知之机能"，后者并不必然引发
前者。

牟氏的论断是清晰的，但其说法中却有两点值得厘清。首先
是"致知与诚意并无必然之关系"。作为对朱子理论的指控，这个表
述颇可斟酌。我们在第一章曾指出，朱子在《大学章句》里这样界定
"诚意"："诚其意者，自修之首也。"③而"自修"即指"省察克治"的工
夫——"自修者，省察克治之功。"④由此可见，在朱子的用法里，"诚意"
并不同于"意诚"：后者是一种状态，即"情愿"或"心甘意肯"地为善
去恶；前者却是一种复合的修养方法，指"省察"（或"察识"）加上"克
治"，即把"致知"后所知得的善恶标准应用到意念上，判别一己意念之
善恶（此为"省察"），并克服对治不善之意念（此为"克治"）。故此，

---

① 牟宗三，《心体与性体》，第三册，第402页。
② 同上书，第403页。
③ 朱熹，《四书章句集注》，第10页。
④ 同上书，第8页。

说朱子理论中的"知至与意诚并无必然之关系"则可，说"致知与诚意并无必然之关系"，却不见得是一项有力的指控。因为对朱子来说，做完"致知"工夫，再做"诚意"工夫，是很应该的；他的理论并不需要主张"进行'致知'即等于同时进行'诚意'，两种工夫实为一种"（换言之，朱子根本会同意说"致知与诚意并无必然之关系"）。但笔者必须强调，纵然牟宗三在"动力问题"的表述上稍有瑕疵，仍无损此问题之真存在于朱子理论中。

其次是牟宗三所揭示的"动力问题"，其实可以用较为浅易的语言来表达，如同我们即将介绍的劳思光所做般。而牟宗三则选择把问题讲成："知之机能与行之机能、在泛认知主义之格物论中，只是外在地相关联，他律地相关联。"这就得稍加说明，特别是"外在地相关联"和"他律地相关联"两语。本书第一章曾分析"心即理"与"心不即理"（朱子立场）的差异。现在再来看看牟宗三对"心即理"的界说，从中即可得知"外在地相关联"和"他律地相关联"的意旨。牟氏的界说见于其对宋儒陆九渊（象山）之分析：

> 象山之言简易正是"依意志自律原则而行"之所应有而必有者，此则得其端绪矣。康德言意志自律，象山本孟子言"本心即理"。"本心即理"非谓本心即于理而合理，乃"本心即是理"之谓。……康德界定意志自律云："意志底自律即是意志底那种特性，即因之'意志对其自己就是一法则'的那种特性。"（见《道德底形上学之基本原理》）决定意志的那法则不是由外面来的，乃即是意志本身之所自立，自立之以决定其自己，此即是说意志对于其自己即是一法则，此即是意志之自发的立法性以及以此所立之法决定其自己之自律性。意志能为其自己立法，亦甘愿遵守其

自己所立之法而受其决定。[①]

撇开牟氏对康德的诠释，我们试着眼牟氏如何理解"心即理"，以至如何使用"自律""他律"等概念。简言之，于牟氏，"心即理"就是"意志对于其自己即是一法则"（本心即是理）。言下之意，"理"并不是"心"的对象物，或严格地讲：外在对象物（external object）。我们并可由此推论出：（在牟氏的用法下）当"理"对"心"不显"对象性"时，则为"自律"；自然，当"理"为"心"之对象（外在对象），便为"他律"。引文中一个非常亮眼的词语就是"甘愿"："意志能为其自己立法，亦甘愿遵守其自己所立之法而受其决定。"它所意谓的，正是我们一直在谈论的"意诚""情愿""心甘意肯"。而它所指涉或彰表的，亦正是牟氏所谓"行动之源"——道德行动的动力源头。牟氏一个很重要的观点是，只有在"自律"下（"理"对"心"而言不是一外在对象），才能显出"'心'之甘愿服从'理'，因而具有充分动力去作为善去恶的道德实践"。由此，我们可得出一种有关孟子"理义之悦我心"（《孟子·告子上》）的牟宗三式解读，并可进而理解，何以在牟氏眼中，朱子哲学下的道德实践为动力不足：

> 我一听到道德律令命令我，我心中不太自在。不太自在就表示你心中不悦嘛。这样一来，道德法则与悦相冲突。悦就不是道德法则，道德法则就不能愉悦，这就坏了。这样一来，道德的实践没有力量。[②]

---

① 牟宗三，《从陆象山到刘蕺山》，第一章，《象山之"心即理"》，第10—11页。个别标点经笔者修改。
② 牟宗三，《〈孟子〉演讲录》（七），《鹅湖月刊》第355期（2005年1月），第11页。

不管说"理义悦心"，或者反过来说"心悦理义"。"心悦理义"，"心"是主词，"悦"是动词，"理义"是object，是受词。那么，理义这个object从哪里来。理义是一个object，它是不是一个external object呢？尽管它是我所悦的，它是一个对象，但理义不能理解为一个external object。理义之为对象是从内发，<u>我所悦的就是我所立的</u>。照康德的想法，这就是意志的立法性。①

朱夫子所说的"性即理"就是把理义说成只是客观的，都推出去了。②

至关重要的一句自然是"我所悦的就是我所立的"。"心"为什么会甘愿遵守"理"？因为此"理"是"心"自己立的。唯有如此，这个"遵守法则"的道德实践才有力量（有充足的实践动力）。相反地，如同学生通常不愿遵守校规一般，倘若此"理"非由"心"自己所立，而为"外在"于心（作为心之"外在对象"），则其"甘愿遵守"与否，便很成疑问。朱子哲学之所以出现"动力问题"，正由于他把"理""都推出去了"，成了"心"的外在对象，如同校规之于学生一般。

牟氏让我们明白了重要的一点。当他说"决定意志的那法则不是由外面来的"（见前引文），朱子大可回应说，他的"理"（法则）也不是由外面来。因为"性即理"故，此"理"既为"性"，当然是本有的。正如以下这些典型的朱子观点所示：

> 性即理也。在心唤做性，在事唤做理。③

① 牟宗三，《〈孟子〉演讲录》（七），《鹅湖月刊》第355期（2005年1月），第12页。
② 同上。
③ 朱熹著，黎靖德编，《朱子语类》，卷五，第82页。

> 所觉者,心之理也;能觉者,气之灵也。[1]
>
> 性便是心之所有之理,心便是理之所会之地。[2]
>
> 心以性为体,心将性做馅子模样。盖心之所以具是理者,以有性故也。[3]

是故朱子也大可说:"性理"本来就在"心"中,不是"从外去讨得来"。在这意义下,他既可引孟子为同调("非由外铄我也,我固有之也"),复可以"在家儿子"作喻。但牟宗三让我们明白到,"动力问题"根本不等于"理的处所问题":"动力问题"所关心的根本不是"理"处在哪里,更遑论它"本来"处在哪里——这个"本来"亦不相干。真正重要的是,"理"是否为"心"所立。倘若为是,则"理"便非"心"的外在对象,而为"心即理"的理论形态,而"心之甘愿依理作道德实践"便可得而言——"我所悦的就是我所立的"。倘若为否,则"理"便为"心"的外在对象("心不即理"的朱子理论形态),而"心凭什么能甘愿依理作道德实践"便成一具挑战性的理论难题(动力问题)——法则既非由"心"所立,它为什么会甘愿遵守法则?纵使朱子能讲"理"像馅子一样处在"心"中,并且它本来就在"心"中,仍无助解决问题。此所以牟宗三在前引文说:"在朱子之说统中,却并无'一个在家'者。"倘使朱子读到此语,或会感到奇怪:"理"分明就像馅子一般本来处在"心"中,为什么还说他的理论中并无一个"在家儿子"?殊不知牟氏所要求的"在家儿子"根本不是朱子所想的意思。对牟氏来说,由"心"自己所立的"理"

---

[1] 朱熹著,黎靖德编,《朱子语类》,卷五,第82页。
[2] 同上书,第88页。
[3] 同上书,第89页。

才堪称"在家儿子";有之,方能彰表"行动之源"(道德行动的实践动力),因为"心"悦它自己所立之"理",自然甘愿遵守①。析论至此,我们终可充分了解牟宗三的论断:"在朱子之说统中,却并无'一个在家'者,行动之源,所谓内在的大本,并未开发出来。"而他所说的"知之机能与行之机能、在泛认知主义之格物论中,只是外在地相关联,他律地相关联",至此亦可得而明:在朱子的理论中,"知道法则"并不保证"甘愿遵守法则",因为法则不由"心"所立,而为"心"之外在对象②。

　　现在再看劳思光。他有《论知行问题》一文③,用相对浅易的语言

_____

① 这里有一点应该注意:从刚才的朱子引文来看,他说"性便是心之所有之理""盖心之所以具是理者,以有性故也"等,表示性乃为心所"具""有";在这意义下,"心具理"一命题乃可得而立。唯"心具理"之实义为何?朱子以"心将性做馅子模样"为喻,实则尚是一个粗浅的说法。关于朱子的"心具理",我们将于本章最后一节详论。目前我们只需了解,朱子的"心具理"不等于"心即理"。后者按牟宗三的界定,是指"理"为"心"所立,"心"乃道德法则之制定者(甚至,"心"就是"理":"意志对于其自己即是一法则")——此义显不为朱子"心具理"一命题所涵。

② 从以上讨论,我们看到牟宗三的道德哲学思考明显以康德为参照点。但事实上,他的思考背景或说西方哲学视野却并不限于康德,而可上溯至古希腊哲学;这一点能使我们对牟氏在"动力问题"上的立场,以至其批评朱子"以知之源来决定行动",有更为立体的认识。像他在《中国哲学十九讲》(台北:台湾学生书局,1983年)的第三讲《中国哲学之重点以及先秦诸子之起源问题》里曾说:"苏格拉底也重视德性,他曾经有一句名言'德性即知识'(Virtue is knowledge)。从重视德性这个地方讲,苏格拉底和中国人并没有两样,但是讲法不一样。中国圣人他不说'德性即知识',这句话是不透彻的话。所以西方讲道德虽然从希腊起,但是严格地讲并没有把握住道德的本质。西方真正了解道德本质的是从康德开始。"(第46页)"从上面所讲的,我们可以知道虽然苏格拉底也和孔子一样重视德性,可是在不同的文化背景的开端下,即使是像苏格拉底这样的大哲学家,他拿知识的态度来讲仁,结果是不中肯。所以西方讲道德,就在这个地方差。"(第49页)这样看来,在牟氏眼中,朱子之"以知之源来决定行动",也可归入"德性即知识""拿知识的态度来讲仁"一路,实不如康德之"真正了解道德本质"。反过来说,牟氏以"动力问题"来质疑朱子,背后乃有一种涵盖西方自古希腊以来之道德哲学思考的视野。了解到牟氏对苏格拉底传统下"德性即知识"一观念的批判,我们便更清楚其对朱子穷理工夫论的质疑在哲学上的深刻意义。

③ 劳思光,《论知行问题》,《文化问题论集新编》(香港:香港中文大学出版社,2000年),第61—74页。

进行析论,虽未提及朱子,但也已触及我们现在所关心的"动力问题"。他首先这样分析知与行的关系:

> 　一自觉的行为,一经成立,一定根据一组知识,行为所关的对象,在范围上必与所据知识所关的对象相符。由于这一组知识,这一行为才能有一定内容;否则行为即无内容,因此我们先说,<u>行为必以知识为内容</u>。①

然而,行为又总比知识多出一点东西:

> 　<u>行为与知识之不同,在于它造成经验界的某种改变</u>。一个人有一组知识,如果就此而止,则他尚无行为,如果他依此知识而予经验界一种作用,造成一种改变,则此过程即是行为的过程,其结果是行为的结果。譬如,一个人有渴的感觉,同时知道水能解渴,以及瓶内有水,和水如何可由瓶中移到杯中,由杯中移到口中,这一切都是知识,他根据这些知识,拿起瓶子把水倒出来,再喝下去,这就造成经验界的改变,瓶子被移动一次,水由瓶中而杯中而口中而喝下去,都是经验界之改变。此一改变的过程,即是喝水的行为过程。②

行比知所多出的,就是"经验界之改变"。进一步说,行为虽必须根据知识而成立,但这并不表示行为纯由知识决定,因为知识只是行为的一

---

① 劳思光,《论知行问题》,《文化问题论集新编》,第65页。
② 同上。

个必要条件而已。一个行为的成立,除有赖相关的知识外,还需要一项要素,它就是一个我们留意已久的观念: 意愿。劳氏说:

> 再以上面喝水的例子讲,觉得渴,知道水瓶等等的性质关系,并不一定有喝水的行为。要有喝水的行为,必得有一个想解渴的意愿或者广泛地说,有一个想满足生理需求的意愿。通常虽然人常有满足生理需求的意愿,但这并没有甚么必然。一个决心绝食而死的人,当他坚持了许久,已经垂毙的时候,他虽有渴的感觉,虽知道水能解渴,但他的行为可能反是把水瓶抛得远远的,以斩断自己的希冀,而达到早死的目的。早死是一个目的,因有求早死的意愿。在这个意愿下,与在要满足生理需求的意愿下相较,同样的知识并不能决定同样的行为的成立。①

至此,劳氏归结道:“行为以所关知识为内容,但其成立或发生的过程,乃自身所据的特定意愿运用此一组所关知识,来造成经验界的改变的过程。”②“所以行为一方面据知识而有内容,一方面据意愿而有方向。同样的内容,在不同的方向决定下,仍产生不同的行为。”③言下之意,知识并不决定意愿。

行为的成立除了“知识”这一条件外,尚需“意愿”这项要素。放在朱子的穷理之学上讲,从“格物穷理”到为善去恶的道德行为的成立之间,应尚需一“道德意愿”以为动力,否则道德行为不可能出现。倘若朱子未能解释此“道德意愿”从何而来,其理论便未免有憾(但在

---

① 劳思光,《论知行问题》,《文化问题论集新编》,第66页。
② 同上。
③ 同上书,第66—67页。

"真知即能行"的观点下,这个"意愿"理应可以解释,详见下一节)。劳思光在《论知行问题》中虽未针对朱子而提出这项质疑,但他在译注《大学》时,便基于这个问题,而舍朱子、取阳明。《大学》的"欲诚其意者,先致其知",劳氏语译为:"要使自己的意念无作伪之处,先得扩拓自己的价值自觉。"①并附以一段详细的按语:

> 这里是采用王阳明之说;因为朱子之说落到"欲诚其意者先致其知"一关键上,便显得难通。朱子所说的"知"是对外物的知识;这种知识与意念之诚伪实在不能有确定关系。⋯⋯倘说"要意念无伪,先得穷尽显现知的能力",则必须将诚伪变成知识问题;这显然不能成立。朱子对诚意与致知的关系,始终未提出精切说明;而《大学》本文中对"诚意"只是单独解释,所以此一理论关键在朱注中也轻轻掠过。取阳明之说则"致知"是"扩拓价值自觉",以这种工夫为诚意的条件,理路便十分明朗了。因为意念的诚伪显然受价值意识直接决定。一个人在善恶好坏方面有明朗自觉,然后方能在意念的诚伪上用工夫。②

重点在"知识与意念之诚伪实在不能有确定关系",这跟牟宗三说"致知与诚意并无必然之关系",以及"知之机能与行之机能、在泛认知主义之格物论中,只是外在地相关联,他律地相关联",虽有详略浅深之别,却可谓异曲同工。至此可说,相比古代的阳明,以至朱子时代的提问者,牟、劳两氏,实更能从理论检讨的高度,清楚披露朱子哲学所要面

---

① 劳思光,《大学中庸译注新编》(香港:香港中文大学出版社,2000年),第4页。
② 同上。

对的"动力问题"(再一次,这里暂取此问题之浅义),把它确认为朱子哲学的一大疑点。

刚刚引录的劳思光按语里,也有两点需要留意。首先是他对"诚意"的理解。前面表示过,牟宗三说朱子"以'格物穷理'之知决定'诚意',此中至少实有问题,即致知与诚意并无必然之关系,行动之源并未开发出",此中"致知与诚意并无必然之关系"是不准确的说法,因为朱子理论并不要求"致知"与"诚意"之间存在如同牟氏所想的"必然之关系"。个中症结是朱子的"诚意"并不等于"意诚",而牟氏在未加简别的情况下把两者混同起来。无独有偶,劳思光也说,"朱子所说的'知'是对外物的知识;这种知识与意念之诚伪实在不能有确定关系",而"朱子对诚意与致知的关系,始终未提出精切说明"。暂且不论"知"的诠释,我们看第一句的"意念之诚伪"(显指"意诚")和第二句的用词,可见劳氏也未对"诚意"与"意诚"予以简别。但同样地,这一点表述上的瑕疵也无损劳氏对朱子理论难题——道德意愿之由来——的准确捕捉。

其次是他将朱子的"知"看成"对外物的知识",这也是值得商榷的。其实,即连牟宗三把朱子工夫论定性为"泛认知主义",这个"认知"的意涵也需要澄清。我们在第一章已提过,"穷理"工夫所最想要"知"的,是"是非之所以然",就是"是之所以为是、非之所以为非的理由"。稍后我们讨论朱子"真知即能行"的观点时,将进一步指出:"理由"跟"对外物的知识"应该有别。当我们笼统地说朱子"重认知",而未能明确区别开"理由"与"对外物的知识"时,才会显得"动力问题"是朱子哲学的致命困难。相反地,当我们明确区别开两者,解决问题的机会将大为提高。补充一点,在劳思光《大学中庸译注新编》中"致知"的注释下,编者黄慧英加了一段编案,当中便已指出:"朱子所解

'致知'中的'知'是知事物之理而非对客观世界的认知,而此事物之理(即'穷理'之理)又是事物'所以然之理'与'当然之则',如此,'格物''穷理'便不是知识之事……假若这样理解朱子之意,则'致知'便不是一般的认知意义……"[1]稍后我们析论朱子哲学对"动力问题"的回应时,将回到这个方向上来。

第二节　真知即能行

本节与下一节将参考三位中外学者的若干著作,借用他们的相关讨论来剖析朱子对"动力问题"的回应,并试图在他们建立的基础上作进一步思考。依本节的引述次序,三位学者分别是倪德卫(David S. Nivison, 1923—2014)、黄勇(Yong Huang)、杨祖汉(并及唐君毅)。从上一节讨论下来,可见本章已直接碰触到一类普遍的哲学问题,即道德认知如何过渡到道德实践,或认知与行动的关系、判断与行动的关系等。哲学界对这类问题的讨论已经非常丰富,如果我们想参与其中,自当参考已有的探究成果[2]。可是,由于我们的任务始终在朱子工夫论的理论检讨,我们的考察角度和论述方向因而应设定为:当这类哲学问题发生在朱子理论中时,或当朱子理论面临这类问题的挑战时,它有否足够的理论资源去回应? 相应地,我们首要需参考的,自然是那些对这项工作特别相关并且有助益的研究,此所以我们在参考对象上做了上述的

---

[1] 劳思光,《大学中庸译注新编》,第8页。
[2] 单论涉及这类问题又有学术分量而笔者近期读过的专书,也已有好几部: Michael Smith, *The Moral Problem* (Malden: Blackwell, 1995)、T. M. Scanlon, *What We Owe to Each Other* (Cambridge: Belknap Press of Harvard University Press, 1998)、John Broome, *Rationality Through Reasoning* (Malden: Wiley Blackwell, 2013)、Ernest Sosa, *Judgment and Agency* (Oxford: Oxford University Press, 2015)。

挑选。而在这些参考对象中，有些是直接谈论朱子的（例如杨祖汉的文章），有些虽非专论朱子，却是将上述问题放在儒家哲学的脉络中来处理（例如倪德卫之于孟子、黄勇之于二程），也对我们的讨论有所裨益。

先看倪德卫。我们参考的是他在 *The Ways of Confucianism: Investigations in Chinese Philosophy* 文集中的两篇文章：第六章"Weakness of Will in Ancient Chinese Philosophy"和第七章"Motivation and Moral Action in Mencius"。[①]

我们谈论中的"动力问题"，其实和一个在哲学世界长久思考的现象——意志软弱（weakness of will，又译"意志不坚"）——息息相关。"Weakness of Will in Ancient Chinese Philosophy"一文即大体从"意志软弱"入手来叩问古代中国哲学（尤其孟子），揭示他们在此课题上的思考和立场。不过，倪德卫对于"意志软弱"的扼要界说，却见于"Motivation and Moral Action in Mencius"一文："有时情况似乎是：我判断我应该做某事，却没能或没有控制住那些驱使我不去做此事的诱惑。"[②]据此可知我们的"动力问题"为何与意志软弱现象息息相关：我们为何会向朱子提出"动力问题"——从格物穷理到具体为善去恶之间的那个实践动力何来？正因为意志软弱的现象实在太常见了——明明知道或判断应该做，却竟然做不来。

有意思的是，倪德卫在中西哲学对照之下，发现孟子以来儒家看待意志软弱现象的特色。在"Weakness of Will in Ancient Chinese Philosophy"里，他指出西方哲学家长久以来的困惑：

① David S. Nivison, *The Ways of Confucianism: Investigations in Chinese Philosophy* (Chicago: Open Court, 1996), pp. 79–90, 91–120.

② "Sometimes it seems that I judge I should do something yet cannot or do not control temptations which move me not to." David S. Nivison, *The Ways of Confucianism: Investigations in Chinese Philosophy*, pp. 91–92. 引文由笔者中译，下同。

　　从最早的时代起,很多西方哲学家已对以下事情如何能够发生感到疑惑:我可以同时(a)知道我应该做某类事情,并且(b)知道采取某一特定行动(这一行动是我能采取的)即实现了我所应做的那类事情,却竟然(c)不做,甚至恰恰做出相反的事情来。①

这其实是关于意志软弱的一个较详细的界说。接着,倪德卫继而申论,上述困惑的成因其实在于某种可能是错误的假定:

　　在我看来,这个困惑的成因是:我们假定……"实践我们认为正确之事"所具备的吸引力,跟我们在"实践我们相信——举例来说——会带给我们感官快乐之事"时所感受到的吸引力,乃同一种吸引力。②

笔者认为,倪德卫这个论点可不简单,因为它力图冲淡或突破意志软弱现象的困惑性(不可理喻的程度)。就是说,我们之所以觉得这个现象极不可理喻,其实是由于我们有一个基本假定。试设想,当我们口渴时碰见水,会自动地、毫不迟疑地把水喝下,因为我们相信,喝水会带给我们"解渴"的感官快乐,此所以"喝水"这个行为有巨大的吸引力。然

---

① "Many Western philosophers, from earliest times, have been puzzled about how it can happen that I might both (a) see that I ought to do a certain kind of thing, and (b) see that to take a particular option now open to me would be doing that kind of thing, yet (c) not do it, perhaps do the exact opposite." David S. Nivison, *The Ways of Confucianism: Investigations in Chinese Philosophy*, p. 87.

② "A reason for this puzzle seems to me to be this. We assume ..., that the attraction for us in doing something because we see it to be right is an attraction of the same kind as the attraction we feel toward doing something that we believe, for example, would give us sensual pleasure." David S. Nivison, *The Ways of Confucianism: Investigations in Chinese Philosophy*, p. 88.

而，"实践我们认为正确之事"所具备的吸引力，跟"口渴时喝水"的吸引力相比，又能否等量齐观呢？倪德卫即表示怀疑，并认为两者的等量齐观只是"我们"——西方哲学家——的假定。基于这个假定，道德上的意志软弱才会显得很不可理喻："口渴时喝水"会毫不迟疑，为什么"知善而行善"有时会这么困难？倪德卫进而指出，这种"假定的等量齐观"同时展现成两种样态：

> 我们假定，倘若我们事实上行善，这是由于我们对（作为一件善事的）此事的赞成态度（favorable attitude）决定了（has caused）我们去做它。另一方面，我们假定，倘若我们事实上行恶，这是由于我们实际上恰恰把此事判断为善，才会受到更大的吸引力去做它。第一个假定导致很多哲学家在解释意志软弱时试图离间开动机（motivation）与道德知识（knowledge of obligation）。第二个假定则概括在我们的口头禅里：我们须从别人的行为来推敲其道德信念，而非从其言论。①

引文中，与我们特别有关的当然是第一个假定。哲学家们由于假定为善去恶的吸引力与感官快乐的吸引力等量齐观，从而假定当我们判断一事为善（即对一事持有引文所谓"赞成态度"），便有充足的力量决

---

① "We assume that if we actually do the right, it is because our favorable attitude toward it as right has *caused* us to do it; on the other hand, we assume that if we actually do the wrong, it is because in our being more strongly attracted to *it* we, in effect, judged it to be right-for-us. The first assumption leads many philosophers in accounting for weakness of will to try to drive a wedge between motivation and knowledge of obligation. The second we summarize in the cliché that one must infer others' moral beliefs from their acts, not from their words." David S. Nivison, *The Ways of Confucianism: Investigations in Chinese Philosophy*, p. 88.

定我们去做它；如同当我们在口渴时判断面前之物能解渴，便足以使我们去喝它一般。这样，当面对有目共睹的意志软弱现象时，这些哲学家为了解释此现象，自然会怀疑道德知识或道德判断与道德实践动机之间的关系：有如此的判断，也不一定有相应的实践动机。倪德卫言下之意，就是说这种怀疑大可不必：即使有意志软弱的现象存在，我们也无须怀疑道德判断之足可开发出实践动机。启迪他这样想的人就是孟子，因为孟子正好没有做过上述各项假定。倪德卫甚至相信，孟子以降的儒者都没有那些假定①。

倪德卫这样概述孟子的立场：

> 根据孟子的心灵模型（model of mind），我可能被美食吸引但知道吃下它会是偷窃，因而是错误的。知道此，我即有一倾向（disposition）不去吃它……然而，要令此道德倾向（disposition toward the moral）介入感官与对象物之间，端赖"心"（mind-heart）做出一种行为——可见"道德倾向的介入"不是自动的。②

就是说，在孟子，道德实践的倾向一定伴随道德认知（知是知非）而出现。但是，要使此倾向实际地"介入感官与对象物之间"（"感官"代表例子中对美食的欲望，而"对象物"则指美食），意即具体落实为道德实

---

① David S. Nivison, *The Ways of Confucianism: Investigations in Chinese Philosophy*, p. 89.
② "On Mencius's model of mind, I may be attracted to some delicious food but know that eating it would be theft, and wrong. Knowing this, I have a disposition not to eat it .... But for that disposition toward the moral to be interposed between sense and object requires an *act* of mind-heart. It is not automatic." David S. Nivison, *The Ways of Confucianism: Investigations in Chinese Philosophy*, p. 89.

践,则需要一重工夫——"心"做出一种行为。用孟子的术语来说,这种"心"的行为以《孟子·告子上》的"思"——"主动争取并专注于善"(a voluntary seeking as well as cognitive focusing on the good)[①],乃至《孟子·公孙丑上》的"持其志"(hold the will firm)[②]及"必有事焉"(you must work at it)[③]来代表。倪德卫借此表明,孟子在意志软弱一课题上开启了完全不同的分析方式:纵然有意志软弱的现象存在,我们也不用怀疑道德认知、道德判断能开发出道德实践倾向或动机;问题不在于我们缺乏此倾向,倒在于我们不懂如何去运用此倾向(not know how to employ that disposition)[④]。

倪德卫举例说,情形就有如学生学弹钢琴,他知道应该用正确的指法去控制琴键,并且要保持从容,但就是没能把这些实践出来;这并非由于他缺乏实践倾向、动机或意愿——这是一定有的,而是由于他未能掌握技艺。"技艺"正是使得"倾向"能够落实的关键因素,而它需要我们自觉地采取行动去锻炼。放回道德实践上讲,道德倾向随道德认知而有,这不成疑问;但要从道德倾向过渡至具体的为善去恶,则端赖"心"去采取行动。

如果倪德卫的诠释不差,则孟子确然在意志软弱的课题上提供了饶富意义的思考方向。无怪乎倪德卫在"Motivation and Moral Action in Mencius"一文更干脆提出,在"行动失败"(action failure)的问题上,"我认为 acedia 而非 akrasia 才是早期中国道德哲学家所关注的问题形式"[⑤]。此中,akrasia 即指意志软弱,如同前面所引述的界定:"我判断我

---

① David S. Nivison, *The Ways of Confucianism: Investigations in Chinese Philosophy*, p. 87.
② Ibid., p. 89.
③ Ibid.
④ Ibid.
⑤ Ibid., p. 92.

应该做某事，却没能或没有控制住那些驱使我不去做此事的诱惑。"而 *acedia*（或译"懒惰"）则指这样一种情况："我判断我应该做某事，却正好没有或也许没能足够用心（care enough）把它做出来。"[①] 倪德卫前后两种说法确是有点出入：前一说表示孟子在意志软弱课题上开启了不同于西方哲学的分析方式；后一说则把概念上提一层，以"行动失败"来统摄 *akrasia*（意志软弱）与 *acedia*，指出早期中国哲学家所关切的其实是后者。简言之，前一说表示孟子也思考意志软弱（只是他的分析方式很特别），后一说则表示中国哲学家们所关心的问题其实是 *acedia*。但尽管有此出入，倪德卫的用意还是一致和清楚的：孟子以降的儒家哲学，基本上不怀疑道德认知或判断能生成道德实践的倾向或动机；只是，此倾向不会自动落实为道德践履，中间还需要一重工夫。这一论点在下文第三节将会重提，它有助我们拓深"动力问题"的意义以及进一步剖析朱子在这个问题上的思考。

此外，关于倪德卫，尚有两点需要补充。首先应强调，笔者不打算斟酌倪德卫对孟子的诠释。我们的焦点始终在朱子，而倪德卫的说法只有在"能帮助我们分析朱子"之意义下被采纳。换言之，我们不会亦不必假定他的孟子诠释为正确。其次，上述倪德卫的说法会引出一个有趣的问题（他在书中亦有提出来讨论）：将道德倾向落实为道德践履，中间需要"心"去做出一种行为；既说"行为"，其背后自必有一"行为之动力"，然则这个"把倾向落实为践履的行为"本身的动力又何在？若我们不能解释之，则这种行为岂非又欠缺动力，而其发动、运作实乃出自勉强？对此，倪德卫亦提出了有趣的答案。基于讨论流程的考虑，我们也把他的答案放到第三节交代。

---

① David S. Nivison, *The Ways of Confucianism: Investigations in Chinese Philosophy*, p. 92.

　　倪德卫为我们揭开了意志软弱的课题，现在顺势引介黄勇对程颢和程颐的相关分析，尤其是发端于程颐的"真知"概念，这就跟朱子愈来愈接近了。我们参考的是黄勇的近著 *Why Be Moral? Learning from the Neo-Confucian Cheng Brothers* 之第三章："Knowledge (*zhi* 知): How Is Weakness of the Will (*akrasia*) *Not* Possible?"[1]该章旨在论证：对二程（尤其程颐）来说，意志软弱其实是不可能的；并且，与持有相同主张的传统西方哲学家相比较，二程的思考更深入，更能避免质疑。

　　黄勇也是从我们耳熟能详的现象谈起："我们经常听到：'我知道什么是道德，但我就是做不来'或'我知道这事是错的，但我就是制止不了自己去做它'。"[2]然而，若要较精密地探究意志软弱，他认为我们应把它和其他"有意地（intentionally）做出不该做的事"之现象区别开来[3]。特别是当我们主张意志软弱的现象其实不存在时，我们有责任解释：那些被错认为或误称为"意志软弱"的现象，实际上究竟是什么。正如我们平常说"太阳下山"，实则太阳没有下山，这只是地球自转所造成的视觉幻象。于是，在意志软弱之外，黄勇列出了其他六种"有意地做出不该做的事"之现象，当中最值得注意的是第五种，他称为"疏忽"（negligence）：一个人基于无知而做出不该做的事，而此无知乃出于那人的疏忽——他没有尽责地去了解他能够并且应该知道的事，包括他应该做什么和正在做什么[4]。换言之，与无可奈何的无知（例如，由心

---

[1] Yong Huang, *Why Be Moral? Learning from the Neo-Confucian Cheng Brothers* (Albany: State University of New York Press, 2014), pp. 99–129.

[2] "Often we hear it said that 'I know what is moral, but I just cannot do it' or 'I know it is wrong, but I just cannot help but do it.'" Yong Huang, *Why Be Moral? Learning from the Neo-Confucian Cheng Brothers*, p. 99.

[3] Yong Huang, *Why Be Moral? Learning from the Neo-Confucian Cheng Brothers*, p. 100.

[4] Ibid.

智缺陷或信息不足所导致的无知)不同,"出于疏忽的无知"是那些"有意地做出不该做的事"的人所应该负责的。这个现象之所以格外值得注意,是因为黄勇的一个主要论点:对二程来说,意志软弱——我明知一事应做(或不应做),而我的意志却无力去做(或不做)——实际上不可能发生;所谓意志软弱的现象,实情只是"疏忽"。

倘若黄勇的诠释正确,则二程的立场显然涵蕴着:知善知恶足以推动为善去恶的实践(知而不行的情况是不存在的,问题只在当事人有否尽责地去知;只要一知,他即能行)。诚如黄勇所指出:"'意志软弱是可能的'此一理念的核心是这样一个声称:一个人的知不必然导致他去行",而"在这课题上,一个典型的儒家观点是'知导致行'(knowledge leads to action)。如果问意志软弱是否可能,儒家的答案会是'否'"①。

显而易见,这种"典型的儒家观点"马上会遭到质疑。举例来说,很多吸烟人士分明知道应该戒烟,但就是戒不了。依儒家观点,他们不是意志软弱,亦非"知无力推动行",而是他们根本不知应该戒烟——这种说法不是太霸道吗? 人家分明知道,而你强行说他们不知,这恐怕只是为争拗而争拗。

要应付这种质疑,一条可行的出路就是建立一套"知"的两层论,区分开两种类型或两个层次的"知"。举例来说,上面那群不能戒烟的吸烟者,其所谓"知道应该戒烟"的"知",只是一种低层次的知;倘若他们所具备的是高层次的知,便一定会戒烟。采用这个策略,儒家便既

---

① "... central to the idea of possibility of weakness of the will is the claim that one's knowledge does not necessarily lead one to action." "... one typical Confucian view on this issue is that knowledge leads to action. If asked whether weakness of the will is possible, the Confucian answer is 'no.'" Yong Huang, *Why Be Moral? Learning from the Neo-Confucian Cheng Brothers*, pp. 105-106.

能维持"（高层次的）知必能推动行"的立场，又能承认那群戒烟失败者乃"知（低层次的知）而不能行"，而无须粗暴地否定他们具有相关的知（低层次的知）。事实上，程颐正是采用这种策略。黄勇在文中即整理出程颐对于"知"的三种二分方式，以下分述之。

第一种二分，黄勇称为"深知"（profound knowledge）与"浅知"（shallow knowledge）[①]。他引用的文献证据是这条程颐语：

> "守死善道"，人非不知，终不肯为者，只是知之浅，信之未笃。[②]

黄勇对此阐释说："此可见他承认这种可能性：一个人知道，却不相应此知而行。然而在他看来，这只是浅知；凡浅知的，就不是一个人所笃信的。当知之深，而一个人笃信之，他便不能不据此知而行。对程颐来说，浅知不能算作真正意义的知。"[③]

如果嫌第一种二分的证据未够充分（例如程颐只说到"知之浅"，未有名词化地提出一"浅知"概念），则相对地，第二种二分——"真知"（genuine knowledge）与"常知"（ordinary knowledge）——的证据就很直接了：

> 真知与常知异。常见一田夫，曾被虎伤，有人说虎伤人，众莫

[①] Yong Huang, *Why Be Moral? Learning from the Neo-Confucian Cheng Brothers*, p. 112.

[②] 程颢、程颐，《伊川先生语九》，《河南程氏遗书》，卷二十三，第305页。

[③] "So here he acknowledges the possibility of someone who knows and yet does not act according to this knowledge. However, in his view, this is a shallow knowledge; it is not something one firmly believes in. When knowledge is profound, and one firmly believes in it, one cannot fail to act upon this knowledge. For CHENG Yi, such shallow knowledge cannot be regarded as knowledge in its proper sense." Yong Huang, *Why Be Moral? Learning from the Neo-Confucian Cheng Brothers*, p. 112.

> 不惊,独田夫色动异于众。若虎能伤人,虽三尺童子莫不知之,然
> 未尝真知。真知须如田夫乃是。<u>故人知不善而犹为不善,是亦未</u>
> <u>尝真知。若真知,决不为矣。</u>[①]

黄勇认为,前述"深知"与"浅知"的区分,跟这里"真知"与"常知"的
区分,性质同一[②]。此所以程颐会说:

> 知有多少般数,<u>煞有深浅</u>。向亲见一人,曾为虎所伤,因言
> 及虎,神色便变。傍有数人,见佗说虎,非不知虎之猛可畏,然不
> 如佗说了有畏惧之色,<u>盖真知虎者也</u>。学者<u>深知</u>亦如此。且如脍
> 炙,贵公子与野人莫不皆知其美,然贵人闻着便有欲嗜脍炙之色,
> 野人则不然。学者须是<u>真知</u>,才知得是,便泰然行将去也。某年
> 二十时,解释经义,与今无异,然思今日,觉得意味与少时自别。[③]

这段话里,脍炙的例子以至"意味"一词均传达着重要的信息,我们之
后,特别在第三节里将予详述。现在先留意引文里"深知"与"真知"
之交替出现,反映出"知的深不深"与"知的真不真"确然是同一个课
题,证实了黄勇的论断之余,亦显示他的第一种二分——"深知"与

---

① 程颢、程颐,《二先生语二上》,《河南程氏遗书》,卷二上,第16页。此条并未标明
  为程颢语还是程颐语,但《河南程氏遗书》卷十八《伊川先生语四》则载程颐说:
  "向亲见一人,曾为虎所伤,因言及虎,神色便变。傍有数人,见佗说虎,非不知虎
  之猛可畏,然不如佗说了有畏惧之色,盖真知虎者也。"(第188页)又据后来朱子
  之称引,如"伊川所谓说说虎者之真知"(朱熹著,黎靖德编,《朱子语类》卷十八,第
  408页)、"伊川尝言虎伤者,曾经伤者,神色独变,此为真见得,信得。凡人皆知水
  蹈之必溺,火蹈之必焚。今试教他去蹈水火,定不肯去。无他,只为真知"(《朱子
  语类》卷二十八,第715页)等,可知程颐向有以虎伤经验说真知之例。
② Yong Huang, *Why Be Moral? Learning from the Neo-Confucian Cheng Brothers*, p. 112.
③ 程颢、程颐,《伊川先生语四》,《河南程氏遗书》,卷十八,第188页。

"浅知",虽非直接的程颐语(程颐并未直用"浅知"一词),唯其提炼引申仍属有理(尤其"深知"一词确出自程颐)。

黄勇如此理解"真知"的特性:"在程颐看来,虽说真知必定来自直接经验(direct experience),但并非所有来自直接经验的知皆为真知。真知乃来自一种特定类型的直接经验:内心体验(the inner experience)。"[1]笔者赞同这种理解,理由正如黄勇自己指出,在上述引文里程颐自道其阅读经籍的心路历程显示,"亲身读经"这种"直接经验"他早已有了,但以"今日"的造境与"少时"相比,"意味自别"。可见"直接经验"(例如亲身读经)并不保证有"真知"(或"深知")[2]。这些"直接经验"必须得到"内心体验"的加持(例如曾被虎伤者的"畏惧"、贵人的"欲嗜脍炙"等,均是"有内心体验"的征象),才能唤起"真知"。这种理解足可释除一种关于"真知"的疑虑,但在阐明之前,先看程颐对"知"的第三种二分。

第三种二分即"德性之知"(knowledge of/as virtue)与"闻见之知"(knowledge from hearing and seeing)。程颐说:

> 闻见之知,非德性之知。物交物则知之,非内也,今之所谓博物多能者是也。德性之知,不假闻见。[3]

"德性之知"的关键就是"内",即前述"内心"之"内"。黄勇因此解释

---

[1] "... in Cheng's view, while genuine knowledge must be from direct experience, not all knowledge from direct experience is genuine knowledge. Genuine knowledge is one from a special kind of direct experience: the inner experience." Yong Huang, *Why Be Moral? Learning from the Neo-Confucian Cheng Brothers*, p. 113.

[2] Yong Huang, *Why Be Moral? Learning from the Neo-Confucian Cheng Brothers*, p. 113.

[3] 程颢、程颐,《伊川先生语十一》,《河南程氏遗书》,卷二十五,第317页。

说:"程颐这里通过借用张载将德性之知与闻见之知对起来的想法,把他的'真知'或'深知'的意思说明得更清楚。在这种区分下,当闻见之知是外在的知(external knowledge)(不论来自直接经验还是间接经验),德性之知则是来自内心体验的内在的知(internal knowledge)。"[1] 由此可见,"德性之知"基本上即同于"真知",其特征在于"内心体验"。此所以黄勇随即拈出程颐的"默识心通""自得""体而得之"等观念作为对"德性之知"的补充说明[2]。

姑且勿论黄勇的理解正确与否(正如我们不拟斟酌倪德卫对孟子的理解,我们也无意检验黄勇对程颐的诠释;重点是他们对我们探讨朱子哲学问题所带来的启示),至少在我们的主角朱子心中,"德性之知"与"真知"应该是同一种知:

> 闻见之知与德性之知,皆知也。只是要知得到,信得及。如君之仁,子之孝之类,人所共知而多不能尽者,非真知故也。[3]

按文意,显然"德性之知"与"真知"分享了一种共同特性:"知得到,信得及",而它们的效果就是"能尽"——能实践——仁孝等。有一点值得注意,"德性之知"在《朱子语类》中一共只出现过四次,当中三次更是出自问者之口,非由朱子主动提出。与之相比,"真知"的出现则频繁得多。我们似可这样推论:从张载(字子厚,号横渠,1020—1077)首揭"德性之知"这概念起,中经二程(尤其程颐),及至朱子,它已被完全吸收进"真知"概念里,不必再单独提出和谈论。另亦可注意,从朱子

---

① Yong Huang, *Why Be Moral? Learning from the Neo-Confucian Cheng Brothers*, p. 113.
② Ibid., pp. 113–114.
③ 朱熹著,黎靖德编,《朱子语类》,卷六十四,第1560页。

以"信得及"这种"内心体验"的征象来描绘"真知",我们即联想到上文的"心甘意肯"一词,并同时见出"心甘意肯"地为善去恶的关键。就是说,到了"真知"境界,吾人便有充足的动力去作为善去恶的道德实践。因为在"真知"境界里,吾人"信得及",故而"能尽",此之谓"真知即能行"。

　　上面说过,黄勇对"真知"的理解——"真知"来自有内心体验的直接经验——有其理论优点:强调"内心体验"这一元素,足可释除一种关于"真知即能行"的疑虑。黄勇在文章一个注脚里提到这种质疑,他称为"循环推理之潜在难题"(the possible problem of circular reasoning),大意是:"真知"乃通过其"能导致行动"来界定,但反过来说,"真正的行动"(proper action,与"盲目行动"和"被迫行动"相对)又以"由真知引导"来界定,这就是所谓"循环推理"。黄勇的回应大概是:的确,从观察者的角度看,所能看到的只是一行动者之外在行动,看不到他里面的"知"到底是真还是不真;然而,行动者自己却有足够能力判断其"知"的素质[1]。正是如人饮水,冷暖自知,"内心体验"之有无(有"内心体验"即为"真知"),外人看不出(或至少不易看出),但行动者可以自验。其实牟宗三也提出过类似质疑,针对的是上文引录过的一段《朱子语类》答问,朱子主动问门人魏椿:"知极其至,有时意又不诚,是如何?"[2] 其后朱子再问:"今有二人:一人知得这是善,这是恶;又有一人真知得这是善当为,恶不可为。然后一人心中,如何见得他是真知处?"[3] 魏椿又无对,然后朱子笑曰:"且放下此一段,

---

[1]　Yong Huang, *Why Be Moral? Learning from the Neo-Confucian Cheng Brothers*, p. 281.
[2]　朱熹著,黎靖德编,《朱子语类》,卷十五,第303页。
[3]　同上。

缓缓寻思，自有超然见到处。"①牟宗三批评说：

> 实则在朱子之说统中，此并无玄妙，只不过验之于"他律之行"耳。能够真他律地而行，即见其为真知。而朱子于此却不说破，却让他"且放下此一段，缓缓寻思，自有超然见到处"。如果魏椿真能"超然见到"，则恐将要放弃朱子之泛认知主义的格物论，而另寻意诚之路矣！②

这个质疑的基点在：真知与否，需由行动来判定。于是，朱子的问题虽或许不在"循环推理"，却可能在"同义反复"："真知"其实没有独立意义，它的意思基本就是"能行"。这样，"真知即能行"一命题，说穿了其实不过是"能行即能行"之赘语（tautology）。然而，经过黄勇点出"内心体验"作为"真知"的关键元素后，牟氏的疑虑是可以解开的。我们设想，有两个人读到书上印着一个三段论证：凡人皆会死，孔子是人，所以孔子会死。此时，两人对该论证均有"知"。接着，两人皆诵读出该论证（相当于"行"）。但是，其中一人只是条件反射地照着书上所写而一字一句念诵，另一人则随着阅读，心中呈现出一种"被说服感"，真感到该论证有说服力而念诵。我们于是有理由说，两人虽同有知，然其知的素质或层次则异：前者的知只相当于"闻见之知"，后者的知却相当于"德性之知""深知""真知"。两人的分野就在于那个"被说服感"（内心体验）之有无。外人容或只听到两人诵出一模一样的字句，而不必能判定谁有那个"感"，但当事人自己是清楚的。换言之，"真

---

① 朱熹著，黎靖德编，《朱子语类》，卷十五，第303—304页。
② 牟宗三，《心体与性体》，第三册，第405页。

知"的含义不应化约为"能行"，以免其灵魂——内心体验——被遗落。由此可见"内心体验作为真知之要素"一义的重要性。

现在还有一个问题：虽说"真知"来自"内心体验"，但此"内心体验"又是如何获得的呢？更清楚地说，我们想了解的是"助成真知的内心体验"在工夫论意义上的获取办法，是通过思辨？通过行动？讨论之前，让笔者先引介第三位学者杨祖汉的朱子研究。我们将参考杨氏两篇文章：《唐君毅先生对朱子哲学的诠释》[①]与《程伊川、朱子"真知"说新诠：从康德道德哲学的观点看》[②]。

《唐君毅先生对朱子哲学的诠释》一文首先概述唐君毅有关朱子哲学的各篇重要论文的要旨，说明其朱子诠释的前后变化，继而从中抽出较早期的一篇《由朱子之言理先气后论当然之理与存在之理》[③]，予以重点分析。杨祖汉在文首的内容提要里表示：

> 我认为唐先生此一较早期的论文，代表了一个理解朱子哲学的形态。文中表示了对道德法则特性的理解会改变人现实的心理状态，产生相应于道德的心气，而引发实践的力量。此说表示了道德实践的根源动力，可以由对法则的认识而提供。此说既维持了朱子理气二分、心性为二的理论架构，而又说明了实践动力

---

① 杨祖汉，《唐君毅先生对朱子哲学的诠释》，《中国哲学与文化》第7辑（2010年6月），第143—166页。

② 杨祖汉，《程伊川、朱子"真知"说新诠：从康德道德哲学的观点看》，《台湾东亚文明研究学刊》第16期（2011年12月），第177—203页。

③ 唐君毅，《由朱子之言理先气后论当然之理与存在之理》，《中国哲学原论：原道篇》，卷三。杨祖汉在文中表示，唐氏此文原题为《朱子理气先后论疏释：朱子道德形上学之进路》，后收入《中国哲学原论：原道篇》卷三之附录中，改名为《由朱子之言理先气后论当然之理与存在之理》，见杨祖汉，《唐君毅先生对朱子哲学的诠释》，《中国哲学与文化》第7辑（2010年6月），第143页注脚1。

的来源。我认为唐先生此一对朱子学的理解，可与牟宗三先生对朱子学的诠释并存，可能是对朱子学的一个善解。[①]

我们可以看出三点。第一，杨氏试图在不动摇牟宗三的朱子诠释的情况下，对朱子哲学作进一步的思考。第二，此"进一步的思考"即体现在对牟宗三提出的疑问——有关"道德实践的根源动力"——予以回应。第三，其回应立根于唐君毅《由朱子之言理先气后论当然之理与存在之理》一文，旨在说明"对道德法则特性的理解会改变人现实的心理状态"，而"道德实践的根源动力"即从中产生。

　　杨祖汉在文中对唐君毅的观点有详尽的引述和分析。而在其述及之唐氏文字中，笔者认为以下这段话于我们的讨论而言最为重要：

　　　　吾人如反省吾人于当然之理之体验，吾人首发现者，即当然之理之呈现于吾人也，乃首表现出一<u>命令之姿态</u>，命令吾人应遵此理而行，以实现此理。质言之，即表现为当实现之一理。而"当然"云者，即当如此然之意，亦即当如此实现之意。<u>故吾人于觉一当然之理时，吾人即有不容吾人之不遵此理而行，不得不使此理实现于我之感。</u>此即所谓道德义务之感。如人无道德意识，或有之而不加反省则已，如有之而加以反省，人皆可发现如此之义务感。[②]

对于唐氏的看法，笔者先试以自己的语言解释。本章第一节曾表示：牟宗三相信，唯有当"理"对"心"而言不是一<u>外在对象</u>时，方可言

①　杨祖汉，《唐君毅先生对朱子哲学的诠释》，《中国哲学与文化》第7辑（2010年6月），第143页。
②　同上书，第151页。

"'心'之甘愿服从'理',因而具有充分动力去作为善去恶的道德实践";又提到:劳思光《大学中庸译注新编》中"致知"的注释下,编者黄慧英加了一段编按:"朱子所解'致知'中的'知'是知事物之理而非对客观世界的认知,而此事物之理(即'穷理'之理)又是事物'所以然之理'与'当然之则',如此,'格物'、'穷理'便不是知识之事……假若这样理解朱子之意,则'致知'便不是一般的认知意义……"现在可把两段话综合起来看,当朱子一方面认为"心"并非本然纯善,而为可善可恶(详见本书第一章),一方面在工夫论上强调"穷理"或"知理"时,我们的确很难拒绝牟宗三对他的定性:心不即是理(如果"心即理",那么"心"就是本然纯善)、理是心之(外在)对象(牟氏以"他律"形容之,详见本章第一节)。然而以下笔者想论证:"理"即使是对象,也是一类"特种对象",与一般对象不同。

为方便讨论,我们试为两类对象各给一称谓:我们沿用"理"字去称呼"特种对象",而一般对象,我们则称为"信息"。现在我们要说明,"(心)知理"不同于"(心)知信息",尽管"理"与"信息"对心而言皆有对象性。笔者认为,"知信息"最少有两个特点:第一,可通过灌输而知;第二,以"成功记诵"为"知"。我们以孩子学习英文字母的次序为例。"字母 L 之后是字母 M",正是笔者所谓的"信息"。一方面,它可以灌输给孩子;另一方面,我们何时可说一个孩子"知字母 L 之后是字母 M"?即在其"成功记诵字母 L 之后是字母 M"时说——"成功记诵"与否,就是"知"与"不知"的分界,能"成功记诵"即"知"。

"特种对象"的情形又如何呢?我们重提上文一个例子:凡人皆会死,孔子是人,所以孔子会死。这是一个有效的(valid,或译"对确的")论证——当全部前提为真,结论便必然为真。我们现在应考虑:"这个论证是有效的"本身是不是一条"信息"?骤眼看,它似乎也可以灌输，一个逻辑老师可以告诉他的学生：这个论证是有效的。但深一层想，其实我们只能说，这个论证的字句可以灌输（同时从学生方面说：可以记诵）、"有效论证"的定义可以灌输（和记诵），而不能说"这个论证是有效的"可以灌输（和记诵）。理由是，那个学生若是真知道"这个论证是有效的"，他必须同步地在主体方面（或简言之：在"内心"）呈现出一种"感"（如同上文所说"被说服感"的那种"感"）。这个"感"让他确认：那个论证的所有前提的"真"，能传递到或过渡到结论中去，以保证结论为真；只有经此确认，他才算知道"这个论证是有效的"，而在此确认中所把握到的"传递性""过渡性"或"保证力"，不可能离开那个"感"而被把握，两者必须同步呈现。至于逻辑老师，他只能灌输论证的"躯壳"，即那三个句子，以至"有效论证"的定义，而不能将那些"传递性""过渡性"或"保证力"灌输给学生。在学生方面说，他也只能记诵那三个句子和"有效论证"的定义，至于那些"传递性""过渡性"或"保证力"（就是说，"这个论证是有效的"的灵魂所在），他是不可能记诵的，只可通过那个"感"来"体会"。

　　相应地，现在落到道德上讲。我们试接上之前提到的"戒烟"例子。通过刚才的"知英文字母次序"和"知这个论证是有效的"两件事的对照，笔者想类比地指出：一个人"知吸烟有损健康"和"知我应该戒烟"是不同的，因为"吸烟有损健康"和"我应该戒烟"是两种对象，前者是信息（一般对象），后者是理（特种对象）。表面上看，两个命题都涉及一种"以主识客"的主客结构："主"指的是"我"或"心"（由于朱子的"穷理"是一种"以心知理"的活动，是故我们也顺用"心"这个字眼）；"客"指的是对象，即"吸烟有损健康"和"我应该戒烟"。可是实际上，两种"以主识客"是不一样的（假定"我知我应该戒烟"也能称为"以主识客"）。"知吸烟有损健康"的"知"，可以仅仅通过灌输和记诵来完成,或用日常的语言说:可以仅仅通过别人的报告而得悉。然而,"知我应该戒烟"的"知"却必须在主体方面给出一种反应时,方算完成——缺了这种反应,便说不上"我知我应该戒烟"。这种反应,实即前面一再谈到的"被说服感"之"感"。或据唐君毅的说法而加上笔者的修饰,就是"被当然之理所命令之感"——我不得不遵此理而行,否则是我理亏。诚如唐氏在引文里说:"故吾人于觉一当然之理时,吾人即有不容吾人之不遵此理而行,不得不使此理实现于我之感。"若无此"感",则所谓"觉一当然之理"(例如,"我应该戒烟"),便无异于仅仅记诵了一个命题或句子(这正是"闻见之知")。只有当主体方面有这个"感",然后那个当然之理的"当然性"或"规范力""命令力"(如同前面说"传递性""过渡性"或"保证力"之为"这个论证是有效的"的灵魂所在,"当然性""规范力""命令力"就是当然之理的灵魂所在)才能进入"我"的视野,或呈现于"我"的意识之中。

一言以蔽之,作为"一般对象"的信息,可以有如输入电脑般外加而被动地输入进心灵之中,但作为"特种对象"的理,却必须在心灵主动给出一种反应时,其"知"方能完成。因此我们说,即使牟宗三对朱子哲学之定性为正确:心不即是理,理是心之(外在)对象,但理作为对象,也是一类"特种对象"。

以上分析,用的虽是笔者自己的语言,然其大意,在唐君毅《由朱子之言理先气后论当然之理与存在之理》一文皆可得到印证:

> 在义务意识中,吾人认识一当然之理,然此当然之理,即我当如何行为之理。吾真对此理有认识时,乃在感此理对吾人下命令时,亦即在此命令之贯彻于我时。如吾人不感此理之命令之贯彻

于我，则不能认识之为我所当如何行为之理。我之能认识之，唯在其对我有所命令，我之有所感动上。①

　　而所谓我之感其命令、感其呈现一作用而认识之，我即有心气之动，与之相应而去实现之。故其真实性被认识被肯定，即在其能转移我之心气或我有心气之转移上，被认识被肯定。故理之真实性之肯定，与其被认识及心气之转移三者，在此处乃相待而成，相持而长。……吾之肯定理之真实性之肯定一停止，吾之认识此理之活动即停止，而从理而生之心气，亦即懈弛而退堕。……此皆义务意识之体验所昭示。②

说到这里，如要接上我们的"动力问题"，答案实已呼之欲出：上面所屡言的"感"——被命令之感，正是道德实践之动力所在。吾人对道德之理不知则已，或不"真"知则已（即仅仅停留在"闻见之知"的层次），若真知得，自当有相应的实践动力而能行。此正如唐君毅说："因当然之理如不呈现则已，如其呈现，则呈现为命令吾人之遵从，而不容吾人之不遵从者。"③

　　但是，有一点应该注意：无论是前面笔者说"知理"与"主体方面呈现出一种'感'"乃同步发生，还是刚引唐君毅说"理之被认识"与"心气之转移"乃"相待而成，相持而长"，均表示"我知理"与"我有感"之间没有先后因果的关系。就是说，并非"我先知理"然后"我有感"，而是"我知理"和"我有感"乃同一回事，同时发生。这不会使得

---

① 转引自杨祖汉，《唐君毅先生对朱子哲学的诠释》，《中国哲学与文化》第7辑（2010年6月），第158页。
② 同上书，第160页。
③ 同上书，第161页。

"真知即能行"变成一赘语（tautology），因为我们没有把"真知"化约为"能行"，而是说"有（被命令之）感即能行"——"真知"以"有感"来规定，而"有感"与"能行"并非同义词，故没有赘语的嫌疑。然而，还是那个问题：既说"知""感"同时而无因果关系，则这个"感"——亦即之前黄勇所说的"内心体验"——又是从何而来？这将是下一节的课题之一，有助于我们拓深"动力问题"：此前讨论的是问题之浅义，届时将揭开问题的深层疑难。

现在先回到杨祖汉的文章，提出两点补充。首先，杨氏是在基本接纳牟宗三的朱子诠释上，对其评断予以再思，试图借用唐君毅的观点来再考察朱子理论中的实践动力问题。经过上面的讨论，笔者认为杨氏的工作是成功的，或至少开辟出一条可行的思路。像他说：

> 牟先生之质疑，当然是有充分理据的，但若朱子所说之理，是可如唐先生所理解的，即乃是道德之理，则理之不活动及心是气心，并不足以为朱子理论之偏失处。只表示朱子之说为另一形态之道德实践理论，此一形态之理论虽未肯定心即理，而直下以本心为实践行动之源，但亦有其实践行动之根源动力，即由人对道德之理之认知、肯定而生发实践之动力。[1]

> 唐先生此处言心与理之关系，仍是心、理为二，此应合于朱子之理气心性论；但虽心、理为二，心对于理须由认识活动以知之，然而不同于牟先生据此而认为朱子是以"讲知识的态度来讲道

---

[1]　杨祖汉，《唐君毅先生对朱子哲学的诠释》，《中国哲学与文化》第7辑（2010年6月），第156页。

德"，是"泛认知主义的讲法"。……若以此意诠释伊川、朱子所言若对理有真知，必有真正之道德行为产生之说，可避免说伊川、朱子是泛认知主义之批评。①

其次，如同前面所分析，杨祖汉亦多次强调朱子穷理之学中的"知理"（知道德之理或当然之理）活动为一种特别的认知活动：

此理并不同于一般经验知识之理，对于知识之理之认知，不必带出行动。②

人对道德之理之认知，及由于知理而生之义务感，并不能看做一如客观地认知对象，及由知识以决定行动之论。……对此，吾人亦须了解对于道德之为无条件之实践之事，此一对道德之认识，是十分特殊的。③

故此认识并非一般的认识，在对理之认识中就有实践的动力给出来。此一说法应该是对道德之理的特殊性格给出了最恰当说明，道德之理为吾人所认识时，此理并不同于一般的被认知的对象，而是一旦认识之，此理对于我的心就马上起作用，即此理会对我下命令，也使我感动，令吾人不得不循理而行，不得不改变自己的心气，而成为相应于理的心气，故若吾人对道德法则有恰当的认识，就可以引发道德的实践动力。④

---

① 杨祖汉，《唐君毅先生对朱子哲学的诠释》，《中国哲学与文化》第7辑（2010年6月），第159页。
② 同上书，第156页。
③ 同上书，第157页。
④ 同上书，第163页。

前述"一般对象"与"特种对象"的划分,正可呼应这些说法。总之,在接受牟宗三"朱子哲学是'心与理为二'的形态"这一诠释下(事实上,笔者认为这种诠释极难动摇,关键在于朱子根本不相信"心"为本然纯善),我们自当承认"理"对"心"具有"对象性";但尽管如此,亦不致使得朱子哲学中的道德实践动力成为全然不可解者。

诚然,本章至今,于二手资料上参考的多,对朱子的一手文献则举证得少,这情形在未来两节将逐渐改变。本节结束前,即让我们引录两条朱子语,以证他至少在形式上和程颐一样,主张"真知即能行",并由此引入下一节的讨论:

> 愚谓知而未能行,乃未能得之于己,岂特未能用而已乎? 然此所谓知者,亦非真知也,真知则未有不能行者。①
>
> 不真知得,如何践履得! 若是真知,自住不得。②

第三节 问题之深化

何故刚才要说得这么保险——朱子"至少在形式上"和程颐一样,主张"真知即能行"? 理由是朱子虽然也讲"真知",但在他的用法里,其内容是否与程颐的"真知"相一致,却非自明而是需要论证的。

我们在上一节看到,程颐的"虎伤"之例,表明"真知"必含有"内心体验"(即黄勇所说的"inner experience")这一要素,而非纯粹以"能

---

① 朱熹,《杂学辨》,《晦庵先生朱文公文集》,卷七十二,第3483页。
② 朱熹著,黎靖德编,《朱子语类》,卷一百一十六,第2793页。

行"来界定。唯此义是否一贯地被朱子继承下来,则要通过朱子文本的检验。我们马上便遇到一则文本的挑战:

> 欲知知之真不真,意之诚不诚,只看做不做如何。真个如此做底,便是知至、意诚。[①]

如此便正好给牟宗三说中:"此并无玄妙,只不过验之于'他律之行'耳。能够真他律地而行,即见其为真知。"(见本章第二节)再推进一步说,这岂不犯了前面提过的"循环推理"或"同义反复"的问题吗?但笔者认为,朱子此说还是比较容易解释的。借用黄勇的看法,朱子所言,可能只是从"观察者视点"出发。就是说,从外人看来,一个人之知是否真、意是否诚,就看他"做不做"。这尚不致否决掉"朱子以内心体验作为真知的内核"之可能。

真正难倒我们的,可能是以下这一条。上一节提过,对程颐来说,真知虎之可畏的人,必然在内心有真畏惧(内心体验);而此畏惧,需由"被虎伤"的直接经验来获得。可是到了朱子却一变而为:

> 又问真知。曰:"曾被虎伤者,便知得是可畏。未曾被虎伤底,须逐旋思量个被伤底道理,见得与被伤者一般,方是。"[②]

当然我们可以说,那些没有被虎伤的经验的人,如要真知虎之可畏,总不成要主动尝试被虎伤来获取相关的内心体验。故此朱子提出个"逐旋

[①] 朱熹著,黎靖德编,《朱子语类》,卷十五,第302页。
[②] 同上书,第309页。

思量道理"之法，也无可厚非。但笔者想指出，相比程颐，朱子的确更看重理性思辨在道德修养上的作用(即以程颐从未说"须逐旋思量个被伤底道理"，而朱子提出来作为"被虎伤之直接经验"的替代可见)，甚至有"以理性思辨作为获得真知的方法"之思想趋势。以下试逐步阐明此意。

朱子曾训门人说："讲论自是讲论，须是将来自体验。"①分明把"讲论"和"体验"区别开，并认定"体验"更重要，那我们还凭什么说朱子可能不重视内心体验呢？这就得视乎何谓"体验"了。就在同一段训语里，朱子便给了我们答案："体验是自心里暗自讲量一次。"②这段训语有另一版本的记录，在此条之下以细字表示："体认是把那听得底，自去心里重复思绎过。伊川曰：'时复思绎，浃洽于中，则说矣。'"③原来所谓"体验"或"体认"，也不过是"讲量"和"思绎"，只是它不同于从外面听来的"讲论"，而是自心里面发出。无怪乎朱子会说："真知是知得真个如此，不只是听得人说，便唤做知。"④我们留意"讲论"(自外面听来)与"讲量"(自心里发出)，两者均有一"讲"字，显示朱子所看重的，是一种在内心进行的"语言化、命题化的思考活动"(内心的"讲"量，虽然是在内心，也需通过语言把思考内容陈构成命题)，而非如"畏虎"一般的情感性体验。

说到这里，我们是时候对上一节所屡言的"感"进行更为细密的分析。刚刚引朱子说："真知是知得真个如此，不只是听得人说，便唤做知。"显然他也同意"真知"不能来自灌输和记诵，而需要在主体方面呈

---

① 朱熹著，黎靖德编，《朱子语类》，卷一百一十九，第2879页。
② 同上。
③ 同上。
④ 朱熹著，黎靖德编，《朱子语类》，卷十七，第376页。

现出一种东西、一种反应,我们叫它"感"。然而,我们现在应进一步区分,这个"感"可以有两种形态:感性形态和理性形态。对于前者,例如"畏虎"的"畏"——程颐认为,有这个"感"才"真知"虎之危险。至于后者,试再次回想我们的三段论证:凡人皆会死,孔子是人,所以孔子会死。如果"真知"这个论证为有效(若全部前提为真,则结论必然为真),必不可能是有如录音机一般,仅仅把三个句子记诵进脑里。而是必须如朱子所言,自己在心里"讲量""思绎",呈现一种"被说服感"后,那个"所以孔子会死"的"所以"、这个有效论证的有效性,方能真正被认识。此"被说服感",不同于"畏虎"之"畏",它本身乃是一种理性形态之感。因此,即使朱子跟程颐一样,以"感"作为"真知"的核心要素,但就目前的资料来看,他所看重的,似乎是理性之感。其实当他说:要真知虎之可畏,也"须逐旋思量个被伤底道理",就很显出他的理性精神了。

我们在第一章曾引录一段极富警策性的朱子语,当中朱子的理性精神可说表露无遗:

> 如今要紧只是个分别是非。一心之中,便有是有非;言语,便有是有非;动作,便有是有非;以至于应接宾朋,看文字,都有是有非,须着分别教无些子不分晓,始得。心中思虑才起,便须是见得那个是是,那个是非。才去动作行事,也须便见得那个是是,那个是非。应接朋友交游,也须便见得那个是是,那个是非。看文字,须便见得那个是是,那个是非。日用之间,若此等类,须是分别教尽,毫厘必计始得。……天下只是个分别是非。若见得这个分明,任你千方百计,胡说乱道,都着退听,缘这个是道理端的著如此。如一段文字,才看,也便要知是非。若是七分是,还他七分是;三

分不是,还他三分不是。如公乡里议论,只是要酌中,这只是自家不曾<u>见得道理分明</u>。这个似是,那个也似是,且捏合做一片,且恁地过。<u>若是自家见得是非分明,看他千度万态,都无遁形。</u>……如今道理个个说一样,各家自守以为是,只是未得见这公共道理是非。……世上许多要说道理,<u>各家理会得是非分明,少间事迹虽不一一相合,于道理却无差错</u>。一齐都得如此,岂不甚好! 这个便是真同。只如今诸公都不识所谓真同,各家只理会得半截,便道是了。做事都不敢尽,且只消做四五分。这边也不说那边不是,那边也不说这边不是。且得人情不相恶,且得相和同,这如何会好! 此乃所以为不同。只是要得各家道理分明,也不是易。<u>须是常常检点,事事物物,要分别教十分分明。是非之间,有些子鹘突也不得。</u>只管会恁地,这道理自然分明。分别愈精,则处事愈当。①

这次重引,我们着眼的是"见得道理分明"一义。从引文文意可知,此"见得道理分明"的状态并非通过感性体会而得,而是从"分别教尽,毫厘必计"的理性活动而来。现在我们进一步来看这个"见得道理分明"在道德实践上所造成的效果:

> 若人见得道理分明,便不为利禄动。②

> 或问"浩然之气,配义与道"。曰:"如今说得大错,不肯从近处说。且如'配'字,是将一物合一物。义与道得此浩然之气来

---

① 朱熹著,黎靖德编,《朱子语类》,卷三十,第769—771页。
② 朱熹著,黎靖德编,《朱子语类》,卷二十四,第591页。

贴助配合，自然充实张主。若无此气，便是馁了。'至大至刚'，读断。'以直养而无害'，以直，方能养得，便是前面说'自反而缩'道理。'是集义所生'，是气是积集许多义理而生，非是将义去外面袭取掩扑此气来。<u>粗说，只是中有主，见得道理分明，直前不畏尔。</u>孟施舍北宫黝便粗糙，曾子便细腻尔。"①

孔子畏匡人，文王囚羑里，死生在前了，圣人元不动心，处之恬然。只看此，便是要<u>见得道理分明，自然无此患。所以圣人教人致知、格物，考究一个道理</u>。自此以上，诚意、正心皆相连上去也。②

子善问："'见义不为无勇'，这亦不为无所见，但为之不力，所以为无勇也。"曰："<u>固是见得是义而为之不力，然也是先时见得未分明。若已见得分明，则行之自有力</u>。这般处着两下并看：就'见义不为'上看，固见得知之而不能为；若从源头上看下来，乃是知之未至，所以为之不力。"③

"见得道理分明"可以"不为利禄动"，可以"直前不畏"，甚至"死生在前"而"不动心"。朱子所谓"若已见得分明，则行之自有力"，似乎道德实践的动力，可以单由理性思辨所达到的"见得分明"境所给出，不必仰赖感性体会。

杨祖汉的《程伊川、朱子"真知"说新诠：从康德道德哲学的观点看》一文，正是强调程朱"真知"说所蕴含的理性精神。笔者认为，撇

---

① 朱熹著，黎靖德编，《朱子语类》，卷五十二，第1255页。
② 朱熹著，黎靖德编，《朱子语类》，卷一百一十八，第2849页。
③ 朱熹著，黎靖德编，《朱子语类》，卷二十四，第601页。

开有关程颐的诠释不论,杨氏对于朱子穷理之学重理性思辨的性格,确有所见。文章先借用康德"自然之辩证"一观念,析论"哲学性的思辨"在道德修养上之必要。大意是:一般人对道德本已有可靠的判断、对义利之辨有清楚的了解(道德义务本身有其严格性与纯粹性,其价值不因其带来好处或利益与否而改变);可是,人的感性欲望却会在人做无条件的道德实践要求时(即仅仅为义而行,不为道德行为所可能带来的好处或利益而从事道德行为)起来反抗。"康德说这是所谓'自然之辩证',即自然之人性因为被道德理性压制而起反弹,会暗中质疑并希望破坏道德义务之严格性与纯粹性,去毁掉道德意义与价值。"[1]杨氏认为,康德所说的"实践哲学",即"对道德实践作哲学的思辨"——"从一般的对道德的通常理解,进到哲学的理解",正是对治"自然之辩证"的药方[2]:"……我认为康德在此处所说的'实践哲学'是要对道德法则或由理性所肯定的有关道德义务之种种内容,作出哲学性的思辨;必须要作哲学思辨的工夫,才能彻底明白道德法则、义利之辨等意义。能对道德意义作彻底的了解,才可以堵住人在从事道德实践时随之而起的感性欲望的质疑,及暗中的破坏。"[3]并说:"我认为如此地用哲学思辨于道德实践是很必要的,也应该是程伊川所说的,从'常知'必须进至'真知'之义。"[4]还是撇开程颐不论,杨氏这样理解"真知",在朱子的说法里确可找到呼应。正如杨氏所引《朱子语类》这一条:"致知所以求为真知。真知,是要彻骨都见得透。"[5]所谓

① 杨祖汉,《程伊川、朱子"真知"说新诠:从康德道德哲学的观点看》,《台湾东亚文明研究学刊》第16期(2011年12月),第182—183页。
② 同上书,第184页。
③ 同上书,第185页。
④ 同上书,第188页。
⑤ 朱熹著,黎靖德编《朱子语类》,卷十五,第283页。

"彻骨都见得透",的确很符合"以哲学思辨的工夫,对道德意义作彻底的了解"一义。别忘记,朱子要求吾人有一种"分别教尽,毫厘必计"的韧劲,"若是七分是,还他七分是;三分不是,还他三分不是"——这显然是一种理性思辨的活动。通过这种活动的持续进行和深化,才能达至"见得道理分明"的境界;"见得道理分明",正相当于"彻骨都见得透"①。

由是,杨祖汉联系到"实践动力"的问题而总结道:

> 人在知理而又要按理而行时,会产生"自然之辩证",此会使知理之知不能贯彻成为行动。此种因为要对理作无条件服从,引生自然生命本能的反弹,而有自我挑战的现象,是人生命中普遍存在的问题。由于有此问题的存在,故人若只处于"常知"的情

---

① 谈到朱子有一股理性探究的韧劲,可补充一些资料。其实前面提到他说"未曾被虎伤底,须逐旋思量个被伤底道理,见得与被伤者一般,方是",这个"逐旋"已显出那种耐磨耐揪、不穷到极处不罢休的劲头。此外,我们还看到朱子以很形象化的方式来彰显这种精神,例如,① 魏元寿问切磋琢磨之说。曰:"恰似剥了一重,又有一重。学者做工夫,消磨旧习,几时便去教尽!须是只管磨礲,教十分净洁。最怕如今于眼前道理略理会得些,便自以为足,更不着力向上去,这如何会到至善田地!"(朱熹著,黎靖德编,《朱子语类》,卷十六,第321页)② 问:"格物最难。日用间应事处,平直者易易见。如交错疑似处,要如此则彼碍,要如彼则此碍,不审何以穷之?"曰:"如何一顿便要格得恁地!且要见得大纲,且看个大胚模是恁地,方就里面旋旋做细。如树,初间且先斫倒在这里,逐旋去皮,方始出细。若难晓易晓底,一齐都要理会得,也不解恁地。但不失了大纲,理会一重了,里面又见一重;一重了,又见一重。以事之详略言,理会一件又一件;以理之浅深言,理会一重又一重。只管理会,须有极尽时。'博学之,审问之,慎思之,明辨之',成四节次第,恁地方是。"(《朱子语类》,卷十五,第285—286页)③ "看道理只管进,只管细,便好。只管见上面,只管有一重,方好。如一物相似,剥一重,又剥一重;又有一重,又剥一重;剥到四五重,剥许多皮壳都尽,方见真实底。今人不是不理会道理,只是不肯子细,只守着自底便了,是是非非,一向都没分别。如诐淫邪遁之辞,也不消得辨;便说道是他自陷,自蔽,自如此,且恁地和同过也,也不妨。"(《朱子语类》,卷三十八,第1004页)

况,是不足以有真正的实践的,必须对本来已有所知的道德性理
的全幅内容作深切地了解,由深切了解性理,而产生道德性理的
价值绝非顺从性好欲望而获得的功利或幸福所能比拟的想法、信
念,才可以挡住徇性好而来的对道德法则的质疑。而对道德法则
的纯粹性、无条件性,能够清楚地掌握,便可以引发真正的实践动
力,此是说,越能了解道德法则不依于现实功利,越会有真正道德
动力的涌现。……对于此一生命的难题,伊川、朱子的格物穷理
工夫,是有必要的。①

这样理解朱子,确很相应他本人的说法:"若已见得分明,则行之自有
力。"(见前引文)

对于杨氏的观点,笔者想提出两点补充。首先,杨氏文中以这
条资料作为"朱子也大体意识到康德所言的'自然之辩证'现象"
之证据:"只争个知与不知,争个知得切与不切。且如人要做好事,
到得见不好事,也似乎可做。方要做好事,又似乎有个做不好事底
心从后面牵转去,这只是知不切。"②杨氏推论说:"由此亦可见朱子
之强调致知之工夫,是为了克服在实践上常会遭遇到的本能欲望的
反弹。"③但笔者认为,以下这则对话,可能是更好的证据,更能支持
杨氏的论断:

_____

① 杨祖汉,《程伊川、朱子"真知"说新诠:从康德道德哲学的观点看》,《台湾东亚文明研究学刊》第16期(2011年12月),第200—201页。
② 朱熹著,黎靖德编,《朱子语类》,卷九,第154页。杨祖汉引录于《程伊川、朱子"真知"说新诠:从康德道德哲学的观点看》,《台湾东亚文明研究学刊》第16期(2011年12月),第198页。
③ 杨祖汉,《程伊川、朱子"真知"说新诠:从康德道德哲学的观点看》,《台湾东亚文明研究学刊》第16期(2011年12月),第199页。

> 问:"每有喜好适意底事,便觉有自私之心。若欲见理,莫当便与克下,使其心无所喜好,虽适意亦视为当然否?"曰:"此等事,见得道理分明,自然消磨了。似此迫切,却生病痛。"[1]

看来问者对道德实践过程中所遭遇到的难题确有切身而深刻的体会:做事如果有所"喜好适意",恐怕是出于自私,那是否应该把喜好"克下",只见事情之理所当然,而不见主观上之适意?朱子回答说,这样的事,到"见得道理分明"后,"自然消磨了",意思是到此地步,自然只见理所当然,不再着眼于一己之快乐。这条资料,实更能显示朱子对"自然之辩证"的现象有所意识,并相信"见得道理分明"(真知)乃能对治和克服道德实践中感性欲望(喜好适意)之反弹、干扰和破坏,而真能把握住道德之严格性与纯粹性。正如他说:"学者为学,未问真知与力行,且要收拾此心,令有个顿放处。若收敛都在义理上安顿,无许多胡思乱想,则久久自于物欲上轻,于义理上重。须是教义理心重于物欲,如秤令有低昂,即见得义理自端的,自有欲罢不能之意,其于物欲,自无暇及之矣。"[2]

其次,笔者认为,朱子重视格物穷理这种理性思辨的工夫,并强调要修养至"见得道理分明"的境界,除了为了对治"自然之辩证"外,同时,甚至更重要地,是为了对付因主观地自以为是而导致的是非混淆:

> 或问"知言养气"一章。曰:"此一章专以知言为主。若不知言,则自以为义,而未必是义;自以为直,而未必是直,是非且莫辨矣。然说知言,又只说知诐、淫、邪、遁之四者。盖天下事,只有一

---

① 朱熹著,黎靖德编,《朱子语类》,卷一百一十五,第2771页。
② 朱熹著,黎靖德编,《朱子语类》,卷十二,第201—202页。

个是与不是而已。若辨得那不是底，则便识得那是底了。谓如人说十句话，有四句不是，有六句是；若辨得那四句不是，则那六句便是是底了。<u>然非见得道理十分分明，则不能辨得亲切</u>。且如集义，皆是见得道理分明，则动静出处，皆循道理，无非集义也。<u>而今人多见理不明，于当为者反以为不当为，于不当为者反以为当为，则如何能集义也</u>！惟见理明，则义可集；义既集，则那'自反而缩'，便不必说，自是在了。"①

我们再一次见到"见得道理分明"的说法，并见到"辨得亲切"——此"亲切"没有感性形态之"感"的味道，而是辨明"四句不是，六句是"的理性活动所达至的境地。朱子说得清楚，"见得道理分明"是要对付"自以为义，而未必是义；自以为直，而未必是直，是非且莫辨矣"，以至"于当为者反以为不当为，于不当为者反以为当为"的情况。看来朱子对于"自以为"是深加警惕的，强调要以客观的"理"来检查、修正主观的"自以为"。这令我们回想起上一章曾引述朱子说："恻隐羞恶，也有中节、不中节。若不当恻隐而恻隐，不当羞恶而羞恶，便是不中节。"②即连恻隐、羞恶这些带着朴素之善意的主观情感也要警惕，慎防其不中节，则朱子对于主观判断的戒心、对于上文说的感性之"感"的相对不重视，实良有以也。无怪乎他要那些未曾被虎伤过的人也"逐旋思量个被伤底道理"，虽貌似迂阔可笑——连畏虎也要思量，然个中实蕴藏一番刚正庄严的理性精神。

　　至此，我们已颇有理由说：朱子并非原封不动地从程颐那里将"真

---

① 朱熹著，黎靖德编，《朱子语类》，卷五十二，第1270页。
② 朱熹著，黎靖德编，《朱子语类》，卷五十三，第1285页。

知"说继承过来，而是从中加重了对"真知"之理性面的强调。现在我们要问：朱子是否完全摒弃了"真知"的感性面？笔者认为不是。实情是朱子在理性与感性之间，有侧重，而无摒弃。

且从朱子的一段个人体会谈起。他在《答应仁仲》中曾说：

> 《大学》、《中庸》屡改，终未能到得无可改处。《大学》近方稍似少病。道理最是讲论时说得透，才涉纸墨，便觉不能及其一二，纵说得出，亦无精采。以此见圣贤心事，今只于纸上看，如何见得到底？每一念此，未尝不抚卷慨然也。①

为什么谈起朱子的读书和解经经验？因为他认为"读书是格物一事"②，甚至"为学之道，莫先于穷理，穷理之要必在于读书"③，这就跟我们现正探讨的课题——"真知理"到底是纯理性之事，还是也有赖感性的参与——密切相关（另外，有关朱子把读书视为穷理活动所引出的议题，将在第四章详论）。值得注意，朱子既说"道理最是讲论时说得透"，"讲论"和"说得透"反映朱子对相关经籍已做过高阶或深层的理性探究。可是，才下笔作注解，"便觉不能及其一二"；进一步，"纵说得出，亦无精采"。中间究竟缺了什么？为什么理性探究已达高阶，而仍未说得出那"精采"？这"精采"从哪里来？

为此，笔者想引进"浃洽"与"玩味"两个观念④。朱子对"浃洽"

---

① 朱熹，《晦庵先生朱文公文集》，卷五十四，第2548页。
② 朱熹著，黎靖德编《朱子语类》，卷十，第167页。
③ 朱熹，《甲寅行宫便殿奏札二》，《晦庵先生朱文公文集》，卷十四，第668页。
④ 笔者对"浃洽""玩味"的注意和认识，主要启发自陈志信，《朱熹经学志业的形成与实践》（台北：台湾学生书局，2003年）一书之第三章第三节《以"涵泳玩味"为旨趣的经学事业》（第101—131页），而持论稍异。

有形象化的说明：

> "浃洽"二字，宜子细看。<u>凡于圣贤言语思量透彻，乃有所</u>
> <u>得</u>。譬之浸物于水：水若未入，只是外面稍湿，里面依前干燥。必
> 浸之久，则透内皆湿。程子言"时复思绎，浃洽于中，则说"，极有
> 深意。①

"浃洽"一词出自程颐解《论语》首句："学而时习之，不亦说乎！"（《论
语·学而》）依引文，"浃洽"这种状态似乎仍属理性知解一边：从程颐
说"时复思绎"的"思绎"可见（"思"固可属理性或感性任何一边，如
"思念"则属感性活动，但程颐说"思绎"，这个"绎"字就很有理性推演
的味道），至于"浃洽于中，则说（悦）"，非谓"浃洽"本身等于"悦"，而
是说浃洽于心了，然后便悦——两者有前后因果关系，非谓同一。"浃
洽"就是心有所得（朱子说"乃有所得"），这须经过"于圣贤言语思量
透彻"而来。朱子曾评价程颐与谢良佐对"学而时习之"的诠释道：
"'学而时习之'，若伊川之说，则专在思索而无力行之功；如上蔡之说，
则专于力行而废讲究之义，似皆偏了。"② "浃洽"在此脉络下隶属理性
知解一边（由"思量透彻""重复思绎"而来），当无可疑。

　　但是，朱子对"浃洽"又时有另一种角度下的理解：

> 学者观书多走作者，亦恐是根本上功夫未齐整，只是以纷扰
> 杂乱心去看，不曾以湛然凝定心去看。<u>不若先涵养本原，且将已</u>

---

① 朱熹著，黎靖德编，《朱子语类》，卷二十，第448页。
② 同上书，第449页。

> 熟底义理玩味,待其浃洽,然后去看书,便自知。①

> 学者须敬守此心,不可急迫,当栽培深厚。栽,只如种得一物在此。但涵养持守之功继继不已,是谓栽培深厚。如此而优游涵泳于其间,则浃洽而有以自得矣。②

如此意义下的"浃洽",相信已越出纯智思或理性知解的范畴,而为一种带有感性体会的、心灵与义理或道理之间的亲密状态。首段引文"将已熟底义理玩味",说的是"义理"而非"字句"。若说字句,则"玩味"也许尚为一种理性思辨的活动——把记诵熟了的字句所蕴藏的理论内涵提炼出来。但既说"已熟底义理",则应已是前面说的"思量透彻""说得透";这时再提"玩味",此"玩味"便应是一种理性思辨以外的活动——义理已熟,表示理性知解的工作已无欠缺。次段引文则表示这种"非纯理性状态"下的"浃洽",不仅存在于读书此一特殊形态的穷理活动里("读书是格物一事"),实亦适用于"穷理活动一般"。就是说,一般而言,穷理均需进至(心灵与道理)"浃洽"之境。而从"涵养持守"四字可知,这种"浃洽"不单是理性思辨范围内、对于理论推演和论证陈构等的熟练,否则"浃洽"便只需用上智思,无须用上"持守"③

---

① 朱熹著,黎靖德编《朱子语类》,卷十一,第178页。
② 朱熹著,黎靖德编《朱子语类》,卷十二,第205页。
③ 这里既见出"涵养持守"四字,则是时候对朱子的"涵养"以至"敬"作进一步阐明。我们曾在第一章第四节探讨过"涵养",唯当时是在"涵养""省察"相对的情况下讨论——前者是未发时的工夫,后者为已发时的工夫。实则"涵养"在朱子那里是有歧义的,如陈来即曾指出:"朱熹所谓涵养也有不同意义,一指未发时涵养,一兼指已发的涵养。如朱熹说:'涵养于未发见之先,穷格于已发见之后。'(《语类》十八,廖德明录)这里所说的涵养即指未发时的涵养。"(《朱子哲学研究》,第328页)笔者认为,所谓"未发时涵养",即如我们在第一章第四节所析论的,指心在未曾应事接物时(未发)所做的一种工夫,旨在保有、护持心在未发时那"镜明水止"的状态;此一"未发时涵养"的具体做法即落实在"敬"上——心(转下页)

（接上页）之凝敛、专注、集中、严肃。笔者相信，这应是"涵养须用敬"一语在朱子心中的本义（相对于即将所谈的引申义或次出义）——在朱子的理解下，程颐的"涵养须用敬，进学则在致知"此一工夫宏规里的"涵养"和"敬"，本来即特指未发时的工夫而言。接着，陈来又指出："涵养不仅指未发时涵养，朱熹《中庸章句》说：'尊德性所以存心而极乎道体之大也，道问学所以致知而尽乎道体之细也。二者修德凝道之大端也。不以一毫私意自蔽，不以一毫私欲自累，涵泳乎其所已知，敦笃乎其所已能，此皆存心之属也。析理则不使有毫厘之差，处事则不使有过不及之谬，理义则知之其所未知，节文则日谨乎其所未谨，此盖致知之属也。'……《中庸章句》这一段表明，涵养包括'涵泳乎其所已知，敦笃乎其所已能'，既包括未发的主敬，也包括已发时对已知义理的涵泳。因此整个说来，涵养无间于动静，未发已发都须涵养。"（《朱子哲学研究》，第328—329页）在这意义下，刚才我们在正文所引的朱子语，"但涵养持守之功继继不已，是谓栽培深厚。如此而优游涵泳于其间，则浃洽而有以自得矣"，其含义即可得而明。这个"涵养持守"所指的已非未发时的涵养，而是在已发层次上对所知的义理进行涵泳（反复细味体会）的"已发的涵养"。这一段已发的工夫之所以仍堪称"涵养"，笔者认为其理由在于：这种工夫也要建基于"敬"——心必先凝敛专注，或简言之，心必须在（与"心不在焉"相反），才能去持守涵泳。朱子这一概念安排实满足了两项功能：其一，由持守涵泳可以归入"涵养"一边，因而维持住程颐的"涵养须用敬，进学则在致知"（在朱子心目中）作为一全面而周到的工夫宏规——所有工夫细目都由程颐两语所综摄了，没有遗漏。其二，它完成了朱子之以"敬"为贯彻动静、成始成终的工夫论观点——不特未发时心之"镜明水止"要靠"敬"来涵养，已发时的省察、格物致知穷理要靠"敬"来启动（倘若心不在焉，则不能从事省察穷理等工夫），甚至致知以后的敦笃、持守、涵泳，也要靠"敬"（心在）才能进行。此所以"敬"在朱子亦是有歧义的：收紧地说，它专指未发涵养（涵养镜明水止）；放宽地说，它无所不包，贯通始终。陈来就此即敏锐地指出："由于'主敬'有时指贯通始终言，有时仅指未发涵养言，使朱门弟子在概括朱子为学之要时有一些不同说法。如朱子门人李方子（号果斋）《朱子年谱序》概括朱熹为学之方为：'主敬以立其本，穷理以致其知，反躬以践其实'，即前述着眼于静中涵养对致知作用而言。而黄榦（号勉斋，朱子婿）为朱子所作行状中说：'其为学也，穷理以致其知，反躬以践其实，居敬者所以成始成终也。谓致知不以敬，则昏惑纷扰，无以察义理之归；躬行不以敬，则怠惰放肆，无以致义理之实。'用敬贯动静、敬贯始终、敬贯知行概括朱子为学之方，比较全面而合乎朱熹的整个思想。"（《朱子哲学研究》，第331页）这里，笔者想强调两点，第一点在陈来的观察上再进一义，第二点则直接关乎目前"动力问题"的讨论。首先，虽说朱子的"涵养"和"敬"有宽紧两义，但笔者认为，其收紧义——未发涵养——才是"涵养须用敬"一语在朱子的本义（相对地，其放宽义则为此语之引申义或次出义，朱子安纳之以圆满化程颐的工夫宏规）。理由正如我们即将在正文里援引，朱子不时有"既涵养，又须致知；既致知，又须力行"一类的话头；此中涵养、致知、力行明显分成三个段落，足见此"涵养"仅指未发涵养而言，不包括意谓"涵养持守"的"力行"。换言之，"涵养持守"一义的涵养（以及（转下页）

由此可见，"浃洽"是一个通用于理性感性两边的观念。至于刚刚出现的"玩味"（或"知味"），则又别有可观。还是先从朱子谈读书讲起：

> 学者观书，先须读得正文，记得注解，成诵精熟。注中训释文意、事物、名义，发明经指，相穿纽处，一一认得，如自己做出来底一般，方能玩味反覆，向上有透处。若不如此，只是虚设议论，如举业一般，非为己之学也。①

> 大凡读书，须是熟读。熟读了，自精熟；精熟后，理自见得。如吃果子一般，劈头方咬开，未见滋味，便吃了。须是细嚼教烂，则滋味自出，方始识得这个是甜是苦是甘是辛，始为知味。②

对于这种读书或释经原则，陈志信分析说："就如同'玩味'一词所透露的，这是种类同于品味食物之感官经历的释经原则。"③ "所谓理解经典意涵，绝非泛泛地知道些语句的表象架构便算了事，而是得如品尝食物般有切己的感触，才会真有所得；是以在阅读经典语句的过程里，吾

（接上页）助成这种已发涵养的、放宽义之下的"敬"），当为引申或次出。其次，回到"动力问题"上来，我们将指出，"行"或"力行"乃是获得"真知"的一项要素。虽然放宽地说，当"力行"在概念上收入"涵养"时，我们也可说"涵养"（以及"敬"）与"致知"一样，同为获得"真知"的必要工夫。然而，作为"未发涵养"的"敬"，实在与"真知"之获得无直接的关系，只有一种间接的关系：必先"敬"了——心在——才能致知与力行，从而获取真知。因此，为免不必要的干扰，我们在探讨"真知"之获得时，只着眼于致知与力行两面，而把"涵养须用敬"搁置起来。因为"涵养"只有在其放宽义下，才与真知之获得有关，但这个意义下的"涵养"已可由"力行"来代表，不必再独立出来别加一说。

① 朱熹著，黎靖德编，《朱子语类》，卷十一，第191页。
② 朱熹著，黎靖德编，《朱子语类》，卷十，第167页。
③ 陈志信，《朱熹经学志业的形成与实践》，第106页。

人便得细细体会语文中每个遣词、构句、譬喻或意象本具的生动特征，以启动吾人的感官反应、乃至促使真切的领悟得以顺利完成……而这借吾人官能的启动，以促使切身的领悟得以形成的历程，大体就是'玩味'这治经原理的主要特色。"[①]朱子用上了品尝食物之喻，足见在其心中，与经书义理"浃洽"的过程里，确然有一个环节、一个段落，是不能分入去理性或智思一边的。这个环节或段落，既然有如品尝食物般，需要亲自咀嚼、亲身领略其甘苦滋味，则显然近于感性而远于理性。

那么，若离开读书这种特殊的穷理活动而一般化地看，"玩味"原则在"致知"过程里又是否用得着呢？ 答案应该是肯定的：

> "致知，是推极吾之知识无不切至"，"切"字亦未精，只是一个"尽"字底道理。见得尽，方是真实。如言吃酒解醉，吃饭解饱，毒药解杀人。须是吃酒，方见得解醉人；吃饭，方见得解饱人。不曾吃底，见人说道是解醉解饱，他也道是解醉解饱，只是见得不亲切。见得亲切时，须是如伊川所谓曾经虎伤者一般。[②]

饭须是吃过，方真知其能饱人。这里又见"亲切"一词。之前曾引述一段有关"见得道理分明"的朱子语，其中也有提到"亲切"。笔者当时说："此'亲切'没有感性形态之'感'的味道，而是辨明'四句不是，六句是'的理性活动所达至的境地。"但现在这个"亲切"，则明显不是辨明"四句不是，六句是"的智思状态，而是"吃酒吃饭"那种亲切，即朱子所谓"亲历其域"：

---

① 陈志信，《朱熹经学志业的形成与实践》，第107—108页。
② 朱熹著，黎靖德编，《朱子语类》，卷十八，第391页。

> 论知之与行，曰："方其知之而行未及之，则知尚浅。既亲历其域，则知之益明，非前日之意味。"[1]

笔者由是相信：在朱子，如同"浃洽"之有理性式的浃洽和感性式的浃洽，"亲切"也有理性式与感性式两义。前者即指"见得道理分明"——对是非有理性上的清晰辨明；后者即如"吃酒吃饭"的亲身领略——通过"涵养持守"的实践来领略道理所带来的感受。至于前面提到朱子的个人经验——讲论时能把道理说得透，到下笔则"纵说得出，亦无精采"，当中所欠的，应该就是"吃酒吃饭"那种感性的亲切体会。

再推进一步，我们更可以说：作为"真知"核心要素的"浃洽""亲切"，既有理性感性两义，则此朱子的"真知"，理应亦在理性之"感"和感性之"感"两者之间，无有偏废（虽稍稍侧重于前者）。关于"真知"也有感性之"感"为其成分，可从下文推敲出来：

> 如吃果子相似：未识滋味时，吃也得，不消吃也得；到识滋味了，要住，自住不得。[2]

"自住不得"四字，马上勾起我们的记忆，前面曾引朱子说："不真知得，如何践履得！若是真知，自住不得。"[3]又引过一则对话："子善问：'"见义不为无勇"，这亦不为无所见，但为之不力，所以为无勇也。'曰：'固是见得是义而为之不力，然也是先时见得未分明。<u>若已见得分明，则行之自有力</u>。这般处着两下并看：就"见义不为"上看，固见得知之而不

---

① 朱熹著，黎靖德编，《朱子语类》，卷九，第148页。
② 朱熹著，黎靖德编，《朱子语类》，卷八，第132页。
③ 朱熹著，黎靖德编，《朱子语类》，卷一百一十六，第2793页。

能为;若从源头上看下来,乃是<u>知之未至,所以为之不力</u>。' "①把三段资料合看,我们发现:"真知"有理性一面,明辨是非、见得道理分明(引文所谓"知至",亦即"真知"),"则行之自有力",切合"真知即能行"之义;唯"真知"亦有感性一面,"到识滋味了,要住,自住不得",仅字面即已呼应"若是真知,自住不得"。由此可见,纵然朱子似比程颐加重了对"真知"之理性面的强调,但"真知"的感性面,从其"玩味""知味""识滋味"一义看来,实也未始废除②。

明乎此,我们才能妥善理解朱子这类话头:

> 既涵养,又须致知;既致知,又须力行。若致知而不力行,与不知同。③

朱子有时会如上述般,在程颐"涵养须用敬,进学则在致知"④一语之上,加入"力行"。骤看或会觉得奇怪:倘若"致知"(分别是非)到"见得道理分明",便自然有力去行,何用特意加入"力行"作为一独立工夫? 笔者认为,这在"真知的两面性"一义下可得理解:如同"吃酒吃饭"一样,若要识道德之"滋味",必须经过"力行"。换言之,"力行"

---

① 朱熹著,黎靖德编,《朱子语类》,卷二十四,第601页。
② 但笔者还是要重申,朱子或许对于"自以为义,而未必是义;自以为直,而未必是直"的主观武断深有警惕,故仍不时巧妙地加大道德修养中智思一面的比重,例如这条:问:"'学而时习之',伊川说'习'字,就思上说;范氏游氏说,都就行上说。《集注》多用思意,而附谢氏'坐如尸,立如齐'一段,为习于行。据贺孙看,不思而行,则未必中道;思得惯熟了,却行无不当者。"曰:"伊川意是说习于思。天下事若不先思,如何会行得! 说习于行者,亦不是外于思。思与行亦不可分说。"(朱熹著,黎靖德编,《朱子语类》,卷二十,第449页)在这种"思行并重"(或知行并重)的立场下,朱子的钟摆始终要多摆向智思一边。
③ 朱熹著,黎靖德编,《朱子语类》,卷一百一十五,第2777页。
④ 程颢、程颐,《伊川先生语四》,《河南程氏遗书》,卷十八,第188页。

作为获得"真知"之必要一途,即感性体验一途,不可化约或吸收进"致知"(理性思辨一途)里去。无怪乎朱子又常有这类说法:

> 知与行,工夫须着并到。知之愈明,则行之愈笃;行之愈笃,则知之益明。二者皆不可偏废。如人两足相先后行,便会渐渐行得到。若一边软了,便一步也进不得。然又须先知得,方行得。所以《大学》先说致知,《中庸》说知先于仁、勇,而孔子先说"知及之"。然学问、慎思、明辨、力行,皆不可阙一。①

但当然,朱子于后半段还是要强调"先知得,方行得"(此见其侧重),并引圣贤语为证。再如:

> 知、行常相须,如目无足不行,足无目不见。论先后,知为先;论轻重,行为重。②

> 择之问:"且涵养去,久之自明。"曰:"亦须穷理。涵养、穷索,二者不可废一,如车两轮,如鸟两翼。如温公,只恁行将去,无致知一段。"③

上述"目无足不行,足无目不见"以及"车两轮,鸟两翼"之意,即同于前段言"两足相先后行",总之可概括为"知行相须"之修养原则。又,前面提过朱子注释"学而时习之",兼采程颐、谢良佐之说,以求"思

---

① 朱熹著,黎靖德编《朱子语类》,卷十四,第281页。
② 朱熹著,黎靖德编《朱子语类》,卷九,第148页。
③ 同上书,第150页。

索""力行"兼备。此意又见于以下一则答问：

> 问："程云：'习，重习也。时复思绎，浃洽于中，则说也。'看来只就义理处说。后添入上蔡'坐如尸'一段，此又就躬行处说，然后尽时习之意。"曰："某备两说，某意可见。两段者各只说得一边，寻绎义理与居处皆当习，可也。"①

总之，在"真知的两面性"一义下，可言知行并进。一方面，"见得道理分明"的智思活动可以获得理性之"感"（有如认识一个有效论证所获得的"被说服之感"）。另一方面，"力行"的实践活动可以获得感性之"感"（有如"吃酒吃饭"而"识滋味"）。双管齐下即可获至"真知"（"真知"以"有感"来界定）。

"力行"在"真知"之获取上之为必要，可再借陈来的观察来阐明："按照朱熹的思想，达到真知的境界，知便能行，不再有知而不行的问题。但真知的实现却不能脱离开行。程颐多次提到的身受虎伤的例子，初步表明他认为真知不能离行去获得。朱熹则在理论上进而提出：'学者之初，须是知得到方能行得，末后须是行得到方是究竟'（《答苏晋叟四》，《文集》五十五），'方其知之而行未及之，则知之尚浅。既亲历其域，则知之益明，非前日之意味'（《语类》卷九，叶公谨录），'就略知得处着实体验，须有自然信得及处，便是真知也'（《答赵恭父》，《文集》五十九）。这都表明，人只有在'行'中才能加深认识，加深体会，真知不能脱离行达到。"②

---

① 朱熹著，黎靖德编，《朱子语类》，卷二十，第449页。
② 陈来，《朱子哲学研究》，第324页。

总之，知与行双管齐下，到得"真知"境地，道德实践便"自住不得"。换言之，我们一直讨论的"动力问题"（浅义），至此可得解答：道德实践的"情愿""心甘意肯"，由"真知"来提供或开发。

但说到这里，"深化版本"的"动力问题"却马上迫近，以下试逐步让它浮现。首先令我们感兴趣的，是"真知"既然包含了感性之"感"，而它又要靠"力行"来获取，好比吾人必须经历过"吃酒吃饭"的具体实践才能知醉知饱，则这种实践又是靠什么来推动？既然未真尝过其中滋味，我自然没什么兴趣踏出第一步，那到底是什么驱使我们去喝第一口酒、吃第一口饭？（但笔者要强调，这还不是我们的"深化版动力问题"）

让我们先回到倪德卫。虽然严格来说，他并非讨论我们的问题，而且他讲的是孟子不是朱子，但一方面，其见解足以为我们思考朱子的"动力问题"带来助益，另一方面，其想法也与朱子有相合之处，足可发明朱子意思。

上一节提到，倪德卫认为孟子（以至他之后的儒者）基本上不怀疑道德认知或判断能生起道德实践的倾向或动机；只是，此倾向不会自动落实为道德践履，中间还需要一重工夫，或说需要"心"做出一种行为——思。在其"Motivation and Moral Action in Mencius"一文的诠释下，"思"虽然英译作"thinking"，但倪德卫强调，"思"对孟子而言并非一种纯认知活动，而是心的"反省性关注"（heart's reflective attending to），甚至是"品尝"（savoring）它自己的内在倾向（inner dispositions）之活动[①]。其大意是：比如说当我判断我应该信守承诺，此时即有一"履行承诺"的行动倾向伴随而生；然而，这倾向却可能混杂在一众自利的欲

---

① David S. Nivison, *The Ways of Confucianism: Investigations in Chinese Philosophy*, p. 114.

望之中,此时我便应该用"思"去将我的注意力集中到"履行承诺"的倾向上,品尝或感受我内心对于"履行承诺"的这份意愿。

笔者重申,我们不拟斟酌倪德卫的孟子诠释,只欲从中寻求理解朱子的启示。就着"思",倪德卫提出了一个有趣的问题:我应该"思",但又有"什么类型的关于我自己的判断或认知会令我见出'我应该思'?再者,除了靠'思'之外,我又如何能见出'我应该思'?"[①]言下之意,这里存在一个"后退难题"(the regress problem):假如我应该做一事,则我应先"想要"做此事;这样,我又应先对这个"想要做此事"有一种"想要"——想要想要做此事[②]。简单来说,当道德实践的倾向不会自动落实,而要靠"思",则这个"思"又靠什么来推动? 倪德卫提出一个有趣的答案:尝试(trying)。这个"思"不能再靠什么先在的动机来推动,只能靠我的尝试;而我可能成功,也可能失败。"可能成功,可能失败"正是"尝试"这个观念的内容——成功是不确定的(problematic)[③]。

上述的"尝试"一义,意味着你不能再依赖什么别的助力去推动你,你能靠的就只有:去做。这令笔者联想到"勉强"。"勉强"一词出自《中庸》:"或安而行之,或利而行之,或勉强而行之,及其成功,一也。"刚好朱子这样说过:

> 若曰,须待见得个道理然后做去,则"利而行之,勉强而行

---

① "What kind of judgment or perception about myself would I have to reach to see that I *ought to think*? And how would I reach it, except by thinking?" David S. Nivison, *The Ways of Confucianism: Investigations in Chinese Philosophy*, p. 114.

② Ibid.

③ Ibid., p. 115.

之"，工夫皆为无用矣！^①

朱子的意思是，倘若事事都要等到"见得个道理"才去做，经书便不会叫人"勉强而行之"了；勉强而行、勉力而为、只管去做，正是一种工夫。这句话完全对应我们的问题：如同"吃酒吃饭"一样，若要识道德之"滋味"，必须经过"力行"，但此"力行"靠什么来推动？没有什么，就是"勉强"，只管去做。

紧接的问题，是朱子的理论似乎终究要走到这个无法再加以解释说明的地步，即再无板斧去开发出实践的动力，而只好抛出"勉强"一着，这算是一种理论缺陷吗？笔者不反对这种质疑，但想指出，如果这算是缺陷，则恐怕全体宋明儒学，以至任何讲究修身的学问，都分享了这份缺陷。故此，基于公平原则，我们不应在这个问题上对朱子格外苛刻。笔者的意思是："勉强"一义，乃任何讲修身的学问所不可免。我们看两个例子，首先是陆九渊。且看以下一段对话：

> 伯敏云："却常思量不把捉，无下手处。"先生云："何不早问？只此一事是当为不当为。当为底一件大事不肯做，更说甚底？某平日与老兄说底话，想都忘了。"伯敏云："先生常语以求放心、立志，皆历历可记。"先生云："如今正是放其心而不知求也，若果能立，如何到这般田地？"伯敏云："如何立？"先生云："立是你立，却问我如何立？若立得住，何须把捉？"^②

---

① 朱熹著，黎靖德编，《朱子语类》，卷九，第159页。
② 陆九渊，《象山语录》(上海：上海古籍出版社，2000年)，卷下，第70—71页。

象山之意，"立志"是再没有"如何立"之方法问题的。就是说，这里再没有任何外在的方法，让吾人执行之然后使吾人之志得以立。"立志"纯粹是一个"只管去做"的问题。像按钮：按下去，还是不按下去，只有此两途，而决定权在我。又如日常说"下定决心"，这个"下定"，是再没有"如何开发下定决心之动力"的问题了。这样，如果"没有方法来开发动力"的一类事情只可归诸"勉强"（仅能靠自己勉力以为，只管去做）的范畴下，则象山教法下的"立志"也当归入"勉强"，以其"没有方法"故。

象山之后，再看王守仁这段对话：

> 一友问功夫不切。先生曰："学问功夫，我已曾一句道尽。如何今日转远，都不着根？"对曰："致良知，盖闻教矣。然亦须讲明。"先生曰："既知致良知，又何可讲明？良知本是明白，实落用功便是。不肯用功，只在语言上转说转糊涂。"曰："正求讲明致之之功。"先生曰："此亦须你自家求，我亦无别法可道。昔有禅师，人来问法，只把麈尾提起。一日，其徒将麈尾藏过，试他如何设法。禅师寻麈尾不见，又只空手提起。我这个良知，就是设法的麈尾，舍了这个有何可提得？"少间，又一友问功夫切要。先生旁顾曰："我麈尾安在？"一时在坐者皆跃然。[①]

"此亦须你自家求，我亦无别法可道。"阳明接着虽以禅师故事作喻，但个中道理实在亦无任何玄虚：若问如何成圣成贤，答案可以是"致良知"，但若再问"如何致良知"，则恐怕已再无答案可给出。因为"致

---

① 王守仁，《传习录》，卷下，第335页。个别标点经笔者修改。

良知"已经是最后答案,过此以往,便再无"如何""方法"可言,只管
去做。

笔者想借以上两段对话表明:首先,当一套修养学说到达某个位
置上需要安设"勉强"一义,到底能否算作一种理论缺陷,是很难说的。
正如我们认为"下定决心多做运动""下定决心戒烟",这个"下定决
心"已再无办法或"如何"可言,也不见得是一种理论缺陷。其次,即
使承认这是一种理论缺陷,它也很可能是所有修身学问或至少是宋明
儒学所共享的。当然,倘若它真是一种缺陷,我们便不应强为之辩。唯
笔者想表明,既是共享的缺陷,我们便不应特别苛责朱子,因为这不是
他一个人的问题。

因此,我们的"深化版动力问题"亦不在"勉强"本身。"勉强之存
在"不构成对朱子哲学特有的指控,真正的问题应该是"勉强之消除",
或准确地说:勉强为什么终可消除?朱子确然有想及"勉强之消除"
一境(因为这就是"真知"),而以"自然"一词表示之:

> 圣人亦是如此进德,亦是如此居业。只是在学者则勉强而行
> 之,在圣人则自然安而行之。知至知终,亦然。[1]

> 学者是学圣人而未至者,圣人是为学而极至者。只是一个自
> 然,一个勉强尔。惟自然,故久而不变;惟勉强,故有时而放失。[2]

然而问题正好在于:为什么"勉强"最终可变成"自然"?必须注意,
朱子的回答不可以是这样:因为勉强力行,可产生内心的体会(感性

---

[1] 朱熹著,黎靖德编,《朱子语类》,卷六十九,第1720页。
[2] 朱熹著,黎靖德编,《朱子语类》,卷二十一,第487页。

之"感")而达到"真知"；达到"真知"，则道德实践便成自然，不需再待勉强。这个回答不能令人满意，因为它只是把问题推后一步。我们大可继续追问说：那为什么勉强力行又可以产生内心的体会？我们之前常以朱子的"吃酒吃饭"作例，现在也不妨再以喝酒来说：喝酒的兴趣当然要喝过才能体会，在此兴趣产生之前那第一口酒，固然要用"勉强"去喝，但问题是，为什么喝多喝久了就一定会喜欢？有趣的是，朱子正好也说过类似的话：

> 人读书，如人饮酒相似。若是爱饮酒人，一盏了，又要一盏吃。若不爱吃，勉强一盏便休。[1]

换言之，这个喜欢，这个兴趣，这个"内心体会"、感性之"感"，何以能通过勉强力行来获得，是不清楚的。落在道德实践上讲也一样：吾人为何能通过勉强力行而"喜欢上"为善去恶的道德实践？依笔者所见，朱子有时或许想用"生"与"熟"的对比来回答：

> 熟底是仁，生底是恕；自然底是仁，勉强底是恕；无计较、无睹当底是仁，有计较、有睹当底是恕。[2]

但这恐怕不是生熟问题，理由正如刚才所引："若不爱吃，勉强一盏便休"——无论怎样勉强、勉强到多"熟"，也勉强不出那个"爱"来。换言之，若朱子提不出"从勉强到自然"那最深层的、最后的根据，我们便

---

[1] 朱熹著，黎靖德编，《朱子语类》，卷十，第174页。
[2] 朱熹著，黎靖德编，《朱子语类》，卷六，第116页。

始终有理由质疑说：道德实践或道德修养这件事，如无那最后的根据，则勉强多久也不会喜欢上的。这个问题在心学（主张"心即理"者）倒能回应："我所悦的就是我所立的。"（牟宗三语，见本章第一节）因此，"勉强之消除"最终就是由这个本然的"悦"来保证。由于吾人所执行的正是"心"自己所颁布的道德命令（而非遵守外在的规则，例如学生之于校规），因此那个"悦"是始终存在的。尽管在道德实践或修养的初期，这个"悦"可能未强大到足以摆脱"勉强"，但勉强久了，这个"悦"随之成长，终可成就出"自然"来。姑且勿论此说是否真能成立，至少心学可以自圆其说地给出这样一个说法。但朱子又如何呢？在他那"心本质上可善可恶"的根本认定下，"勉强"为什么终可消除？这就是我们的"深化版动力问题"，亦是本章最后要解决的问题。

第四节　"动力问题"之不圆满答复

让我们先整理至今为止的讨论。本章探讨朱子穷理之学所要面对的一大难题：知行关系与实践动力问题（简称"动力问题"）。我们把问题划作浅深两义。其浅义（或说通常形态）可表述为"知理如何推动或保证行理""知善知恶如何推动或保证为善去恶"等。此问题在20世纪中国哲学研究者如牟宗三、劳思光手中揭露得分外清晰。为回应此问题，我们主要参考了三位中外学者的相关思考：倪德卫、黄勇、杨祖汉（并及唐君毅）。倪德卫表示，从儒家的观点看，"知善而未能行善"也不代表"知善"没有产生出"行善"的倾向。他的见解拓阔了我们思考"动力问题"的视野。再者，他提出的"尝试"观念亦为我们后来深化"动力问题"带来启示。黄勇着眼于程颐的"真知"观念，点出"内心体验"作为"真知"的重要元素，厘清了程朱两人"真知即能行"一说之实义——它并非循环推理或同义反复。由此即可顺通至杨祖汉及唐君毅对朱子的理解。借用他们的分析,笔者提出:对"理"的"知"必然伴随主体方面的"感";而"理"即使可算作心之认识对象,它也是一类"特种对象",与一般"信息"不同。此义使得朱子可避免牟宗三的指控:心不即理而理被推出去成为认识对象,因而减弱道德实践之动力。笔者进而澄清:朱子虽然加重了对于"真知"之理性面的强调,却未始摒弃"真知"的感性一面,此由朱子之主张"真知"需经"见得道理分明"的智思活动及"玩味""识滋味"之感性体验两途获至可知。这为我们揭开了"动力问题"之深义:"识滋味"要靠"力行",而"力行"需待"勉强"(尚未达到真知,故实践需靠勉强);由是,在朱子那"心本质上可善可恶"的理论下,"勉强为何终可消除"即成一问题。

如果摆开上述若干细节,则本章至今的讨论主脉可这样概括:首先,朱子穷理之学里"知理如何过渡至践理"的问题,可通过"真知即能行"来回答——"真知"能提供实践动力。其次,"真知"含有感性之"感",它要经由勉强力行来获得,则"勉强为何终可消除"便成更深一层之问题。

对于这最后的问题,朱子理应可以回答(虽然其回答不一定圆满,但已经是朱子哲学依据自身资源所能给出的最好答案;至于其如何未臻圆满,我们将于此下第四小节说明)。此答案即存在于"心"与"理"的关系中。我们在"导言"里曾提过,在本书的显性结构之下,贯穿着一道隐伏的议题——如何理解朱子之"心";笔者在这个问题上的取态,乃全书——尤其是第一至三章——持论之基石。讨论至此,我们是时候把这问题摆出来做一彻底的清理,从中揭示朱子就"动力问题"的深层见解。

为彰显论述次第,此下将开列为四小节:

(一)讨论的基准

(二)"理"与"气"及"理"与"心"

(三)"心具理"及"心"与"智"的特殊关系

(四)总结:朱子就"动力问题"之意见

(一)讨论的基准

本小节想表达一个核心主张:我们不应将朱子之"心"做"心学式"(承认"心即理"者)的诠释;尽管这样做,"动力问题"即可迎刃而解,而朱子亦的确时有一些暗示,吸引我们把其立场往心学方向去想。但总体而言,朱子与心学始终有其明确分野。是故,我们在诠释朱子时,必须严守分寸。以下试阐明这个主张。

本书在不同地方皆已解释过"心学"的立场,现再作一概括。"心学"的根本观点为"心即理";此命题的意思并非"心与理相即不离"(此仍是心与理为二),而是"心与理根本为同一、心就是理"。这个意思可再以不同方式阐明:第一,心就是理(道德法则),表示心乃本然纯善,而非善恶上中性(可善可恶)。第二,心就是理,则所谓"求理",实际上便是"求此心"——只要不使此本质纯善之心放失,便是求得理。第三,心就是理,则理对心不显对象性,"心之服从理"实则等于"心之服从其自己";在这一理论设定下,"道德实践之动力"(心去服从道德法则、进行道德实践之动力)完全不构成一难题,因为心并非要服从一外在对象,而只是服从其自己(或说:心服从它自己所制定的道德法则——这是突显"心即理"之"理"一面的说法,然亦只是重点不同而已;总之,心与理为同一、心就是理)。即使道德修养可能要经过"勉强"的阶段,但此阶段最终仍是可以跨过的,因为"心即理"已为"勉强之克服或消除"提供了理论保证。

　　笔者之所以主张朱子之"心"不可作"心即理"解,首先基于牟宗三的一个问题所带来的警惕。牟氏在分析朱子的"心具众理"时提出过这道疑问:

> 　　问题即在此"心具"是如何具法? 后来朱子即常言"心具众理",或言"心之德",如"仁是心之德爱之理"是。照此等辞语所表示之"心具"义,表面观之,好像亦是"心即理"。"心之德","心具众理",尤其类似"心即理"。<u>然朱子终不能指谓地(断定地)说"心即理"何也?</u> 是以此等辞语必须了解其思想底据,通其义理底据而解之,不可为其辞语相似而误引也。①

这个提问为我们朱子诠释者立下一重界限:无论我们如何尝试把朱子之"心"往心学一边靠拢,使其能更容易回应"动力问题",终归也得面临这条底线——"然朱子终不能指谓地(断定地)说'心即理'何也?"若不能妥善回答,我们便不应过当地把朱子哲学"心学化",企图把其"心"解释为"心即理"之心。

　　这里应作一点澄清:就字面看,朱子有时也会说"心与理一"甚至"心即是理",这又应如何解读? 事实上,陈来即已观察到这一点,并提供了很具说服力的说明:

> 　　为了使人的现实意识完全变为道德意识,受到性理的完全支配,理学要求人要在修养境界上作到"心与理一"。程颐已提出"己

---

① 牟宗三,《心体与性体》,第三册,第182页。

与理一"(《遗书》十五),李侗更明确说"理与心为一,庶几洒落"(《延平答问》"戊寅十一月十三日书"),朱熹也完全继承了这一思想,他临终时告诫学者:"为学之要,惟事事审求其是,决去其非,积集久之,心与理一,自然所发皆无私曲。"(见江永,《考订朱子世家》))①

如朱熹曾说:"仁者理即是心,心即是理,有一事来便有一理以应之,所以无忧。"(《语类》三十七,李方子录)这是解《论语》"仁者无忧"的,是说到圣贤地位的人(仁者)他们的心已达到了与理合一的境界,故一切思想行为从容中道,莫不合理。在这个意义上可以说这些仁者"心即理"了。并不是指一切人心即是理。但严格说来,对于仁者这仍只是一种"心与理一",故与李方子同时听讲的另一弟子记录此语便不同:"仁者心与理一,心纯是这道理,看甚事来,自有这道理在处置他,自不烦恼。"(同上,林格录)可见朱熹在这里表达的并不是陆学的那种心即理思想。又《语类》广辅录:"心与理一,不是理在前面为一物,理便在心之中。"(卷五)可见这里讲的心与理一即指理具于心,不是说心外无理,而是说性理即在心之中,不是后天得之于外的。朱熹又曾说:"儒释之异,正为吾以心与理一,而彼以心理为二耳,然近世一种学问虽说心与理一,而不察乎气禀物欲之私,故其发亦不合理,却与释氏同病,不可不察。"(《文集》五十六,《答郑子上十四》)这里所说的心与理一也是指心具理,理具心,指儒者所讲的心不是空无所有,其中包含众理,而佛家之心只是个知觉,故又说"彼释氏见得心空而无理,此见得心虽空而万理咸备也"(同上,《答郑子上十五》)。

---

① 陈来,《朱子哲学研究》,第224页。

所谓"近世一种学问"即指陆学，朱熹认为陆氏虽知心中有理，但不懂得由于气禀的作用致使心之所发不尽合理，由此可见<u>在朱熹哲学中只能讲心具众理而不能承认心即是理</u>。[1]

陈氏相当仔细地澄清了：朱子纵然间有"心即是理""心与理一"的说法，但其实义仍非心学阵营（如陆九渊）下的"心即理"。朱子所谓"心即是理"，指的是心修养到"与理合一的境界"，而一切表现皆"莫不合理"——心之"即是理"，以此"莫不合理"来规定。至于"心与理一"则有两义：一义即同于刚才的"心即是理"，指心"受到性理的完全支配"；一义即"理具于心"或"心具理"——"不是理在前面为一物，理便在心之中"，由"理在心中"来说"心与理一"。说到底，"在朱熹哲学中只能讲心具众理而不能承认心即是理"。问题是"心具理"之实义为何？或如上引牟宗三所问："此'心具'是如何具法？"本章第一节曾提及朱子言"心将性做馅子模样"[2]，这固然是"心具（性）理"的一种表述，唯其尚是一种粗浅的比喻——将心、性（理）关系喻为空间关系。实则"心具理"还有更深刻的意义在，我们将于此下第三小节——"心具理"及"心"与"智"的特殊关系——再行申论。

　　总之，当我们为着替朱子回应"动力问题"，而着力思议其"心"之含义时，有一项事实必须念兹在兹：无论他的个别说法与心学有多相似，他始终没有明白主张"心即理"。

　　其实自本书各章讨论下来，我们已读到不少朱子有关"心"的资料，此处不拟一一重引，除了笔者认为最关键的这一条：

---

[1]　陈来，《朱子哲学研究》，第225页。
[2]　朱熹著，黎靖德编，《朱子语类》，卷五，第89页。

> 或问:"心有善恶否?"曰:"心是动底物事,自然有善恶。且如恻隐是善也,见孺子入井而无恻隐之心,便是恶矣。离着善,便是恶。然心之本体未尝不善,又却不可说恶全不是心。若不是心,是什么做出来?古人学问便要穷理、知至,直是下工夫消磨恶去,善自然渐次可复。"①

我们着眼的是"心是动底物事,自然有善恶"。朱子对"心"之善恶本质的体认和断定,便结穴于这一句上。重点是朱子从"动"的角度看"心",认为"心"在本质上乃一种"动底物事"(而"动底物事"一定有善恶,不可能纯善无恶),尽管它可有"静"时,唯其终究不得不动;若从来不动、永远不动,便不成其为"心"了。至于引文说"然心之本体未尝不善",我们在第一章第三节"朱子工夫论的哲学前提:对'心'的特殊体认"里已简单分析过,稍后还会再论。应当注意的是,朱子在这句之后,紧接即补上"又却不可说恶全不是心。若不是心,是什么做出来?"他那种从"动"看"心"的取态表露无遗:心必须动,动则总可向善而动或向恶而动,故此心有善恶(朱子说:"心有善恶,性无不善。")②。这使我们立即想起第一章第三节曾引过的一段对话:

> "五峰曰:'人有不仁,心无不仁。'既心无不仁,则'巧言令色'者是心不是?如'巧言令色',则不成说道'巧言令色'底不是心,别有一人'巧言令色'。如心无不仁,则孔子何以说'回也,

① 朱熹著,黎靖德编,《朱子语类》,卷五,第86页。
② 同上书,第89页。

其心三月不违仁'?"萧佐曰:"'我欲仁,斯仁至矣。'这个便是心无不仁。"曰:"回心三月不违仁,如何说?"问者默然久之。先生曰:"既说回心三月不违仁,则心有违仁底。违仁底是心不是?说'我欲仁',便有不欲仁底,是心不是?"[①]

如果说,刚才的"牟宗三问题"——"然朱子终不能指谓地(断定地)说'心即理'何也?"——是我们思议朱子之"心"时所必须记住的一点,则朱子这里的一系列反问——"'巧言令色'者是心不是?""违仁底是心不是?""说'我欲仁',便有不欲仁底,是心不是?"——就是我们所不能遗忘的另一点。这些"是心不是",反映着朱子对"心"之善恶本质的体认:心有善恶、可善可恶、善恶上中性[②]。

(二)"理"与"气"及"理"与"心"

立下上述讨论基准后,我们可正式提出朱子对"勉强为何终可消除"一问题(深化版动力问题)之回答。朱子的答案,基点即在"气原可不费力地配合理"(心是一种特殊的"气构成物",故亦可纳入此一命题下讨论,稍后将再补充说明);这些随时随处可见的"不费力地配合"的例子,是为"勉强终可消除"的根本证据。

朱子有关理气关系的其中一则经典解说,见于《朱子语类》首卷:

---

① 朱熹著,黎靖德编,《朱子语类》,卷一百一,第2584页。
② 我们或会有疑:从"动"的角度看"心",理应是一种很自然的观点——心有思虑作意,能主宰一身,当然是"动"(尽管心也有静时,即"未应事接物"之时),即使心学阵营似乎也不能外此;而一涉"动",似便即有向善向恶两途;那么,心学又如何确立"心本然纯善""心即理"等主张? 而恶能否归诸心? 他们又能否回应朱子那一系列"是心不是"? 这些都是值得探讨的问题,唯其已越出本书的范围,故不拟详论。简言之,笔者有这样一种印象:心学看"心"是理想主义的(idealistic);相对而言,朱子看"心"则可谓卑之无甚高论(realistic),取一种常识性的角度。

　　或问先有理后有气之说。曰："不消如此说。而今知得他合下是先有理，后有气邪；后有理，先有气邪？皆不可得而推究。然以意度之，则疑此气是依傍这理行。及此气之聚，则理亦在焉。盖气则能凝结造作，理却无情意，无计度，无造作。只此气凝聚处，理便在其中。且如天地间人物草木禽兽，其生也，莫不有种，定不会无种子白地生出一个物事，这个都是气。若理，则只是个净洁空阔底世界，无形迹，他却不会造作；气则能酝酿凝聚生物也。但有此气，则理便在其中。"①

根据这段说法，论者一般都同意：在朱子看来，理不活动（无情意，无计度，无造作），活动的是气（能凝结造作）。这样看来，气也是"动底物事"，故亦"自然有善恶"。气之善恶自然以其是否配合理而定：依理而行则善，不依理而行则恶。换言之，气可以对理有所违逆，亦可以对理有所配合。我们不应因朱子的"理气二分"说，而只注意"气对理有所违逆"一义，忽略"气对理有所配合"一义。实则若问朱子：在天地间，气配合理者多，还是违逆理者多？朱子的回答很可能是前者。我们在第一章曾引述：

　　问："'天道福善祸淫'，此理定否？"曰："如何不定？自是道理当如此。赏善罚恶，亦是理当如此。不如此，便是失其常理。"……"且如冬寒夏热，此是常理当如此。若冬热夏寒，便是失其常理。"②

---

① 朱熹著，黎靖德编，《朱子语类》，卷一，第3页。
② 朱熹著，黎靖德编，《朱子语类》，卷七十九，第2030页。

必须了解,所谓"失其常理",非谓"理决定不表现它自己",因为根据"理不活动而活动在气"的设定,"失其常理"只能解作"气违逆理,而使理不能表现"。因此,冬寒夏热的正常情况,便是气对理的配合。至于冬热夏寒,则是气对理的违逆。这里,我们可据常识作一种推论:冬寒夏热十居其九,冬热夏寒则极为罕见;理不活动,不能管束气,气有主动权,大可违理而行,却竟十居其九地依理,可见气对理的配合乃是天地间一种常态。然而我们仍当记住:气不即是理,本身乃"动底物事",故本质上毕竟仍是可善可恶的(可依理、可违理)。

进一步落在有生之物上讲,朱子以下的说法值得留意:

> 气相近,如知寒燠,识饥饱,好生恶死,趋利避害,人与物都一般。理不同,如蜂蚁之君臣,只是他义上有点一子明;虎狼之父子,只是他仁上有一点子明;其他更推不去。恰似镜子,其他处都暗了,中间只有一两点子光。①

> 气禀所拘,只通得一路,极多样:或厚于此而薄于彼,或通于彼而塞于此。有人能尽通天下利害而不识义理,或工于百工技艺而不解读书。如虎豹只知父子,蜂蚁只知君臣。②

两段引文,前段主张人与动物"气相近理不同",后段则隐约表示人物之气(气禀)不同。撇开这种差异不论,我们现在只着眼一点:动物也有道德表现,例如蜂蚁知君臣、虎狼(或虎豹)知父子。如果顺着前面冬寒夏热一义说下来,则动物之有道德表现,亦可借"气原可不费力地

---

① 朱熹著,黎靖德编,《朱子语类》,卷四,第57页。
② 同上书,第75页。

配合理"来解释：蜂蚁虎狼可以在未经道德学习、道德修养的情况下（即所谓"不费力"）而知有父子君臣。倘气对理只有违逆没有配合，则动物理应只有乱理之表现，根本连父子君臣也不可知。

落到人上，朱子则这样解释其特殊性：

> 彼贱而为物者，既梏于形气之偏塞，而无以充其本体之全矣。惟人之生乃得其气之正且通者，而其性为最贵，故其方寸之间，虚灵洞彻，万理咸备，盖其所以异于禽兽者正在于此，而其所以可为尧舜而能参天地以赞化育者，亦不外焉，是则所谓明德者也。[①]

人因为"得其气之正且通"，故"万理咸备"，意即其不仅能知父子君臣。我们看到，朱子并不以"心即理"说心，而是透过"气之正且通"来说这个"方寸之间"。再者，朱子对人类显然有一种乐观态度：如果连蜂蚁虎狼这类"梏于形气之偏塞"者也能不费力地表现道德之理，则"得其气之正且通"的人类自然更无困难。稍后我们将会指出，根据朱子对"心"的理解，道理上他其实可以对人悲观，而他却看出乐观的理由。现在且先顺着"人之生乃得其气之正且通者"一义，说朱子之"心"的构成。

我们说"心"是一种特殊的"气构成物"，理由首先在于：在理气二分的框架下，心基本上应被归属于气一边。且看朱子的界说：

> 心比性，则微有迹；比气，则自然又灵。[②]

---

① 朱熹，《大学或问》，《四书或问》，第3页。
② 朱熹著，黎靖德编，《朱子语类》，卷五，第87页。

与性（理）相比，心乃"微有迹"。应当注意，"有迹"与"无迹"是一种穷尽的二分——要么有迹，要么无迹，没有中间地带。哪怕其"迹"有多"微"，毕竟仍是"有迹"。一"有迹"，便已不是"理"了——前面曾引述朱子说："若理，则只是个净洁空阔底世界，无形迹，他却不会造作。"这样看来，心与性（理）完全是异质异层的。既有迹，则应归属于气一边。再如前引朱子说："盖气则能凝结造作，理却无情意，无计度，无造作。"说后者时强调"无情意，无计度"，但说前者时却不提"有情意，有计度"，只说其"能造作"（直接与理之"无造作"相对），这是笼统地、一般化地说气。若说到心，朱子便进而强调其与一般之气的差异："自然又灵"（此其所以为"特殊的"气构成物）。

我们先着眼"灵"字。大体说来，"灵"首先指心之"能知觉"：

> 心与性自有分别。灵底是心，实底是性。灵便是那知觉底。①

其次指心之"能思虑"：

> 问："天地之心亦灵否？还只是漠然无为？"曰："天地之心不可道是不灵，但不如人恁地思虑。伊川曰：'天地无心而成化，圣人有心而无为。'"②

撇开"天地之心"这个概念不论，朱子关于人心之"灵"的说明是清楚

---

① 朱熹著，黎靖德编，《朱子语类》，卷十六，第323页。
② 朱熹著，黎靖德编，《朱子语类》，卷一，第4页。

的：心之灵即意谓心能"思虑"。综合上述两义来看，心比一般之气的殊别处即在其能知觉思虑。

心比气"自然又灵"。现在再看"自然"。照字面看，"自然"即"自己如此"，意味自主、自决、自由。换言之，一般之气虽有"表现理"的主动权（理不活动而活动在气），然其表现理却非出于自决或有意为之。试回想"冬寒夏热"的例子，这类现象在朱子看来，实难言个中有何作意。此所以朱子说一般之气时只道其"能凝结造作"，不说其"有情意，有计度"。而心则能自为主宰，故言"比气，则自然又灵"。唯此心之"能做主"一义，在朱子的说法里，似亦能以"灵"字来说，例如：

> 问："先生前日以挥扇是气，节后思之：心之所思，耳之所听，目之所视，手之持，足之履，似非气之所能到。气之所运，必有以主之者。"曰："气中自有个灵底物事"。①

这里虽未明说那主乎"气之所运"者是心，但从朱子答语看，"气中自有个灵底物事"，此"灵底物事"亦当为心无疑。这或许可以解释，何以朱子说心，较多强调其"灵"，而较少言及"自然"，因为"灵"字即能包得"自然"义。

总括而言，心有迹（尽管只是微有迹），故不属理而属气。一般之气跟理相比，能活动、能凝结造作。而在芸芸"气构成物"之中，心又为一特殊者：能知觉、能思虑、能做主。

道理上，对比一般之气，我们看心其实可以看得悲观一些，因为

---

① 朱熹著，黎靖德编，《朱子语类》，卷五，第87页。

自由度愈大，堕落犯错的机会便愈大。在天地间，气之从理可谓十之八九，观乎冬常寒而夏常热可知，而人心之违逆道德之理却所在多有。再与动物相比，古往今来的虎狼皆知父子、蜂蚁皆知君臣，因为它们根本缺乏违逆父子君臣之理的自由；反观人类历史，不知父子君臣者多矣。然而，朱子看心，却看出乐观的一面。这可能是由于他发现，人之心比起其他"气构成物"，更能全面地、灵活地表现理——朱子看到的，并非"愈自由愈容易堕落"，而是"愈自由则愈少局限而愈能周延地表现理"；此观乎前引文字可见："彼贱而为物者，既梏于形气之偏塞，而无以充其本体之全矣。惟人之生乃得其气之正且通者，而其性为最贵，故其方寸之间，虚灵洞彻，万理咸备。"——前者"无以充其本体之全"，后者（指人，尤指人之心，所谓"方寸之间"）则"万理咸备"。具体地说，一般"气构成物"如蜂蚁虎狼之"偏塞"是这样的："如蜂蚁之君臣，只是他义上有一子明；虎狼之父子，只是他仁上有一点子明；<u>其他更推不去</u>"，"如虎豹只知父子，蜂蚁<u>只知君臣</u>"。人之心则由于"万理咸备"，故懂得因应不同处境而表现各种理，如朱子说："灵底是心，实底是性。灵便是那知觉底。如向父母则有那孝出来，向君则有那忠出来，这便是性。<u>如知道事亲要孝，事君要忠，这便是心。</u>张子曰：'心，统性情者也。'此说得最精密。"①心能备万理，能统性情，此见朱子对心之乐观态度。

　　顺着这种乐观态度来看，在朱子看来，气无疑可不费力地配合理，而心则应可更不费力地配合理。当然我们不要忘记，气和心作为"动底物事"，本质上仍是可善可恶的，但"本质上可善可恶"并不与"可不费力地配合理"抵触。这种乐观性，进一步体现在朱子对心的几种看

---

① 朱熹著，黎靖德编，《朱子语类》，卷十六，第323页。

法上，以下依次说明。

首先，心以"表现理"为其"预设功能"或说"预期的功能"，如同朱子在《大学章句》开首对"大学之道，在明明德"的注解所言：

> 大学者，大人之学也。明，明之也。明德者，人之所得乎天，而虚灵不昧，以具众理而应万事者也。但为气禀所拘，人欲所蔽，则有时而昏；然其本体之明，则有未尝息者。故学者当因其所发而遂明之，以复其初也。①

"人之所得乎天"即表示"心的原先设定"。心被设定成"虚灵不昧"，"虚"言其"具众理"②，"灵"则如上所论，言其能知觉、能思虑、能做主，"不昧"则与后面的"昏"字相对，似指心之"（能依理而）应万事"；合而观之，"虚灵不昧"四字就是《大学》原文"明德"之"明"字的注脚。这个心会"有时而昏"，但其原先设定好的"明"（所谓"本体之明"）则未尝消失，而总会在日常生活中有所"发"，表示心即使在未经道德修养前，其虚灵不昧有时也会毫不费力地表现："学者当因其所发而遂明之"，"因其所发"言其未经道德修养前的偶尔表现，"遂明之"才是自觉地做工夫的阶段（此"明"字对应《大学》"明明德"的第一个"明"字）。必须注意，朱子这种乐观的看法，并未抵触"心本质上可善可恶"

---

① 朱熹，《四书章句集注》，第5页。
② "心虽是一物，却虚，故能包含万理。"（朱熹著，黎靖德编，《朱子语类》，卷五，第88页）"凡物有心而其中必虚，如饮食中鸡心猪心之属，切开可见。人心亦然。只这些虚处，便包藏许多道理，弥纶天地，该括古今。推广得来，盖天盖地，莫不由此，此所以为人心之妙欤。理在人心，是之谓性。性如心之田地，充此中虚，莫非是理而已。心是神明之舍，为一身之主宰。性便是许多道理，得之于天而具于心者。"（《朱子语类》，卷九十八，第2514页）

的认定：既说心"有时而昏"，则已经是"可恶"了——根据上一小节的基准，借用朱子的反问来说：昏了的心，"是心不是?"重点是"心本质上可善可恶"并不会排斥"心可以在未经道德修养的情况下偶尔依理而动"，以及"心的预设功能为表现理"；只要心一动即有向善向恶两途，则"心为善恶上中性"一说便可成立，其"预设功能"如何，乃另一层面的问题。

笔者认为，朱子关于心的"预设功能"的这种乐观态度，乃由其对气的观察而来。由是，他的思路可这样重构：① 气是"动底物事"，具主动权（理不活动），大可违理而动，故有"冬热夏寒"等反常现象。② 唯"冬寒夏热"等正常情况之十居其九，则令朱子相信，气原可不费力地配合理。③ 心比一般之气"自然又灵"，能自觉，有自由（更少局限），理应更容易表现理。④ 因此，如果说气原可不费力地配合理（基于冬寒夏热一类常态的证据），则对于作为特殊的、优越的"气构成物"的心之预设功能，自更应往乐观处想。基于心的这种预设功能，我们可以合理地预期：心有可能不勉强地依理而动。换言之，道德修养历程上的勉强，我们有理由预期它能被消除。

其次，顺着上一义来说，朱子因而相信，心在其静时，本与性理处于一种"非敌对的、相安无事的状态"。心本质上固为"动底物事"，然亦有其静时——未应事接物之时。基于其乐观取态，朱子相信，当心处于静时，性理乃"浑然地全具于心"（"浑然"指其尚未细分为忠、孝等理，因心尚未应事接物，故未有君父等呈现目前，性理于是亦未具现为忠孝）。如同朱子在《答林择之》一文所说：

　　　所引"人生而静"，不知如何看"静"字？恐此亦指未感物而言耳。盖当此之时，<u>此心浑然，天理全具</u>，所谓"中者状性之体"，正于此见之。①

又如《答张钦夫》：

> 然人之一身，知觉运用，莫非心之所为，则心者固所以主于
> 身，而无动静语默之间者也。然方其静时，事物未至、思虑未萌，
> 而一性浑然、道义全具，其所谓中，是乃心之所以为体而寂然不动
> 者也。②

牟宗三曾就朱子这类说法解释道："'全具'、'具焉'等所表示之'心
具'实只是关联地具，而其实义是浑然之性或性之体段具显于或具存
于此时或此处，而非即是'心即理'之义也。故终于是心性平行而为
二，而非即是一。"③这段话的主旨是澄清朱子立场非"心即理"，而我们
注意的则是"心性平行"四字，这是对于"心静时，其与性理之关系"的
一个很贴切的形容；刚才笔者说心在其静时，本与性理处于一种"非
敌对的、相安无事的状态"，即启发自此。之所以说"心静时与性理平
行而相安"，自然是从上述的乐观态度而来：由于气原可不费力地配合
理，而心比一般之气又更为优越，故推论出其静时不应与性理处于紧张
状态中。这里值得强调两点。第一，再一次，朱子的见解并未抵触"心
有善恶、可善可恶"的认定，因为心可有动静两观：以动观心（此乃正
观，因为心必须动），则心必有善恶；以静观心，则心可与性理相安而未
有恶（以其尚未动，故谈不上违逆性理而有恶）。第二，心静时，尚无表

---

① 朱熹，《晦庵先生朱文公文集》，卷四十三，第1979页。
② 朱熹，《晦庵先生朱文公文集》，卷三十二，第1419页。
③ 牟宗三，《心体与性体》，第三册，第182页。

现,故谈不上有善恶(善以"依理而动"来定,恶以"违理而动"来定)。朱子因此喜言"心之本体未尝不善",此"心之本体"即特指其静时状态而言。他不会直说"心之本体为善",只会巧妙而审慎地说"未尝不善",反显出他对心之"善恶中性"义仍然守得很紧。(补充一句,朱子的"心具理"实际上还有更精微的意思,我们将在下一小节再行阐明。)

　　上一点说心的预设功能为"表现理",故我们可合理地预期:心之不勉强地依理而动,乃是可能的。现在同样地,根据"心静时与理相安"一义,我们也有理由说:由于心与理有一种"未曾费力而即能相安"的"先例",故其"不勉强地依理而动",乃可顺理成章地寄予期望。

　　再次,回到前引之《大学章句》:"然其本体之明,则有未尝息者。故学者当因其所发而遂明之,以复其初也。"表示朱子相信,心之"明"(虚灵不昧、依理而应万事)乃可在日常生活中未经自觉修养而偶尔呈现。这即可通往朱子一些耐人寻味的说法,例如《四书或问·大学或问》:

　　　　然而本明之体,得之于天,终有不可得而昧者,是以虽其昏蔽之极,而介然之顷一有觉焉,则即此空隙之中,而其本体已洞然矣。①

此"介然一觉"之义,于《朱子语类》中也有论及:

　　　　林安卿问:"'介然之顷,一有觉焉,则其本体已洞然矣。'须是就这些觉处,便致知充扩将去。"曰:"然。昨日固已言之。如击石

───────────

① 朱熹,《大学或问》,《四书或问》,第4页。

之火,只是些子,才引着,便可以燎原。若必欲等大觉了,方去格物、致知,如何等得这般时节! 那个觉,是物格知至了,大彻悟。到恁地时,事都了。若是介然之觉,一日之间,其发也无时无数,只要人识认得操持充养将去。"又问:"'真知'之'知'与'久而后有觉'之'觉'字,同否?"曰:"大略也相似,只是各自所指不同。真知是知得真个如此,不只是听得人说,便唤做知。觉,则是忽然心中自有所觉悟,晓得道理是如此。人只有两般心:一个是是底心,一个是不是底心。只是才知得这是个不是底心,只这知得不是底心底心,便是是底心。便将这知得不是底心去治那不是底心。知得不是底心便是主,那不是底心便是客。便将这个做主去治那个客,便常守定这个知得不是底心做主,莫要放失,更那别讨个心来唤做是底心! 如非礼勿视听言动,只才知得这个是非礼底心,此便是礼底心,便莫要视。如人瞌睡,方其睡时,固无所觉。莫教才醒,便抖擞起精神,莫要更教他睡,此便是醒。不是已醒了,更别去讨个醒,说如何得他不睡。程子所谓'以心使心',便是如此。人多疑是两个心,不知只是将这知得不是底心去治那不是底心而已。"……又问:"自非物欲昏蔽之极,未有不醒觉者。"曰:"便是物欲昏蔽之极,也无时不醒觉。只是醒觉了,自放过去,不曾存得耳。"①

友仁说"明明德":"此'明德'乃是人本有之物,只为气禀与物欲所蔽而昏。今学问进修,便如磨镜相似。镜本明,被尘垢昏之,用磨擦之工,其明始现。及其现也,乃本然之明耳。"曰:"公说甚善。但此理不比磨镜之法。"先生略抬身,露开两手,如闪出之

---

① 朱熹著,黎靖德编《朱子语类》,卷十七,第376—377页。

状，曰："忽然闪出这光明来，不待磨而后现，但人不自察耳。如孺子将入于井，不拘君子小人，皆有怵惕、恻隐之心，便可见。"友仁云："《或问》中说'是以虽其昏蔽之极，而介然之顷，一有觉焉，则即此空隙之中而其本体已洞然'，便是这个道理。"先生颔之，曰："于大原处不差，正好进修。"①

这几段话，尤其画有底线的部分，若不知是朱子语，真会以为是心学阵营的言论。此中关键的一点是：心可以在未经格物致知的修养下自动地"醒觉""觉悟""晓得道理是如此""忽然闪出这光明来"。为什么会这样？一个自然的答案是：心本然至善，有充足力量突破物欲之昏蔽而呈现自己。但笔者认为，此"心即理"义并非"介然之觉"之唯一的理论基础；即使主张"心本质上可善可恶"，亦可支撑起这种"忽然醒觉"之说，朱子理论所走的正是后面这一条路。此中道理并不难说：如果气可以未经修养（引文所谓"不待磨"）而自动依常理来成就冬寒夏热、蜂蚁虎狼可以未经修养（不待磨）而自动知君臣父子，则"得其气之正且通"的人类，凭借其"自然又灵"的心——一种优越的"气构成物"，自当更能"不待磨"而表现理，"如孺子将入于井，不拘君子小人，皆有怵惕、恻隐之心，便可见"。说到底，在诠解朱子这类话语时，我们必须严守上一小节提出的基准。

这样，我们对于"勉强终可消除"便再多一重理由。与上一点类同，这点理由亦属"诉诸先例的推理"。所不同者，上一点仅言及"心之静"，论证力度仍嫌不足。这一点则直就"心之动"来说：哪怕是小人，在其日常生活中亦已有这样的先例，即其心能在未经自觉修养下，偶尔

---

① 朱熹著，黎靖德编，《朱子语类》，卷十七，第377—378页。

自动地依理而应事接物(依理而动、向善而动)。根据这种"不需勉强"的先例,当人在进入自觉修养的历程后,那初期的勉强,终究有消除的希望。

总结以上,我们立足于前一小节所定下的基准,为朱子提出"深化版动力问题"的答案。此答案的基点即在"气原可不费力地配合理"。在此基础上,朱子能对"勉强终可消除"提出三点理由。第一,心比一般之气优越,故其预设功能应在"表现理";我们因而可合理地期望,心之表现理,乃可不待勉强。第二,基于同样的乐观态度,朱子相信心在其静时,本与性理相安;这虽不保证心在动时会自动循理,但至少我们也可合理地相信:既然本不与理敌对,则在其动时,当亦可不勉强地依理而动。第三,心在日常生活里,本就有不少不待勉强而依理动的先例,基于这些先例,我们可对"道德修养中勉强之消除"寄予信心。需要强调的是,朱子这些答案恐怕难称圆满;唯在讨论之前,还需看他的第四点理由。

(三)"心具理"及"心"与"智"的特殊关系

说到心与理在朱子哲学中的关系,"心具理"是一不能忽略的重要命题。就着这个命题,上文已铺排酝酿了许久,如今即来正面谈论它,并从中揭示朱子有关"勉强终可消除"的第四点理由。

上一小节我们看到朱子有关"心具理"的一种说法:"然方其静时,事物未至、思虑未萌,而一性浑然、道义全具。"或说当心在"未感物"之时,"此心浑然,天理全具"。牟宗三对朱子这类说法作了仔细的分疏:

问题即在此"心具"是如何具法?后来朱子即常言"心具众

理"，或言"心之德"，如"仁是心之德爱之理"是。照此等辞语所表示之"心具"义，表面观之，好像亦是"心即理"。"心之德"，"心具众理"，尤其类似"心即理"。然朱子终不能指谓地（断定地）说"心即理"何也？是以此等辞语必须了解其思想底据，通其义理底据而解之，不可为其辞语相似而误引也。"全具"、"具焉"等所表示之"心具"实只是关联地具，而其实义是浑然之性或性之体段具显于或具存于此时或此处，而非即是"心即理"之义也。故终于是心性平行而为二，而非即是一。后来更积极地说为"心具众理"，实亦只是关联地"当具"，而非分析地，必然地"本具"。"心之德"更为积极，然亦只是关联地当有此德，而非分析地，必然地，仁义内在地固具此德。心通过庄敬涵养工夫，收敛凝聚而合理或表现理，方始具有此理而成为其自身之德，否则即不能具此理而有此德。此即非"固具"之义也。"人心之灵莫不有知"，即通过此知（灵觉）的静摄关系而具有之以为其自身之德也。是以从心寂然不动，而性体之浑然体段具显于或具存于此时，到心具众理而为其自身之德，须通过庄严涵养之静涵工夫以及知的静摄工夫（察识、致知格物）始能具有之以为其自身之德。此即为后天地具，非先天地具；关联地具，非分析地本具。①

牟氏对"心具理"之应有含义想得非常入微，虽然就笔者看来，此中尚有一个环节有待打开细察（下详）。我们可先通过一个问题来理解牟氏的剖析：心在什么情况下方能算作"具理"？朱子有一类说法，如："凡物有心而其中必虚，如饮食中鸡心猪心之属，切开可见。人心亦然。只

---

① 牟宗三，《心体与性体》，第三册，第182页。

这些虚处,便包藏许多道理,弥纶天地,该括古今。……理在人心,是之谓性。……性便是许多道理,得之于天而具于心者。"①上文屡言的"心将性做馅子模样"之比喻,正是在同一思路下的产物:心由其虚,故能包含万理。字面上看,这种讲法实也配得上"心具理"一命题,朱子甚至可借此回应牟宗三:他的"心"也是"本具理"的,因为性理从一开始已具于心,心从其存在之始即已包含万理,不是经过后天工夫才把这些理包入心中。然而从牟氏的标准来看,这种粗浅的比喻并没有很实质的理论意义。因为心在其动时大可违理,在其违理之时,徒言其本身包得多少馅子,实无多大意义。按照牟氏的标准,心唯有在依理而动时,始能堪称"具有理"。正如他在别处所言:"心具是综和地关联地具,其本身亦可以具,亦可以不具。其具是因着收敛凝聚而合道而始具,此是合的具,不是本具的具。"②我们固然可以说,牟氏采用了一种异乎朱子原来所想的高标准来要求"心具理",唯就笔者看来,他的要求并不苛刻,关键是"心具理"必须有其实质的理论意义。何况牟氏也根本知道并同意,心在其寂然不动时,性理乃浑然地"具显于或具存于此时",在这个意义下实亦可说"心具理"——静时具,比那"馅子"之喻更为言之有物。但牟氏同时也敏锐地指出,这个意义下的"心具理",顶多只是"心性平行"——心静而性理浑然自存,心还心、性还性,两相平行而不相发生关系,即是说性仍未通过心而表现其道德实践上的作用,而心亦未有依理(性)违理(性)的问题——而已,此时的心仍不真的"具有理"。唯有心在动时依理,方真正算得上"心具理",真正把理据为己有——动时具。即在这里,牟氏说"心具理"的"具"之实义

---

① 朱熹著,黎靖德编,《朱子语类》,卷九十八,第2514页。
② 牟宗三,《心体与性体》,第三册,第146页。

为"当具"("当"取"应当"之意)，因为心本可善可恶(牟氏所谓"其本身亦可以具，亦可以不具")，故其动时非必然能具有理(依理而应事接物)，而只能说"具有理"为心之应有状态、理想状态。要达至此应有或理想状态，便必须通过庄敬涵养、察识、致知格物等工夫——通过工夫把心与理"关联"起来，故说"心具众理"之实义只是"关联地当具"。

牟氏的分析确然深细，但有一点他可能忽略了。就是说，即使采用牟氏对"心具理"的高标准——动时具——来看，朱子其实也能说出一种"本具"的意义来(但这种"本具"仍非"心与理同一(心即理)"下的"本具")，意思是心就算尚未从事任何工夫修养，但只要它一进行知觉活动，便已然是依着性理而动，故仍可说是"动时本具"。然而，此义甚特殊(只是一种特殊意义的依理而动，下详)，亦甚微妙，即连朱子自己也未必意识得很清楚，至少对之也无很明确地表示，唯细察之下还是能看出来的。在其名篇《仁说》里，朱子曾批评二程后学里两种对"仁"的理解：

> 或曰：程氏之徒，言仁多矣，盖有谓爱非仁，而以万物与我为一为仁之体者矣。亦有谓爱非仁，而以心有知觉释仁之名者矣。今子之言若是，然则彼皆非欤？曰：彼谓物我为一者，可以见仁之无不爱矣，而非仁之所以为体之真也；彼谓心有知觉者，可以见仁之包乎智矣，而非仁之所以得名之实也。①

留意朱子批评的第二种理解：以"心有知觉"释仁之名。他批评说："彼谓'心有知觉'者，可以见仁之包乎智矣，而非仁之所以得名之实

---

① 朱熹，《晦庵先生朱文公文集》，卷六十七，第3280—3281页。

也。"言下之意,"知觉"乃"智"之事:

> 知觉自是智之事,在四德是"贞"字。而智所以近乎仁者,便是四端循环处。若无这智,便起这仁不得。①

"若无这智,便起这仁不得"是一个有趣的观点,我们稍后再论。现在先顺着"知觉自是智之事"一义,多看《朱子语类》一段问答:

> 问:"知觉是心之灵固如此,抑气之为邪?"曰:"不专是气,是先有知觉之理。理未知觉,气聚成形,理与气合,便能知觉。譬如这烛火,是因得这脂膏,便有许多光焰。"②

朱子表明,"知觉"这种活动之所以可能,必"先有知觉之理"。反过来说,没了此"知觉之理",单靠"气"本身是不可能运作得起"知觉"这种活动来的。试与《仁说》及上一则引文合看,我们应可得出一个结论:使得知觉活动成为可能的"知觉之理",实情就是仁义礼智等性理中的"智"。这样看来,当心一开始知觉,便已是带着"智"这个理来从事知觉。我们不能想象,心在知觉着而智之理(知觉活动之所以然)竟还未作用。换言之,心一做知觉活动(动),哪怕它尚无从事任何道德修养,便已然具着智之理;在知觉活动中,心与理(这里具体落实为智之理)亲和到一个地步,有如形影之不离。是故,朱子于此也可巧妙地说一种"动时本具"。

---

① 朱熹著,黎靖德编,《朱子语类》,卷二十,第477页。
② 朱熹著,黎靖德编,《朱子语类》,卷五,第85页。

　　由此,朱子可以对"勉强为何终可消除"给出一种十分特别的答案:根本不用等到"介然之顷一有觉焉"(例如,见孺子将入于井而怵惕恻隐)那种偶尔的依理而动,其实只要心一知觉,便已然是依理(智之理)而动(否则不可能有知觉活动)。我们无须先求得或掌握一个智之理,然后再去做知觉活动,实情根本是"即知觉即依智之理"。心之依智之理而知觉是如此的不费力、不勉强,故此,道德修养历程里的勉强阶段一定可以跨过,因为我们早已"习惯了"这种不勉强——不勉强地依性理而动。

　　然而,正如笔者所明言,这是一种很特别的答案。其实,说其特别已是较为收敛的讲法。严格地讲,这根本是一种不成答案的答案。个中症结在于:我们所想的依理而动以至"不勉强地依理而动",是道德意义下的;而心之依智之理来知觉虽也是一种依性理而动(仁义礼智为性而性即理),且也不待勉强,唯此事本身却不带有道德的或善的意义。朱子说过:"此心之灵,其觉于理者,道心也;其觉于欲者,人心也。"[1]"道心是知觉得道理底,人心是知觉得声色臭味底。……人只有一个心,但知觉得道理底是道心,知觉得声色臭味底是人心,不争得多。……非有两个心。道心、人心,本只是一个物事,但所知觉不同。"[2]借助这些说法,我们可说明何以刚才的答案不成其为答案。朱子的说法可分为一前一后两个段落:首先,心运作起其知觉活动,然后,此知觉活动有"觉于理"和"觉于欲"两种结果。牟宗三所想的"心具理"以及我们所想的"依理而动",其中的"理"乃指后一段落那个"觉于理"之"理"——道德之理。而我们所谈论的"勉强"问题,亦是就着

---

①　朱熹,《答郑子上》,《晦庵先生朱文公文集》,卷五十六,第2680页。
②　朱熹著,黎靖德编,《朱子语类》,卷七十八,第2010页。

"勉强或不勉强地依道德之理而动"来说。唯刚才的答案,其实乃落在前一段落而言:姑且勿论其结果为"觉于理"还是"觉于欲",总之仍是一知觉活动;只要有知觉活动,便即已依着智之理。然而,这里的智之理,其身份却非我们所要求的道德之理(所当然之则),而实是一种存在之理(所以然之故)——知觉活动之所以发生或存在的根据。是故说穿了,刚才的答案其实内含一种混淆:以"心之不勉强地依智之理(这里的身份是存在之理)而作知觉活动",权充成"心之不勉强地依道德之理而作道德实践"。简言之,前一段落之依理(依智之理而知觉),不等于、不保证后一段落之依理(真依道德之理而行善)。正如一个恶人运用其知觉来做恶事,其知觉也必本着智之理而成为可能,但他并非依着道德之理而动。亦因此,刚才的答案其实也不能满足牟宗三对"动时本具"的期望,因为他所要求的"本具",乃指"具着道德之理而应事接物",非徒谓"具着知觉之理而知觉"。①

由此看来,朱子哲学中"心"与"智"的关系,尽管很特别(朱子即或因心与智之理的高度亲和关系,而多所强调"智"在性理中的重要性),但在我们目前的议题上,实不必给予过高的关注。如在一篇新近的文章里,作者黄莹暖即借上引朱子"知觉自是智之事……若无这智,便起这仁不得"一段而立论说:"心之虚灵知觉既是智德的发用,此可为其为心之'本质正用'的理论依据;连接上文所述,心能在气禀人欲

----

① 只不过,"理"在朱子那里本就有存在之理与道德之理双重身份,故根据这种概念上的混合性,刚才的答案或姑且也可权充作"勉强终可消除"的一种理由——存在之理与道德之理的分野姑且不论,"心"与"智之理"始终有其极高度而恒常的亲和性。当然,这里随即引生一些问题:若心之知觉结果是"觉于欲",则此时心与理的关系究竟如何? 一方面,心依智之理而有知觉,但另一方面,其知觉却又"觉于欲",那到底算是依理还是违理? 为什么一开始依理(依智之理而知觉),及后竟又会违理(觉于欲)? 这中间的变化是怎样发生的? 就笔者所见,朱子似并未很清楚地意识到这方面的问题。

的泥淖锢蔽中幡然醒觉,此即由其对性理的明觉恒能不昧之故,亦即是由智而能起仁的先端。"[①]此中"本质正用"一词来自杨祖汉,下文将再论及。就字面看,黄氏这里的说法确可成立(唯其说知觉"是智德的发用"则可商榷,实则应是"智之理"的发用,或更严格地讲,是心依着智之理而进行知觉活动):心一知觉,即表示它对"性理"能"不昧",因为知觉必依智之理,而智之理属于性理。同时,心依智之理而知觉,"亦即是由智而能起仁的先端";如果"起仁"意谓"觉于理"而行善,则知觉活动自亦必是"起仁"的先端——必先运作起知觉,才有可能"觉于理"。然而,我们实应认清智之理在这里的特殊身份:它虽然是"性理",但它在这里所扮演的角色仅是"知觉之所以然"——使知觉成为可能者,并未带有道德意义而为道德之理;真正的道德之理,实为后一段落里那个"觉于理"的"理"。换言之,"智"一定是性理,唯当它作为知觉活动之所以可能的根据时,则只扮演存在之理(使知觉活动存在)的角色。这种概念上的微妙混合性,使得黄氏其后做了一种过当的推论:"如是,则由朱子论心之虚灵知觉属于智德之处,可以为'心在天理与人欲的抉择之际,对于天理有必然的取向'提供论据。"[②]实则心虽在"觉于理"抑或"觉于欲"之先,必已依着智之理而有知觉,唯此并不足以证明心"对于天理有必然的取向",倘若这个"天理"是指道德之理。再一次,因为心依了智之理而从事知觉活动后,仍可"觉于理"或"觉于欲";前一段落之依理(依智之理而知觉),不等于、不保证后一段落之依理(真依道德之理而行善)。事实上朱子也只是说:"若无这智,便起这仁不得。"而并非说有这智便必有这仁——无这智之理,便没有知

---

① 黄莹暖,《再论朱子之"心"》,《鹅湖学志》第56期(2016年6月),第137页。
② 同上书,第138页。

觉,此则谈不上"觉于理";但心依了这智之理后,仍可"觉于欲"。借用朱子那"是心不是"式的问法,"觉于欲"是知觉不是? 当然是。如此则表明智之理虽属性理,在这里却只扮演"知觉的存在之理"的角色,而非道德之理。心必然依智之理而有知觉,推论不出它"对于天理(道德之理)有必然的取向"[1]。

(四)总结:朱子就"动力问题"之意见

必须说明,以上虽与黄氏商榷,唯笔者完全了解,其立意乃尝试在前贤的研究基础上,拓阔拓深我们对朱子哲学的认识和思考。事实上,本书也是往这个方向努力。是故,作为同一道路上的前行者,黄氏对笔者的启发是不用怀疑的。包括黄氏在内,学界近年在这方面实已有相当可观的成果,尤其黄氏一文所重点参考的学者杨祖汉,在开拓朱子哲学的新诠释上更是创见不绝。本章在谈论朱子的"真知"概念时,已参考过杨氏的说法。现在再就杨氏的三篇文章(《牟宗三先生的朱子学诠释之反省》[2]《朱子心性工夫论新解》[3]《"以自然的辩证来诠释朱子学"的进一步讨论》[4]),借由其与笔者观点与思路的差异,突出并厘清

---

[1] 朱子这种基于理之双重身份(存在之理兼道德之理)而有的巧思,其实会引出一个甚为棘手的理论难题:由"知觉必依着智之理方始成为可能"一义似可推论出,凡活动必有活动之所以然(活动的存在之理);那么,气或心之所以能做"违理"的活动(例如"觉于欲"),背后亦必须有一种所以然,方能使"违理活动"存在或发生;换言之,"违理活动"其实也是依着理(所以然)的(如同"觉于欲"也必须是依着智之理方始可能)——气或心依理而有违理的表现;然则气或心无论如何都是依理而活动,那何时才算违理? 当然,只要将存在之理与道德之理划开,问题即有望解决,唯朱子似终究不愿取消理之双重身份。

[2] 杨祖汉,《牟宗三先生的朱子学诠释之反省》,《鹅湖学志》第49期(2012年12月),第185—209页。

[3] 杨祖汉,《朱子心性工夫论新解》,《嘉大中文学报》第1期(2009年3月),第195—210页。

[4] 杨祖汉,《"以自然的辩证来诠释朱子学"的进一步讨论》,《当代儒学研究》第13期(2012年12月),第120—138页。

本书对朱子在"动力问题"上之可能回应的理解。

　　本节一开始即以"牟宗三问题"为讨论的基准。此基准针对着一项事实，即无论朱子的个别说法与心学阵营有多相似，他始终没有明白地主张"心即理"。杨祖汉即很自觉地把握这个分寸，在正视此项事实之下，着力拓展我们对朱子的理解。在《牟宗三先生的朱子学诠释之反省》一文里，杨氏即在严守朱子学与心学之分野的同时，修正牟宗三在两阵营之间所作的过度割截。例如，就着朱子《大学章句》里的"明德"注："明德者，人之所得乎天，而虚灵不昧，以具众理而应万事者也。但为气禀所拘，人欲所蔽，则有时而昏；然其本体之明，则有未尝息者。故学者当因其所发而遂明之，以复其初也。"[1]杨祖汉指出，牟宗三的诠释实难以说明"本体之明有未尝息"一义：

　　　　依牟先生此说，心的知理是通过后天的认知活动然后可能，这表示不出朱子所说的本体之明有未尝息之义。如果此本体之明只从性理上说[2]，则说性理之明未曾息，随时可以在日用中发现，也很难说明白。故我认为朱子此段文应表示明德是以心为主，而性在心中显，而且明德之"明"是心知之明与性理的意义关联起来说。心对于性理本来就有了解，此心对性理的理解，是所谓德性之知，并不靠见闻或后天的认知才能有。[3]

杨氏提出"心对于性理本来就有了解"的解读，正是在不把朱子立场讲

―――――――――

① 朱熹，《四书章句集注》，第5页。
② 此即牟宗三的说法。
③ 杨祖汉，《牟宗三先生的朱子学诠释之反省》，《鹅湖学志》第49期（2012年12月），第194—195页。

成"心即理"的同时,拉近心与性理的距离,表明心虽然不与理为同一,但仍可在未经工夫修养的情况下表现性理,而有日用间恻隐之心一类"善端"之萌发(相反地,若取牟宗三那种过度割截的解读,则善端之萌便不易解释)。本节有关朱子那类"介然之顷一有觉焉"之说的理解,实即启发自杨氏的睿见。只是,笔者的解释乃从"心是一种优质的气构成物(特别是人类的心)"来推出,与杨氏之本乎"心是理气合"来作推论不同,以下试详言之,并说明笔者取舍的理由。

前面曾引录《朱子语类》一段问答:

> 问:"知觉是心之灵固如此,抑气之为邪?"曰:"不专是气,是先有知觉之理。理未知觉,气聚成形,理与气合,便能知觉。譬如这烛火,是因得这脂膏,便有许多光焰。"[1]

我们现在留意"理未知觉,气聚成形,理与气合,便能知觉"一句。杨祖汉的《朱子心性工夫论新解》之第五节即题为"心是理气之合",足见其对朱子此一观点的重视。文中杨氏借以上这段引文而推论说:

> 若从理与气合来理解朱子所说的心,则此心虽非即是理的本心,但亦可有理直接发于心,即心是良心、善端之可能。此良心善端不同于经验的心理学之心。即此由理起之作用,不能以气看。而此理发于心而为良心、善端,并非是由心之知用,认知理后,依理而发,而是在心之活动中,性理直接发出来。[2]

---

① 朱熹著,黎靖德编,《朱子语类》,卷五,第85页。
② 杨祖汉,《朱子心性工夫论新解》,《嘉大中文学报》第1期(2009年3月),第207页。

然就笔者看来,这种推论可能有三种困难。第一,它可能混同了"心依智之理——知觉的存在之理——而有知觉"与"心依道德之理而有善端"(详细说明见上一小节)。第二,说"理直接发于心""理起作用",可能抵触了朱子将理规定为"无造作"(理不活动而活动在气)的观点。第三,它似乎建基于一种不恰当的二分之上,即以为善端萌发之所以可能,只有两个理由:要么由于"心即理"(本质上纯善的心可以自主自发地表现善端),要么由于"理与心为二,但理可以直接作用于心"(就是说,理有活动性)。但笔者认为,这里其实还有第三种可能:气原可不费力地配合理(心属气,故此处以气来说)。试回想"冬寒夏热"的例子,这不需解释为"气即是理,故常有冬寒夏热之合理现象",也不需解释为"理可以直接作用于气",而应解释为:气不即是理,而理也不能活动(无造作),但气却可在未经修养下自然配合理,这本是天地间一种常见的现象。若问朱子何以会如此,他即可能再给不出解释,只能承认"冬寒夏热"之作为常态是一种既予的(given)事实。而心比一般之气更为优越(所谓"自然又灵"),其能在未经修养下表现善端(例如,乍见孺子将入于井而有怵惕恻隐之心),自当更为容易。这种解释虽非圆满(因为"冬寒夏热"为什么能成为常态已难再予说明),但总比将"活动性"安立在"理"上为好(因为这样做直接抵触了朱子的看法)。

稍后,杨氏再借朱子高弟陈淳(字安卿,号北溪,1159—1223)之见而立论说:

　　若是则言心是理与气合,与其他存在物之为理与气合,情况是不同的。固然天地间一切存在,都是有理亦有气的,即都可说"合理气",但人以外之存在物,并不能如人心般,表现了知觉主宰之作用。而心知觉主宰所以如此之"妙",因有理之作用在其中。

> 即理在心之知觉主宰中，是直接表现其作用的。若依此义，朱子既说心不是理，活动者是气，但于心中又可以有良心、善端的直下发出，是可以理解的。[①]
>
> 人心之为理气之合，与其他存在物皆是有理亦有气之情况不同；在人心中，时刻可有性理直接表现于气，而为良心、善端，人可当下提挪警策，操存此心。[②]

杨氏有两点说得很对。首先，"天地间一切存在，都是有理亦有气的，即都可说'合理气'"，如同朱子所说："盖气则能凝结造作，理却无情意，无计度，无造作。只此气凝聚处，理便在其中。……若理，则只是个净洁空阔底世界，无形迹，他却不会造作；气则能酝酿凝聚生物也。但有此气，则理便在其中。"[③] "性者，即天理也，万物禀而受之，无一理之不具。"[④] 其次，从杨氏明言朱子"说心不是理，活动者是气"，可见他很自觉地严守分寸。然而，当他说"理在心之知觉主宰中，是直接表现其作用的"，似就难以跟"理不活动而活动在气"的朱子观点弥合了。再次，说人心是一种与众不同的"理气之合"，实亦不易说得清楚。试回想"蜂蚁知君臣、虎狼知父子"一类的例子。杨氏说："但人以外之存在物，并不能如人心般，表现了知觉主宰之作用。"唯朱子明言，"如虎豹只知父子，蜂蚁只知君臣"[⑤]——这也是"知"，而且"如蜂蚁之君臣，只是他义上有一点子明；虎狼之父子，只是他仁上有一点子明"[⑥]——朱

---

① 杨祖汉，《朱子心性工夫论新解》，《嘉大中文学报》第1期（2009年3月），第207页。
② 同上书，第208页。
③ 朱熹著，黎靖德编，《朱子语类》，卷一，第3页。
④ 朱熹著，黎靖德编，《朱子语类》，卷五，第96页。
⑤ 朱熹著，黎靖德编，《朱子语类》，卷四，第75页。
⑥ 同上书，第57页。

子甚至用上"明"字来形容,我们多少有理由相信,对他来说,蜂蚁虎狼或也谈得上有"明德"。这样看来,要说人心之理气合对比蜂蚁虎狼等有何独特,是不易说明白的。若说"理在心之知觉主宰中,是直接表现其作用的"(依杨氏文意,这里的"心"指人类的心),则我们实在亦难说:"忠之理""孝之理"乃"不直接地"表现其作用于蜂蚁虎狼之"知"中。真正有待说明的是,何以"虎豹只知父子,蜂蚁只知君臣"。个中因由,实不在于虎豹蜂蚁之"理气合"的方式或程度不及人类之心特别,或性理自己(拟人化地说)"只愿意以忠孝的形态表现于蜂蚁虎豹之'知'中",而是如同朱子所说,其形气为"偏塞",故"无以充其本体之全"(此"本体"指性理)——"性者,即天理也,万物禀而受之,无一理之不具",万物皆具足天理之全,惟物之形气偏塞,不能全面周延地表现性理。而"人之生乃得其气之正且通者",故"其方寸之间,虚灵洞彻,万理咸备"[①],足可"具众理而应万事"——总之,主角仍然是气。换句话说,人类心灵之独特,不在其"理气合"与其他存在物之情况不同,而在其气较为优质(正且通)。是故,笔者在思议"勉强之消除"时,始终不拟措意于"理与气合",而选择聚焦于"人之心作为优质的气构成物"一义上。

再说《"以自然的辩证来诠释朱子学"的进一步讨论》一文。杨祖汉在文中提出一个重要观点:"……朱子所了解的心或虚灵明觉,是以表现性理的意义为本质的作用。"[②]如果这里的"性理"指"作为知觉活动之所以可能的根据的'智之理'",则笔者可以同意。因为只要心一知觉,必然便已表现着智之理,而"智"属"性理"无疑。但

① 朱熹,《大学或问》,《四书或问》,第3页。
② 杨祖汉,《"以自然的辩证来诠释朱子学"的进一步讨论》,《当代儒学研究》第13期(2012年12月),第132页。

杨氏稍后随即表明："故吾人可说表现道德意义,<u>体现道德行为是心的'本质正用'</u>。故虚灵明觉是不宜只从中性的意义来了解。"[1]这就与前述黄莹暖的说法一样,有持论过重之虞。(黄氏说:"如是,则由朱子论心之虚灵知觉属于智德之处,可以为'心在天理与人欲的抉择之际,对于天理有必然的取向'提供论据。")再一次,心一知觉即已然带着智之理来知觉,但此知觉仍可"觉于理"或"觉于欲"——后一段落之"觉于理"的"理"才有道德意义(即作为道德之理),而前一段落的智之理固为"性理",却仅仅作为知觉的存在之理(知觉之所以然),不带有道德意义(笔者非谓智之理在任何情况下都不是道德之理,而是说智之理"在这里"只扮演"知觉的存在之理"之角色);心在前一段落之依于智之理,不等于、不保证后一段落能"觉于理(道德之理)"。

　　表面上看,杨氏说"本质的作用",与上文说心以"表现理"为其"预设功能"或"预期的功能"很相像,但实际上是不同的。说"本质的作用",稍嫌太过着色——盛载的含义过重。这可能抵触了朱子说"心是动底物事,自然有善恶"之表示心本质上为善恶中性。笔者说"预设功能",则仅表示朱子依天地间气常不费力地配合理(如冬寒夏热之为常态),从而对心有一种乐观的想象、乐观的预期,维持住"心只要一动,便有向善向恶两途"一义,其盛载的意思不致过重。

　　经过上面的对照,我们可以滤清本书的立场如下,并说明朱子对"动力问题"之回应何以毕竟未臻圆满。

　　本章把"动力问题"开列为浅深两义。浅义之动力问题已于第二

---

[1]　杨祖汉,《"以自然的辩证来诠释朱子学"的进一步讨论》,《当代儒学研究》第13期(2012年12月),第133页。

节处理, 兹不赘言。深义的动力问题指"道德修养中的勉强为何终可消除", 我们在严守讨论基准的情况下为朱子作答。朱子可能有的头三种回应乃立根于一种寻常的事实: 气总可不费力地依理而动。在此基础上, 朱子可对这个"深化版动力问题"提出三种答案, 再加另端别起的第四种答案: 第一, 一般之气已能不费力地配合理, 而心又是一种优越的"气构成物", 则我们可乐观地想, 心以"表现理 (道德之理)"为其预设功能; 既然如此, 我们乃可合理地期望, 道德修养历程里的勉强可被消除。第二, 基于同样的乐观态度, 可说心在其静时, 应不与性理为敌, 两者乃平行而相安; 这样, 当心在动时, 理应较易能不勉强地依道德之理而动——既然静时相安, 则动时亦应较易相配合。第三, 即就心之动时说, 它也原可在未经工夫修养 (朱子所谓"不待磨")下, 偶尔自动表现道德之理 (例如, 日用间恻隐之心等善端之萌, 所谓"介然之顷一有觉焉"——这个"觉"指"觉于道德之理", 非泛指可善可恶的知觉活动); 换言之, 日常生活中已然存在一些"不勉强地依理而动"的先例, 故"勉强之消除"是可能的 (possible)。第四, 心与智之理本就亲和到有如形影之不离: 心一知觉, 即已具着智之理, 否则知觉活动根本无从生起; 因此, 心早已常不费力、不勉强地依性理而动, 故"勉强之消除"并非一难题。

上文已论证说, 第四种答案严格讲实不能成其为答案, 因为它乃本乎"理"在朱子的双重身份——既为存在之理又为道德之理——而来, 是一种巧借"理"之歧义性而建立的答案。当然, 在朱子本人的说统里, 这个答案是可以讲的, 因为对他来说, "理"的确有双重身份。然而客观地、理论地看, 这个答案终非妥善。

至于头两种答案, 尤其第一种, 则未免太乐观了。我们不拟否定"冬寒夏热为天地间之常态"一事实, 亦不拟质疑朱子之"心为优越的

气构成物"一说,唯朱子由此而对心乐观,则大可斟酌。我们寻常说
"权力使人腐化",权力愈大,便愈易堕落。天地间的气是不懂出花样
的,总是老老实实地依理而动,故有冬寒夏热之常态。蜂蚁虎狼由于其
气为"偏塞",也不太懂出花样,总是知君臣父子。唯"人之生乃得其气
之正且通者",故其心能最大限度地自作主宰,这恰恰可以成为一个悲
观的理由:人比天地间之气以及动物更易违理。而朱子则偏偏往乐观
处想:心因其气之优质,故能全面周延地表现理。这种乐观并非无理,
唯其理由却不足以抵消悲观的理由。说到第二种答案,虽也有乐观因
素,然其本身实亦可根据我们的生活体验而来:吾人之心在其静时(未
应事接物之时),确常有平和安适之感,不似会与道德之理为敌,故能说
"心之本体未尝不善"。因此,这一答案也不能被纯粹视为乐观。毕竟
"心静时与性理相安",终难保证"心动时也与性理相合"——我们关
注的始终是心在动时的表现。如此看来,头两种答案虽能成其为答案,
却终非理想。

剩下的第三种答案也非纯粹出于乐观,因为日用间的善端之萌
是我们有目共睹的,不容强辩。是故,这种答案应属四种答案中最理
想者。我们评价它,实不应仅以"过于乐观"为说,而需另立标准。在
此笔者想指出,在朱子的说统里,有一点始终是难以说明白的,此即
孟子所谓"理义之悦我心,犹刍豢之悦我口"(《孟子·告子上》)里
的"悦"。倘若心能悦理义,则"勉强之消除"便真为理所当然。这在
心学阵营里完全可以讲,理由正如牟宗三所说:"我所悦的就是我所立
的。"——心是道德法则之制定者,自然喜悦它自己所立之法。然而,
在朱子"心有善恶"之认定下,心为什么能悦理义?徒言心能在"不待
磨"的情况下偶尔自动表理,是难以说明这个"悦"之所从来的。从
朱子的角度去想,在日常善端之萌里我们固然看出心能表现理,但我们

看不出个中那份"悦感"。正如天地间之气依理而动，理论上不需说这些气"以表现理为悦"；蜂蚁虎狼之知君臣父子，也不必说成它们"悦"那忠之理和孝之理。然则，人类之心凭什么悦理义呢？当心灵"觉于欲"时，又是否代表它"悦人欲"呢？总之，这个"悦理义"一旦不能毫无疑点地确立，"道德修养中的勉强终可消除"即终归难以充分地证成，以"无悦则消除勉强之力度难称十足"故。朱子或可在此求助于其他三种答案，但这样转来转去，彼此相因，亦难免得东来西又倒。

顺着这点下来，撇开第四种答案不论，朱子就"勉强终可消除"的各种答案，整体而言有着一种不足：他最多只能说"勉强之消除"是可能的（possible），不能说是必然的（necessary），无十足保证。不消说，在心学那"心与理为同一"（心即理）的根本立场下，"勉强必然可被消除"是容易讲的。唯在朱子"心有善恶"之认定下，我们似难相信，心必然有一天能摆脱勉强，真正享受道德实践本身之乐，真知道德实践之滋味，如朱子所说："到识滋味了，要住，自住得不。"他似乎只能说，这一天是有可能到来的。

如果朱子哲学真能被讲成心学，这样就真的能一了百了。唯我们必须严守基准，如实相应朱子的说法来揭示他就着"动力问题"所能给出的最好答案。然话分两头，朱子的答案虽未臻圆满，但笔者并不真觉得这是一种严重的理论缺陷。关键是到底我们更看重"心有善恶"一义，还是更想"勉强必然可被消除"能讲得通。在笔者看来，朱子哲学的精彩之处，恰恰就立根于"是心不是"的一系列反问上：怎能说为恶者不是心？反观心学在这一问题上的处境可能就有点尴尬：心本然纯善，那么为恶者是谁？因此，笔者唯有这样陈述本章之结论——不能诉诸肯定的口吻，只能诉诸这一条件句：倘若我们承认并接受，道德实践、道德修养中的勉强是一件自然的事，而顺受之、承当之，而不强求此勉强之必然可消除;并且,我们若相信"心有善恶",愿予它更大的重视(大于对"勉强之必然可消除"之想望),则朱子在"动力问题"上的不圆满答复,便不见得是一项不能接受的缺陷[①]。

---

① 如要在此条件句式的结论上继续思考,首先面临的议题自然是:我们应否相信"心有善恶",并看重它多于看重"勉强之消除"? 但其实这里还存在一道更深一层的议题,而本章尚未提及:在朱子的说统里,"心有善恶"的"恶"是什么意思? 朱子的心真的谈得上"有恶"吗? 这道甚有价值的议题早由李明辉的《朱子论恶之根源》一文[收入锺彩钧编,《国际朱子学会议论文集》,上册(台北:"中央"研究院中国文哲研究所筹备处,1993年),第551—580页]开出。李氏的立场是:"由于其系统中的'心'并不具有真正的道德主体之地位,他至多只能解释'自然之恶'底形成,而无法真正解释'道德之恶'底形成。"(第580页)换言之,朱子的"心"虽云"有善恶",唯此"恶"却谈不上是"道德之恶","故它并非真能为'道德之恶'负责的道德主体"(第579页)。由于此议题并非直接关系穷理工夫论,故本书不拟就此展开全面讨论,但会在结论一章略陈笔者的看法,以便学界作进一步思考。

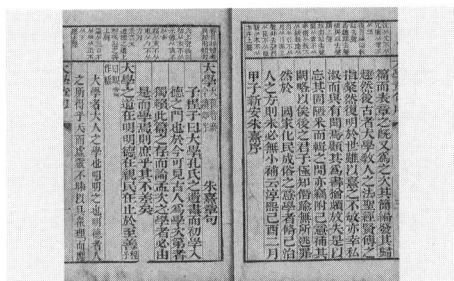

第
四
章

非独断与可修正：穷理
之学的开放性格^①

---

① 本章以笔者新近发表的一篇论文为骨干［《如何既预认天理又保持开放？——朱子读书穷理之教的启示》，《鹅湖学志》第55期（2015年12月），第1—40页］，该文加以修改后，成为本章第二节及第三节之第一小节的内容。

前面两章以及本章所做的都是检讨工作——理论地检讨朱子的穷理工夫论。概括而言，就是考察朱子这套理论是否说得有理。然具体地说，此三章的检讨工作在性质上又有细微差异。第二章"朱子对'先识本心'的疑虑：转向穷理工夫论"的工作，属于"溯源式的检讨"，就是考察穷理工夫论之提出或出现（或说：朱子放弃其原来所认同的一套工夫论，改为主张穷理工夫论）这一事情本身的合理性。之所以称为"溯源式"，因为相对于其后两章的检讨工作，它有一种"往回看"的性质，着眼于穷理工夫论的理论起点。第三章"朱子论知行关系与实践动力"，可称为"理论本身的检讨"，集中讨论穷理工夫论本身所要面对的理论难题，看其能否提供令人满意的回应。至于本章的工作，则可称为"展望式的检讨"，表示本章所要探讨的议题，并非朱子的时代所要面对（甚至非其时代所能想及），而是立足于我们的时代，向朱子的穷理之学寻求解答我们问题的理论资源。正因为这种检讨工作并非着眼于穷理工夫论的理论起点，亦非此理论本身的合理性，而是它对于我们以至今后时代所可能带来的理论启示，故称为"展望式的检讨"。

事实上，已有相当多的学者对朱子哲学作过这种"展望式思考"。例如，刘述先（1934—2016）在其名著《朱子哲学思想的发展与完成》[①]里即特辟一章谈"朱子哲学思想的现代意义"（见该书第十章）。新近的著作如黄勇的《全球化时代的政治》[②]，其中第六章即为"超越自由主义与社群主义之争：新儒家朱熹仁爱观的启示"，还有黄俊杰《儒家思想与中国历史思维》[③]的附录二"全球化时代朱子'理一分殊'说的新意义与新挑战"。足见过去二三十年来，朱子哲学与时代课题的关系，实未尝离开学界的视野，甚至有愈见重视的趋势。

本章对朱子穷理之学所作的"展望式的检讨"将置放于文化哲学的视野下：在我们身处的文化多元或价值多元的时代里，像传统的"天理"这种似要把价值定于一尊的观念，还有必要存在吗？毫无疑问，朱子肯定是天理的忠实支持者。那么，当他碰上这道"我们时代的问题"时，又会给出怎样的回应？笔者认为，我们应循两种方向思考。首先，倘若我们不再预认"天理"（或与其类同）的观念，需要付出什么代价？其次，如果我们的时代仍要讲"天理"一类的观念，又有没有可能讲得"开放"一点，就是说，讲"天理"也可以不带有上述"把价值定于一尊"的意图？我们会把讨论重点多放在第二个方向上，试图从朱子的穷理之学里（尤其是他关于"读书穷理"的论述）寻求启示。反过来说，本章的主要工作，即在通过"我们时代的问题"，揭示朱子穷理之学所蕴藏的"开放"性格。

本书的主角，始终是朱子的穷理之学，本章自不例外。但以下第一节，我们想以朱子有关践礼的讨论作为揭示穷理之学的开放性格的序

① 刘述先，《朱子哲学思想的发展与完成》（台北：台湾学生书局，1995年增订三版）。
② 黄勇，《全球化时代的政治》（台北：台大出版中心，2011年）。
③ 黄俊杰，《儒家思想与中国历史思维》（台北：台大出版中心，2014年）。

曲。践礼理应是朱子整套修养理论的重要一环，一来它有《论语·颜渊》
之"克己复礼为仁"作为经典依据，二来从朱子本人的思想来说，他眼中
的"圣人之学"有"本心以穷理，而顺理以应物"两个段落[①]，践礼即属
"顺理以应物"一段。然而，本书的重心终究落在"本心以穷理"一段，故
有关践礼工夫的析论在本书里不宜喧宾夺主。我们之所以选择它作为
揭示穷理之学开放性格的引子，一方面由于在朱子《论语集注·学而》
那经典的界定里，"礼"是"天理之节文，人事之仪则"[②]——"礼"与"天
理"有密切的关系，而"天理"是本章的重点；另一方面，更重要的是，朱
子自觉地拒绝二程后学在"克己复礼"上重克己而轻复礼的倾向（矛头
甚至指向程颢），多少透露朱子在践礼或复礼的思考上呈现出一种"提防
独断、制衡独断"的意识，有助过渡至后文关于"读书穷理"的讨论。

第一节　"复礼"作为对独断之制衡

　　本书论述至今，我们已很清楚地感受到朱子思想有一种保险的态
度：对"心"多所防范和规约。其原因自然是朱子对"心"的特殊体
认：心乃本质上可善可恶，"此心之灵，其觉于理者，道心也；其觉于欲
者，人心也"[③]。他对"心"的防范，比较有代表性的说法，可数我们在第
一章所引过的一句："有人自是其心全无邪，而却不合于正理，如贤智者
过之。他其心岂曾有邪？却不合正理。"[④]

　　这种保险态度亦反映在朱子对践礼作为修养工夫的思考上。《论

---

① 朱熹，《观心说》，《晦庵先生朱文公文集》，卷六十七，第3279页。
② 朱熹，《四书章句集注》，第67页。
③ 朱熹，《答郑子上》，《晦庵先生朱文公文集》，卷五十六，第2680页。
④ 朱熹著，黎靖德编，《朱子语类》，卷七十一，第1798页。

语·颜渊》首章载颜渊问仁,孔子答曰"克己复礼为仁",朱子注云:

> 仁者,本心之全德。克,胜也。己,谓身之私欲也。复,反也。礼者,天理之节文也。为仁者,所以全其心之德也。盖心之全德,莫非天理,而亦不能不坏于人欲。故为仁者必有以胜私欲而复于礼,则事皆天理,而本心之德复全于我矣。[1]

这里有两点值得留意:第一,"礼者,天理之节文"是什么意思? 第二,"为仁者必有以胜私欲而复于礼,则事皆天理",既然"克己"是"胜私欲",而胜私欲便应已是天理,则中间的"复于礼"有何意义?

我们先讨论第二点。其实根据天理人欲的二分法,"胜私欲"后,应该便是天理,那为什么"克己"(胜私欲)了还须"复礼"? 这问题早已由朱子门人提出,例如:

> "克己,须着复于礼。"贺孙问:"非天理,便是人欲。克尽人欲,便是天理。如何却说克己了,又须着复于礼?"[2]

> 亚夫问:"'克己复礼',疑若克己后便已是仁,不知复礼还又是一重工夫否?"[3]

朱子的回应我们稍后再交代。笔者现在想指出,上引朱子注语中那种对"复礼"作为一重有独立意义的修养步骤的看法,似是要与程颢的见

---

[1] 朱熹,《四书章句集注》,第182页。
[2] 朱熹著,黎靖德编《朱子语类》,卷四十一,第1045页。
[3] 同上书,第1046页。

解相抗：

> 克己则私心去，自然能复礼，虽不学文，而礼意已得。①

程颢巧妙地对"礼意"和"礼文"作出区分，使得"复礼"能顺利地化约到"克己"中去——"克己"即已然"复礼"（此"礼"作"礼意"解）。"礼文"指的自然是规矩仪节，行动是否符合之，并非"私心去"所能保证。换言之，"私心去"后，行动仍可不符合"礼文"。但如将"礼"解为"礼意"，则"复礼"便能由"私心去"来保证，因为"私心去"和"得礼意"可说是同义的，有此自然有彼。这样，"复礼"便非一重有独立意义的修养步骤②。

　　朱子最终不将"礼意说"采入《论语》注解中，他对程颢这种观点，想必不以为然。在《论语或问》里，他对程颢的反对意见尚表达得稍为隐晦：

> 程子至矣，然记录所传，不免有难明而似可疑者，亦有谬误而真可疑者。……若曰"克己自能复礼，不必学文"……是则真可疑而不可通者，岂其记录之误耶？③

---

① 程颢、程颐，《二先生语上》，《河南程氏遗书》，卷十二，第18页，此条下注"明"字，示为程颢语。
② 附带一提，先秦儒家典籍里并无"礼意"一词，其在先秦哲学文献之出处倒在《庄子·大宗师》："子桑户、孟子反、子琴张三人相与语曰：'孰能相与于无相与，相为于无相为？孰能登天游雾，挠挑无极；相忘以生，无所终穷？'三人相视而笑，莫逆于心，遂相与为友。莫然有闲而子桑户死，未葬。孔子闻之，使子贡往侍事焉。或编曲，或鼓琴，相和而歌曰：'嗟来桑户乎！嗟来桑户乎！而已反其真，而我犹为人猗！'子贡趋而进曰：'敢问临尸而歌，礼乎？'二人相视而笑曰：'是恶知礼意！'"有趣的是，孟子反和子琴张的举动恰恰体现了"礼文"和"礼意"的划分："临尸而歌"分明违反通行之"礼文"，在两人眼里却反而彰显了"礼意"。程颢提出礼之"文"与"意"的区分时，或不必想及《庄子》，但"礼意"一概念究如何进入宋儒的话语里，实亦为一值得研究之课题。
③ 朱熹，《论语或问》，《四书或问》，第296页。

言下之意,程子不应有错,问题只出在"记录所传"。当中有些说法是"似可疑",有些则"真可疑"。而"克己自能复礼"一说,则为真可疑者,想必是"记录之误"。稍后,他评论程门高弟谢良佐说:

> 谢氏以礼为摄心之规矩,善矣。然必以理易礼,而又有循理而天、自然合礼之说焉,亦未免失之过高,而无可持循之实。盖圣人所谓礼者,正以礼文而言,其所以为操存持守之地者密矣。若曰"循理而天,自然合理",则又何规矩之可言哉? ①

朱子说得清楚,圣人(孔子)所谓"礼","正以礼文而言"。换言之,"礼文""礼意"的划分,及建基于此划分的"克己自能复礼"一说,自然是不能接受的②。

当朱子与门人论学时,对程颢的批评便直接得多,如《朱子语类》载:

> 明道谓:"克己则私心去,自能复礼;虽不学礼文,而礼意已得。"如此等语,也说忒高了。孔子说"克己复礼",便都是实。③

> 明道说那"克己则私心去,自能复礼;虽不学礼文,而礼意已

---

① 朱熹,《论语或问》,《四书或问》,第297页。
② 朱子这里之批评"以理易礼",并强调"圣人所谓礼者,正以礼文而言",或可印证钱穆之见:"朱子又极重言礼,清儒如焦循辈,每讥宋儒好言理,轻言礼,横渠设教固无此弊,朱子尤常以理字礼字并提,力矫时人重理轻礼之非。"见钱穆,《朱子论敬》,《朱子新学案》,第二册,第430页。至于清儒对宋儒"好言理,轻言礼"的批评,及其要从"理"回到"礼"去的主张,张寿安之《以礼代理:凌廷堪与清中叶儒学思想之转变》(台北:"中央"研究院近代史研究所,1994年)一书则有扼要的剖析。
③ 朱熹著,黎靖德编,《朱子语类》,卷四十一,第1047页。

得"。这个说得不相似。①

唯朱子对程颢的批评非我们的重点；我们想要探问的，是朱子何故要
坚持将礼理解成"礼文"？个中理由，对我们来说其实并不陌生，无非
就是朱子那种"虽无邪心，也须合于正理"的保险态度：

> 人只有天理、人欲两途，不是天理，便是人欲。即无不属天
> 理，又不属人欲底一节。且如"坐如尸"是天理，跛倚是人欲。克
> 去跛倚而未能如尸，即是克得未尽；却不是未能如尸之时，不系人
> 欲也。<u>须是立个界限，将那未能复礼时底都把做人欲断定。</u>②

这段话解决了上面提出的一个疑惑：既然"克己"（胜私欲）还不是天
理，而需要"复于礼"，则是否推翻了天理人欲的二分？朱子的答案是
否定的，天理与人欲依然是穷尽的二分："不是天理，便是人欲。"只是
在"克己复礼为仁"的课题上，朱子要采取一种很严格（或者说很保险）
的立场：倘若未能复礼（礼文），则尽管已能克己，仍当看成是人欲——
"把做人欲断定"。所以对于前引门人之提问——何以克己了仍须复
礼，朱子即回答说：

> 克去己后，必复于礼，然后为仁。若克去己私便无一事，则克
> 之后，须落空去了。且如坐当如尸，立当如齐，此礼也。坐而倨傲，
> 立而跛倚，此己私也。<u>克去己私，则不容倨傲而跛倚；然必使之如</u>

---

① 朱熹著，黎靖德编，《朱子语类》，卷四十一，第1049页。
② 同上书，第1047页。

尸如齐，方合礼也。故克己者必须复此身于规矩准绳之中，乃所以为仁也。①

此答语正好可与程颢的见解对照来看。程颢说"克己则私心去"，朱子自当同意，正如他也认为克己则自"不容倨傲而跛倚"。然朱子亦必会补上一句说：虽无倨傲跛倚之意，却也未必即能"坐如尸，立如齐"。道理正如他说："有人自是其心全无邪，而却不合于正理，如贤智者过之。他其心岂曾有邪？却不合正理。"②引文说"克己者必须复此身于规矩准绳之中"，这个规矩准绳，便是"正理"之寄托处。

由此"规矩准绳作为正理之寄托处"一义，我们便可回头解释"礼者，天理之节文"。"天理之节文"一语的含义，朱子这样说明：

所以礼谓之"天理之节文"者，盖天下皆有当然之理。今复礼，便是天理。但此理无形无影，故作此礼文，画出一个天理与人看，教有规矩可以凭据，故谓之"天理之节文"。有君臣，便有事君底节文；有父子，便有事父底节文；夫妇长幼朋友，莫不皆然，其实皆天理也。③

朱子的意思，"节文"就是那"无形无影"之天理的一种具体化或肉身化。至于此"画出一个天理与人看"者，自然是圣贤，故说：

圣贤于节文处描画出这样子，令人依本子去学。譬如小儿

---

① 朱熹著，黎靖德编，《朱子语类》，卷四十一，第1046页。
② 朱熹著，黎靖德编，《朱子语类》，卷七十一，第1798页。
③ 朱熹著，黎靖德编，《朱子语类》，卷四十二，第1079页。

学书，其始如何便写得好。须是一笔一画都依他底，久久自然好去。①

前面讲"克己仍须复礼"，背后意思不外乎"虽无邪心却仍须合正理"之保险取态，这一点从本书一路析论下来，实在并不新鲜。本章之所以借朱子论复礼为引子，目的是想在此前的基础上带出一项新的信息：克己虽无邪心，却不保证能合正理；合正理在于复礼，因为礼是"天理之节文"；而礼既来自圣贤所建立的传统，这便透露出，对于"天理"的把握，不可能是修养者自己独断地说了算，正如朱子说："自以为义，而未必是义；自以为直，而未必是直。"②而是要往圣贤传统里去寻求。于是，我们看到朱子思想中含有一种对独断的警惕、提防和制约。这种思想倾向，在朱子论"读书穷理"时表现得更为清晰利落。

第二节 读书穷理之教的开放性格

现在正式进入本章的主题。我们的"展望式的检讨"同时包含两项工作：一是试图往朱子的穷理之学里（尤其是他关于"读书穷理"的论述）寻求回应"我们时代的问题"之启示，二是从中揭示朱子穷理之学所蕴藏的"开放"性格。在笔者的用法里，"开放"意谓：① "非独断"——寻索"天理"是一项集体事业，没人可单凭一己之力去掌握"天理"；② "可修正"——寻索"天理"是一项不息的工作，在这个过程里，我们当随时准备修正自己的见解。

---

① 朱熹著，黎靖德编《朱子语类》，卷三十六，第963页。
② 朱熹著，黎靖德编《朱子语类》，卷五十二，第1270页。

一般而言，我们似很难感受到朱子哲学的"开放"。一来，朱子严格辟佛，所以他所主张的"理"，只能是儒家之理。试举一例，《论语·里仁》有"朝闻道，夕死可矣"，朱子在《论语或问》即讨论道：

> 或问：朝闻夕死，得无近于释氏之说乎？曰：吾之所谓道者，固非彼之所谓道矣。……吾之所谓道者，君臣、父子、夫妇、昆弟、朋友当然之实理也。彼之所谓道，则以此为幻为妄而绝灭之，以求其所谓清净寂灭者也。①

对朱子来说，其"理"（或"道"）实有确定无疑的内容——"五伦"等"当然之实理"，这里没有什么修正的空间。

二来，其所拥护的儒家之理，即使在今天认同儒家价值的人看来，亦不必然能接受，因为此儒家之理，其核心内容即"三纲五常"——朱子所谓"吾儒守三纲五常"②。而三纲五常乃亘古亘今不变的"天地之常经"：

> 看秦将先王之法一切扫除了，然而所谓三纲、五常，这个不曾泯灭得。如尊君卑臣，损周室君弱臣强之弊，这自是有君臣之礼。如立法说父子兄弟同室内息者皆有禁之类，这自是有父子兄弟夫妇之礼，天地之常经。自商继夏，周继商，秦继周以后，皆变这个不得。③

---

① 朱熹，《论语或问》，《四书或问》，第180页。
② 朱熹著，黎靖德编《朱子语类》，卷一百一，第2558页。
③ 朱熹著，黎靖德编《朱子语类》，卷二十四，第599—600页。

> 三纲、五常，亘古亘今不可易。①

如是，朱子遂斩钉截铁地说：

> 佛老之学，不待深辨而明。只是废三纲五常，这一事已是极
> 大罪名！其他更不消说。②

这样一套思想，在今人看来，实在谈不上"开放"（如上所言，"开放"
在我们的用法里意谓"非独断"和"可修正"）：且不论朱子之见是
否为一种独断，至少从他认定"三纲"等价值为"天地之常经""变不
得""亘古亘今不可易"来看，他似乎不认为儒家对"理"或"道"的认
识有"可修正"的余地。

　　朱子之辟佛及拥护三纲既是如此之确凿，我们实无法亦不打算为
朱子提出辩解或回护。事实上，与其说本章是要纯粹考究朱子哲学本
身，更应说其目标是要从朱子的穷理之学中，找出我们今天仍不应忽视
的开放元素，看看我们能否借助穷理之学的一些理念，来想象和构思一
套"既预认天理而又保持开放"的理论模型。在崇尚多元、开放的当前
世界里，倘若我们仍意愿真善美的客观性，或意愿人文世界里有客观价
值可言，则我们又当如何避免陷入一种与多元、开放为对立的绝对主
义、独断思维之中，从而确保当代不同文明之间的良性对话，不致被粗
暴地扼杀掉？本章即尝试从朱子的穷理之学（读书穷理之教）里寻找
回答问题的线索。

---

① 朱熹著，黎靖德编，《朱子语类》，卷二十四，第595页。
② 朱熹著，黎靖德编，《朱子语类》，卷一百二十六，第3014页。

朱子的穷理之学固然很大程度启发自程颐，但程朱两人在穷理工夫的一些具体细节上，亦有不同看法。例如，程颐说："穷理亦多端：或读书，讲明义理；或论古今人物，别其是非；或应接事物而处其当，皆穷理也。"[①] 此中，"读书"只是穷理的其中一端，与"论古今人物""应接事物"等并列而没有特殊的优先性。但到朱子，"读书"（读圣人之书）在穷理活动中的地位则被突显起来。他在《甲寅行宫便殿奏札二》里有言：

> 盖为学之道，莫先于穷理，穷理之要必在于读书……夫天下之事莫不有理……有以穷之，则自君臣之大以至事物之微，莫不知其所以然与其所当然，而无纤芥之疑，善则从之，恶则去之，而无毫发之累。此为学所以莫先于穷理也。至论天下之理，则要妙精微，各有攸当，亘古亘今，不可移易。唯古之圣人为能尽之，而其所行所言，无不可为天下后世不易之大法。其余则顺之者为君子而吉，背之者为小人而凶。吉之大者，则能保四海而可以为法；凶之甚者，则不能保其身而可以为戒。是其粲然之迹、必然之效，盖莫不具于经训史册之中。欲穷天下之理而不即是而求之，则是正墙面而立尔。此穷理所以必在乎读书也。[②]

读书在朱子之教下，从程颐的数端之一，一跃而成"穷理之要"。是故，我们把朱子这一教法称为"读书穷理之教"。[③] 以下分三小节，第一小

---

① 程颢、程颐，《伊川先生语四》，《河南程氏遗书》，卷十八，第188页。
② 朱熹，《晦庵先生朱文公文集》，卷十四，第668—669页。
③ "读书穷理之教"一词亦可说本乎朱子。在《朱子语类》中，"读书"与"穷理"连成一词即不下十次，例如："为仁由己，岂他人所能与？惟读书穷理之功不可不讲也。"（卷一百一十九，第2880—2881页）"或问：'东莱谓变化气质，方（转下页）

节指出"天理"实具现于圣人书中，第二、第三小节相继析论读书穷理之教的"非独断"与"可修正"性格。

（一）理在书中：寻索天理在于解读经书

我们已不止一次引述过朱子《答石子重》一文：

> 人之所以为学者，以吾之心未若圣人之心故也。心未能若圣人之心，是以烛理未明，无所准则，随其所好，高者过，卑者不及，而不自知也。若吾之心即与天地圣人之心无异矣，则尚何学之为哉。故学者必因先达之言以求圣人之意，因圣人之意以达天地之理。[1]

凡人皆当为学，这在儒家思想里自属固然。但人何以当为学，则在儒家传统中自有各种说法。朱子认为人之所以为学，皆因"吾之心未若圣人之心"，这自然是朱子那以"心"为"气之灵"而不即是"理"一路所特有的说法。换转在"孟子—心学"那"心即理"一路里，凡人与圣人固然有别，而人亦当学为圣人，但个中理由却不在于凡人之心未若圣人之心。唯朱子与心学的差异，大体已于此前数章说明清楚，这里不再详论。我们应留意的是引文最后一句："故学者必因先达之言以求圣人之意，因圣人之意以达天地之理。"当中涉及三个层面：先达之言、圣人之意、天地之理。天地之理自是读书穷理的目标，先达之言则为经典诠释

（接上页）可言学.'曰：'此意甚善。但如鄙意，则以为学乃能变化气质耳。若不读书穷理，主敬存心，而徒切切计较于昨非今是之间，恐亦劳而无补也.'"（卷一百二十二，第2949页）
[1] 朱熹，《晦庵先生朱文公文集》，卷四十二，第1920页。

传统中的各种注解或诠释(将在下一小节详说),而圣人之意,就是圣人
所作经书所表达者。换言之,读书穷理之教的基本思路是:天地之理
寄寓于圣人之意(经书)中,而要理解圣人之意,则当求助于经典诠释
传统。

我们先来考察"天地之理"与"圣人之意"的关系。朱子说:"圣
人之言,即圣人之心;圣人之心,即天下之理。"[1] 言简意赅地表达了两
者的紧密关系。学者亦多注意到,在朱子想法里,天理就具现于圣人经
典之中。例如,吴展良即说:"对于朱子而言,经典的核心价值,在于他
们是圣人之书,而圣人之所以为圣人,则在于他们大公无私、心地清明
广大而能彻底认识并体现天理。四书六经,或直接是圣人所言的记录,
或是经过圣人整理的文献,因而是天理的记录与展现。"[2] 并引朱子之言
以明其意,例如:

> 六经是三代以上之书,曾经圣人手,全是天理。[3]

吴氏更继续说:"对于朱子而言,解经最重要的还不仅是认识圣经文本
的原意,而是去认识那恒常的天理。他认为即使圣人未曾阐明那些道
理,这天理也常在天地之间。而圣人与经典在历史上的意义,正在于发
明那道理。"[4] 然后援引朱子之说:

---

[1] 朱熹著,黎靖德编,《朱子语类》,卷一百二十,第2913页。
[2] 吴展良,《圣人之书与天理的恒常性: 朱的经典诠释之前提假设》,《台大历史学报》第33期(2004年6月),第74页。
[3] 朱熹著,黎靖德编,《朱子语类》,卷十一,第190页。
[4] 吴展良,《圣人之书与天理的恒常性: 朱的经典诠释之前提假设》,《台大历史学报》第33期(2004年6月),第76页。

虽圣人不作，这天理自在天地间。……不应说道圣人不言，这道理便不在。这道理自是长在天地间，只借圣人来说一遍过。且如《易》，只是一个阴阳之理而已。伏羲始画，只是画此理；文王孔子皆是发明此理。吉凶悔吝，亦是从此推出。及孔子言之，则曰："君子居其室，出其言善，则千里之外应之；出其言不善，则千里之外违之。言行，君子之枢机；枢机之发，荣辱之主也。言行，君子之所以动天地也，可不谨乎！"圣人只要人如此。且如《书》载尧舜禹许多事业，与夫都俞吁咈之言，无非是至理。[①]

又，林维杰的《朱熹与经典诠释》[②]和杨燕的《〈朱子语类〉经学思想研究》[③]两书，对于圣人、经书、天理三者在朱子思想中的紧密关系亦多所阐明。前者说："儒者之所以把经典作者的位阶抬得如此高，乃是因为这类作者本身即具有圣人、贤人的身份。他们并不是普通的执笔人，而是拥有崇高人格气象和开创绵亘道统的特殊作者，其特殊性往往使得他们自身以及所撰述的经典超越一般作者与文本身份，从而具有与真理（道）相近的'存有位阶'，并让圣人、经典与真理三者间表现出近乎融合的特质。"[④]后者则谓："承载着圣人本意的经典，从最本质的意义上

---

① 朱熹著，黎靖德编，《朱子语类》，卷九，第156页。
② 林维杰，《朱熹与经典诠释》(上海：华东师范大学出版社，2012年)。
③ 杨燕，《〈朱子语类〉经学思想研究》，(北京：东方出版社，2010年)。
④ 林维杰，《朱熹与经典诠释》，第二章，《文理与义理——经典诠释中意义与真理的文涉》，第34页。另外，林氏在该书第一章(《物理与文理——格物穷理与读书穷理的关联》)提出了一个有趣的问题，即"格物穷理"中"事物与理"的关系，和"读书穷理"中"书与理"的关系，为何可类比起来？（第16页）他这样解释："以理解所涉及的文本、语脉、意义、真理等概念对比于格物，可得出如下的对称关系：书之文脉或结构，仿若物(例如木石)的纹理、木理；书之意义，犹如草木之长于仲夏隆冬；书之义理(道理)，就像草木之春生秋荣，俨然天地仁心之彰显；书中彼此义理的贯通，则与'万物只是一理'无异。此所以朱子亦有'读书穷理'一（转下页）

讲，即是'天理'的表达。……如此，对经典的阐释实际上主要追寻的圣人本意，由于圣人本意被预设为了'天理'，因此，对经典文本阐释的终极目的实际上就成了对'天理'的追寻。"①

此外，陈志信亦有《朱熹经学志业的形成与实践》一书，仔细探讨朱子的经学思想。就本章所关心的课题而言，该书有两处特可注意。第一，陈氏先追踪至朱子34岁时作的《论语训蒙口义序》，其中有言：

> 圣人之言，大中至正之极，而万世之标准也，古之学者，其始即此以为学，其卒非离此而为道。穷理尽性，修身齐家，推而及人，内外一致，盖取诸此而无所不备，亦终吾身而已矣。②

朱子早年之见如此。陈氏继而指出："晚年的朱熹并未曾动摇其求道可取诸经籍的信念，因为我们在他61岁时所作的《书临漳所刊四子后》中，读到了相应的言论"③：

> 圣人作经，以诏后世，将使读者诵其文，思其义，有以知事理之当然，见道义之全体而身力行之，以入圣贤之域也。其言虽约，而天下之故，幽明巨细，靡不该焉。欲求道以入德者，舍此为无所用其心矣。④

（接上页）词，与'格物穷理'的规模甚为对称。"（第19页）
① 杨燕，《〈朱子语类〉经学思想研究》，第三章，《〈朱子语类〉经学思想的阐释理论》，第181—182页。
② 朱熹，《晦庵先生朱文公文集》，卷七十五，第3615页。
③ 陈志信，《朱熹经学志业的形成与实践》，第8页。
④ 朱熹，《晦庵先生朱文公文集》，卷八十二，第3895页。

陈氏于是总结道："由此可知，毕生的实践历程已让朱子完全确认经学事业是吾人求道、明道的坦荡道路，且他更严正地将此领悟明喻于世。"[1]

　　第二，倘若我们问，何以圣人之言、圣人之经有着上述那种非凡地位——"大中至正之极，而万世之标准"，原因正在于经典是天理之具现。陈氏在书中第三章第二节《作为"道之文"的儒家经典》里，便将朱子之意析述得淋漓尽致。"朱熹于《读唐志》一文中首段的论述，或能带领吾人进入一异于今人语文观念的思维世界。该文云"[2]：

　　　　夫古之圣贤，其文可谓盛矣。然初岂有意学为如是之文哉？有是实于中，则必有是文于外，如天有是气则必有日月星辰之光耀，地有是形则必有山川草木之行列。圣贤之心，既有是精明纯粹之实以旁薄充塞乎其内，则其著见于外者，亦必自然条理分明，光辉发越而不可掩。盖不必托于言语、著于简册，而后谓之文，但自一身接于万事，凡其语默动静，人所可得而见者，无所适而非文也。姑举其最而言，则《易》之卦画、《诗》之咏歌、《书》之记言、《春秋》之述事，与夫礼之威仪、乐之节奏，皆已列于六经而垂万世，其文之盛，后世固莫能及。[3]

这里，朱子把圣贤与天地比照起来，前者之著出六经，即如后者之示现"日月星辰之光耀""山川草木之行列"，皆为自然而然之事，所谓"有是实于中，则必有是文于外"。此虽仅将圣贤与天地作一类比，而未明说

---

① 陈志信，《朱熹经学志业的形成与实践》，第9页。
② 同上书，第83页。
③ 朱熹，《晦庵先生朱文公文集》，卷七十，第3374页。

圣贤所著即天理之具现,但单凭这一类比,已可知圣贤著述实有一份比配天地的庄严神圣。至于要进一步说到经典乃天理至道之外显,陈氏则援引朱子此语:

> 道者,文之根本;文者,道之枝叶。惟其根本乎道,所以发之于文,皆道也。三代圣贤文章,皆从此心写出,文便是道。[①]

继而分析说:"作为'三代圣贤文章'的典籍,在表象上虽出于人之双手,然朱熹却将经籍成型的过程,视同深藏地底的树根抽枝生叶以显露于外的生化历程;而这生动的比拟所反映的想法乃是:隐微难显的至道借圣贤体道之心发为经籍语文的全部过程,实乃如同生物自发各式天然文采般,皆是极其自然、理所当然的事。由此可知,朱熹确实已把儒家典籍看成是大道的具象化、文迹化,抑或肉身化了。"[②]

于是,陈氏对朱子的经典思维总结道:"在朱熹看来,经典语文既出于圣贤体道之心,且又借由圣贤之手自然形之于世,是以它基本上便是天地至道的文迹化、肉身化,而实亦可视为就是临现于世的大道自身……再加上经典语文蕴涵一切道理,以及通常较世间事物更能明白体现至道这两点所起的作用(朱熹所言'道体用虽极精微,圣贤之言则甚明白'一语,多少就含有这个意思),那么,朱熹所以将格致工夫聚焦于经典语文上,便也是极其自然、理所当然的事了。"[③]可以补充的是,除了陈氏所引"道体用虽极精微,圣贤之言则甚明白"[④]一语所暗示——

[①] 朱熹著,黎靖德编,《朱子语类》,卷一百三十九,第3319页。
[②] 陈志信,《朱熹经学志业的形成与实践》,第93页。
[③] 同上书,第99页。
[④] 朱熹著,黎靖德编,《朱子语类》,卷八,第129页。

"通常较世间事物更能明白体现至道"——之外，朱子将格致工夫聚焦于经典语文上，尚有以下一项理由：

> 上古未有文字之时，学者固无书可读，而中人以上，固有不待读书而自得者。但自圣贤有作，则道之载于经者详矣，虽孔子之圣，不能离是以为学也。[①]

总之，理（道）本具现在事事物物中，包括山河大地、圣贤经书，而经书之言又较世间事物更明白地详载至道，则今人既已有书可读，自"不能离是以为学"。因此，正如前引《甲寅行宫便殿奏札二》所言："为学之道，莫先于穷理。穷理之要必在于读书。"

（二）诠解经书不可独断：寻索天理是一项群策群力的集体事业

天理既已具象化于经典文字之中，则"解读经典"之活动，即等于"认识天理"之活动；唯有准确解读经典，方能准确认识天理。而要准确解读经典，大原则是"不可独断"。"独断"虽非朱子用语，却可代表朱子所理解之读书人大病。"不可独断"之原则，概括了朱子读书法的两大主张：虚心、参众说。而就本章主题而言，参众说一义尤为重要，足以揭示读书穷理之教的开放性格。

先略说"虚心"。简言之，所谓虚心即"尊重经典本意"，例如：

> 只且做一不知不会底人，虚心看圣贤所说言语，未要便将自

---

① 朱熹，《答陈明仲》，《晦庵先生朱文公文集》，卷四十三，第1951页。

家许多道理见识与之争冲。①

　　然读书且要虚心平气,随他文义体当,不可先立己意、作势硬说,只成杜撰,不见圣贤本意也。②

关于此,朱子另有一段相当生动的训诫:

　　某尝说,自孔孟灭后,诸儒不子细读得圣人之书,晓得圣人之旨,只是自说他一副当道理。说得却也好看,只是非圣人之意,硬将圣人经旨说从他道理上来。……圣贤已死,它看你如何说,他又不会出来与你争,只是非圣贤之意。他本要自说他一样道理,又恐不见信于人。偶然窥见圣人说处与己意合,便从头如此解将去,更不子细虚心,看圣人所说是如何。正如人贩私盐,担私货,恐人捉他,须用求得官员一两封书,并掩头行引,方敢过场、务,偷免税钱。今之学者正是如此,只是将圣人经书,拖带印证己之所说而已,何常真实得圣人之意? 却是说得新奇巧妙,可以欺惑人,只是非圣人之意。此无他,患在于不子细读圣人之书。人若能虚心下意,自莫生意见,只将圣人书玩味读诵,少间意思自从正文中迸出来,不待安排,不待杜撰。如此,方谓之善读书。③

人贩私盐、担私货,为免被捉,须得官员书信作掩护。正如读书而不虚心者,强解经典以迁就己意,只是要以经典之权威作掩饰,来说自家一

<hr>

① 朱熹,《答吕子约》(十一月二十七日),《晦庵先生朱文公文集》,卷四十八,第2211页。
② 朱熹,《答刘季章》,《晦庵先生朱文公文集》,卷五十三,第2494页。
③ 朱熹著,黎靖德编,《朱子语类》,卷一百三十七,第3258页。

副道理,这自然是一种独断。

再论"参众说",此即参考经典诠释传统中不同学人对经典之解读;这些人,朱子称为"先儒":

> 大概读书且因先儒之说,通其文义而玩味之,使之浃洽于心,自见意味可也。如旧说不通,而偶自见得别有意思,则亦不妨。但必欲于传注之外别求所谓自得者,而务立新说,则于先儒之说,或未能究而遽舍之矣。如此则用心愈劳,而去道愈远。恐驳驳然失天理之正,而陷于人欲之私,非学问之本意也。且谓之自得,岂可强求?今人多是认作"独自"之"自",故不安于他人之说,而必己出耳。[①]

读书而绕过先儒之说,"别求所谓自得者",此"自得"非真为"浃洽于心"之真自得,其"自"只是"独自"之"自"——独异于他人之说。朱子此诫,正好表现"不可独断"之读经原则。

然而,解读经典为何必得参考先儒之说? 刚才既提到"虚心"一原则,讲求的是"虚心看圣贤所说言语","子细读得圣人之书,晓得圣人之旨",则读者只要做到虚心,便大可直接面对经书,又何必通过先儒之说? 此中理由,可分别从"经典之文字"与"经典之义理"两面言之。

经典之文字,以至当中所载之制度名物等,皆古奥而非今人所及,故在这个意义上,先儒之说为必须参考:

> 其治经必专家法者,天下之理固不外于人之一心,然圣贤之言则有渊奥尔雅而不可以臆断者,其制度、名物、行事本末又非今

---

① 朱熹,《答柯国材》,《晦庵先生朱文公文集》,卷三十九,第1734页。

> 日之见闻所能及也,故治经者必因先儒已成之说而推之。借日未必尽是,亦当究其所以得失之故,而后可以反求诸心而正其谬。此汉之诸儒所以专门名家,各守师说,而不敢轻有变焉者也。但其守之太拘,而不能精思明辨以求真是,则为病耳。①

值得注意的是,朱子虽一方面强调先儒之说,另一方面却对"守之太拘"有所警惕,主张读者当"精思明辨以求真是""究其所以得失之故",这一点稍后再论。关于参考先儒之说以明了经典之文字,以下提两个例子。首先是关于《尚书·康诰》的"庸庸祗祗,威威显民":

> "庸庸祗祗,威威显民",此等语既不可晓,只得且用古注。古注既是杜撰,如今便别求说,又杜撰,不如他矣。②

其次是对《大学》里"恂栗也"的"恂"字之解读:

> 且如"恂"字,郑氏读为"峻"。某始者言,此只是"恂恂如也"之"恂",何必如此。及读《庄子》,见所谓"木处则惴栗恂惧",然后知郑氏之音为当。如此等处,某于《或问》中不及载也。要之,如这般处,须是读得书多,然后方见得。③

此可见朱子读书之郑重其事。

不过,文字只是通达圣人之意的入手处,更为重要的乃是经典之

---

① 朱熹,《学校贡举私议》,《晦庵先生朱文公文集》,卷六十九,第3360页。
② 朱熹著,黎靖德编,《朱子语类》,卷七十九,第2056页。
③ 朱熹著,黎靖德编,《朱子语类》,卷十七,第388页。

义理。朱子主张,解读经典应求"义理相接",使读者与古人"相肯可"：

> 解说圣贤之言,要义理相接去,如水相接去,则水流不碍。①

> 大抵读书须且虚心静虑,依傍文义,推寻句脉,看定此句指意是说何事,略用今人言语衬帖替换一两字,说得古人意思出来,先教自家心里分明历落,如与古人对面说话,彼此对答,无一言一字不相肯可,此外都无闲杂说话,方是得个入处。②

所谓"义理相接",这里可举一例子。《孟子·公孙丑上》有言"恻隐之心,仁之端也；羞恶之心,义之端也"等"四端",至《孟子·告子上》却又改称"恻隐之心,仁也；羞恶之心,义也"等,"端"字不复见。这就在表面上显现出一种"义理不相接"的姿态,身为一个理性的读者,对于这种"不相接",自不当"肯可"之。因此,解说者应该把两处的差距弥缝起来,使彼此义理能相接(当然,朱子是假定了圣贤之言本自融贯)③。

① 朱熹著,黎靖德编,《朱子语类》,卷十九,第437页。
② 朱熹,《答张元德》,《晦庵先生朱文公文集》,卷六十二,第2986页。
③ 在朱子,融贯性不仅存在于每一各别的儒家经典自身里,甚至存在于所有经书的全体当中,因为它们都是圣贤之言,同样是天理之具现。正如他说："经书中所言只是这一个道理,都重三叠四说在里,只是许多头面出来。如《语》《孟》所载也只是这许多话。一个圣贤出来说一番了,一个圣贤又出来从头说一番。如《书》中尧之所说,也只是这个；舜之所说,也只是这个；以至于禹汤文武所说,也只是这个。又如《诗》中周公所赞颂文武之盛德,亦只是这个；便若桀纣之所以危亡,亦只是反了这个道理。若使别撰得出来,古人须自撰了。惟其撰不得,所以只共这个道理。"(朱熹著,黎靖德编,《朱子语类》卷一百一十八,第2852页)刘笑敢即曾聚焦于朱子的《论语》诠释,剖析其"融贯性诠释"的解经策略,对于朱子如何把《语》《孟》《学》《庸》融贯地诠释为一套完整的思想体系,作了可观的举证和析论,见刘笑敢,《诠释与定向：中国哲学研究方法之探究》(北京：商务印书馆,2009年),第六章,《徘徊篇——在两种定向之间：从〈论语〉到理学》,第208—237页。此外如贾德讷(Daniel K. Gardner)亦在其 *Zhu Xi's Reading of the Analects: Canon, Commentary, and the Classical Tradition* (New York: Columbia University Press,(转下页)

于是,朱子在《孟子·告子上》注云:"前篇言是四者为仁义礼智之端,而此不言端者,彼欲其扩而充之,此直因用以著其本体,故言有不同耳。"[①]其意《孟子·告子上》之所以不言"端"者,乃"直因用以著其本体":"恻隐之心""羞恶之心"等四心是"用",是仁义礼智之性(本体)的发用或呈现;将四心直说成仁义礼智,表述上有彰著或突出本体的功能。朱子的解释是否成立,非这里所要讨论[②]。重点是朱子要求解经做到"义理相接",使圣贤之言在道理上站得住脚,足以说服读者,这无疑是一种理性的对话精神。

但与圣贤对话,又何须理会经典诠释传统(先儒之说)?理由在于"文义有疑",而"众说纷错":

> 大抵观书先须熟读,使其言皆若出于吾之口;继以精思,使其意皆若出于吾之心,然后可以有得尔。至于文义有疑,众说纷错,则亦虚心静虑,勿遽取舍于其间。先使一说自为一说,而随其意之所之以验其通塞,则其尤无义理者,不待观于他说而先自屈

(接上页)2003)一书指出,跟何晏(195—249)的《论语》注解相比,朱子明显致力调和《论语》字面上所呈现的义理冲突:"He Yan lets Confucius's remark stand on his own, whereas Zhu Xi, sensing an apparent contradiction with other remarks in the text, works to reconcile the different messages." (p. 39) 贾德讷进而分析说:"What is worth noting here is not whether reconciliation is really needed but that in his commentary, Zhu Xi takes it upon himself (drawing on Fan Zuyu, of course) to read the different analects side by side. Like He's commentary, Zhu's directs the reader how to understand each analect, but unlike He's, it also aids the reader in understanding the intratextual relationship of the Master's remarks. Zhu attempts to demonstrate how the text as a whole coheres, how the individual analects should be read against one another. Behind this attempt is, of course, the assumption that such coherence does in fact exist." (pp. 39-40)

① 朱熹,《四书章句集注》,第460页。
② 李明辉即曾扼要说明朱子这种解释之不足取,见《孟子与康德的自律伦理学》,《儒家与康德》,第74—77页。

> 矣。后以众说互相诘难，而求其理之所安，以考其是非，则似是而
> 非者，亦将夺于公论而无以立矣。①

虽说"圣贤之言则甚明白"，但"文义有疑"的情况实亦时有发生。文义晦涩如《尚书》《春秋》等固常使人有疑，但即使是《大学》《中庸》，对朱子来说也有挑战。他在59岁之《答应仁仲》一信中即曾如此慨叹："《大学》、《中庸》屡改，终未能到得无可改处。《大学》近方稍似少病。道理最是讲论时说得透，才涉纸墨，便觉不能及其一二。纵说得出，亦无精采。以此见圣贤心事今只于纸上看，如何见得到底？每一念此，未尝不抚然慨然也。"② 既然连朱子所用力甚深的《大学》《中庸》，都尚且使他"抚然慨然"，则"文义有疑"在解读经典之过程中为时有发生，几可说是必然了。此时，读者自当参诸先儒之说。遇有"众说纷错"时（既然"文义有疑"，则各家自为一说，以致"众说纷错"，亦属自然不过），不应遽定取舍，而当"先使一说自为一说"后以众说互相诘难"。"使一说自为一说"，是一种极富耐心的对话态度，让对方有充分的发言机会，"须如人受词讼，听其说尽，然后方可决断"。③ 并且读者须主动地成全其说，将对方道理予以最充分的阐明。至于"以众说互相诘难"，则又是一种极富理性精神之多元对话方式，使各种见解互相切磋质询问难，期求辨明是非。从以下一段话，我们有理由相信，朱子是享受这种切磋的：

> 凡看文字，诸家说有异同处，最可观。谓如甲说如此，且捋扯

---

① 朱熹，《读书之要》，《晦庵先生朱文公文集》，卷七十四，第3583页。
② 朱熹，《晦庵先生朱文公文集》，卷五十四，第2548页。据陈来考证，此信写于宋孝宗淳熙十五年戊申（1188年），朱子时年五十九。见陈来，《朱子书信编年考证》（北京：生活·读书·新知三联书店，2007年增订本），第285页。
③ 朱熹著，黎靖德编，《朱子语类》，卷十一，第179页。

住甲，<u>穷尽其词</u>；乙说如此，且将扯住乙，<u>穷尽其词</u>。两家之说既尽，又参考而穷究之，必有一真是者出矣。[①]

"穷尽其词"非谓使其词穷、将之驳倒，而应是上面所说的"使一说自为一说"——协助一说法充分阐发其道理。而最后谓"必有一真是者出矣"，亦不应简单理解为"甲说"与"乙说"之间两者取一，因为"真是"可以是消化折中甲乙两说而来的、更高一层的第三说，这一点会在稍后提出论证。现时值得留意的是"最可观"三字，隐然表示朱子对这种学问切磋的热衷。

朱子之所以享受学问切磋，并非因为他好辩，而是由于他对"理"有一份庄严感。本书已不止一次引述朱子这段话，且再重温：

> <u>如今要紧只是个分别是非</u>。一心之中，便有是有非；言语，便有是有非；动作，便有是有非；以至于应接宾朋，看文字，都有是有非，须着分别教无些子不分晓，始得。心中思虑才起，便须是见得那个是是，那个是非。才去动作行事，也须便见得那个是是，那个是非。应接朋友交游，也须便见得那个是是，那个是非。看文字，须便见得那个是是，那个是非。日用之间，若此等类，<u>须是分别教尽，毫厘必计始得</u>。……<u>天下只是个分别是非</u>。若见得这个分明，任你千方百计，胡说乱道，都着退听，缘这个是道理端的着如此。如一段文字，才看，也便要知是非。<u>若是七分是，还他七分是；三分不是，还他三分不是</u>。如公乡里议论，只是要酌中，这只是自家不曾见得道理分明。这个似是，那个也似是，且捏合做一片，且恁

---

① 朱熹著，黎靖德编，《朱子语类》，卷十一，第192页。

> 地过。若是自家见得是非分明，看他千度万态，都无遁形。……
> 如今道理个个说一样，各家自守以为是，只是未得见这公共道理
> 是非。……世上许多要说道理，各家理会得是非分明，少间事迹
> 虽不一一相合，于道理却无差错。一齐都得如此，岂不甚好！这
> 个便是真同。只如今诸公都不识所谓真同，各家只理会得半截，
> 便道是了。做事都不敢尽，且只消做四五分。这边也不说那边不
> 是，那边也不说这边不是。且得人情不相恶，且得相和同，这如何
> 会好！此乃所以为不同。只是要得各家道理分明，也不是易。须
> 是常常检点，事事物物，要分别教十分分明。是非之间，有些子
> 鹘突也不得。只管会恁地，这道理自然分明。分别愈精，则处事
> 愈当。①

朱子这番话极其严肃，彰显了穷理之学根本处的理性精神：我们只应
接受经得起理性考验而站得住脚的观点、想法和言论。遇有互相冲突
的观点时，必使其互相诘难，因为我们的理性不容苟且含混。"且得人
情不相恶，且得相和同"，这只是圆滑的和会（"只是要酌中"），将不同
观点勉强拼凑，"捏合做一片"，这不是"穷理"。"穷理"必须要在道理
上"分别教尽，毫厘必计"，为的并非争强竞胜，而是出于对大家一起理
会得是非分明，而达"真同"之境的向往。

　　基于这份庄严感，朱子绝不赞成盲从先儒，故曾批评吕祖谦（字伯
恭，号东莱，1137—1181）说：

> 伯恭凡百长厚，不肯非毁前辈，要出脱回护。不知道只为

---

① 朱熹著，黎靖德编，《朱子语类》，卷三十，第769—771页。

得个解经人，却不曾为得圣人本意。<u>是便道是，不是便道不是，方得</u>。①

文义有疑，故需参考先儒众说，但参考不能忘却是非，"是便道是，不是便道不是"，"若是七分是，还他七分是；三分不是，还他三分不是"。朱子的《中庸章句》，就是基于此种态度而作成，其在《中庸章句序》末尾自述道：

> 盖子思之功，于是为大，而微程夫子，则亦没能因其说而得其心也。惜乎！其所以为说者不传，而凡石氏之所辑录，仅出于其门人之所记，是以大义虽明而微言未析。至其门人所自为说，则虽颇详尽而多所发明，然倍其师说而淫于佛老者亦有之矣。熹自蚤岁即尝受读而窃疑之，沉潜反复，盖亦有年，一旦恍然似有以得其要领者，然后乃敢<u>会众说而折其中</u>，既为定著《章句》一篇，以俟后之君子。②

"会众说而折其中"，则其成果自不必是众说之一，而是充分消化众说而成之一说。此所以刚才提到，所谓"必有一真是者出矣"，不必然是在甲乙两说之间两者取一。

　　本小节旨在揭示读书穷理之教的"非独断"一面。"非独断"概括了朱子读书法的两大主张：虚心、参众说。而就本章主题而言，参众说一义尤为重要。由于天理具现于圣人书中，因此解读经典就是寻索天

---

① 朱熹著，黎靖德编，《朱子语类》，卷八十，第2074页。
② 朱熹，《晦庵先生朱文公文集》，卷七十六，第3675页。

理——能否掌握天地，关键就在于能否准确诠解经典。再者，由于经典文字古奥，又往往文义有疑，故读者必得参考先儒众说，才有望迫近经典本意。就在这个意义下，读书穷理实在是一门集古今众人、群策群力的集体事业，没有人可以单凭一己之力而求得天理。此即读书穷理之教中"非独断"一义所呈现出的开放性。

（三）经书诠解永可修正：寻索天理是一项永不止息的工作

读书穷理之教的开放性格除表现在"非独断"一面外，尚有"可修正"一面。朱子易箦前三日尚在修改其《大学章句》，早已成为历史佳话。他毕生一再致力修正其经典诠释，亦是众所周知。似乎在他眼中，经书诠解永远可以修正。这里即值得追问：为什么经书诠解乃永可修正？

上一小节开首曾引述朱子《答石子重》："学者必因先达之言以求圣人之意，因圣人之意以达天地之理。"天地之理具现于圣人之意（经书）中，要解读圣人之意，应先通过先达之言（经典诠释传统）。表面上看，从先达之言到圣人之意，看似只有一步之遥，两者之间的过渡仿佛顺理成章、水到渠成。但下文将会显示，朱子同时又充分意识到：圣人之意乃永不可百分之百被通达了悟。这一层意思可分两面言：经典之文义与圣人之心意。

有些经文是难以甚至不可能索解的。除上面提到过的《尚书》"庸庸祗祗，威威显民"之外，朱子尚指出了：

> 大抵《尚书》有不必解者，有须着意解者。不必解者，如《仲虺之诰》《太甲》诸篇，只是熟读，义理自分明，何俟于解？如《洪范》则须着意解。如《典》《谟》诸篇，辞稍雅奥，亦须略解。若如

《盘庚》诸篇已难解,而《康诰》之属,则已不可解矣。[①]

《易》之象理会不得。如"《乾》为马",而《乾》之卦却专说龙,如此之类,皆不通。[②]

或言某人近注《易》。曰:"缘《易》是一件无头面底物,故人人各以其意思去解说得。近见一两人所注,说得一片道理,也都好。但不知圣人元初之意果是如何?《春秋》亦然。"[③]

《春秋》煞有不可晓处。[④]

张元德问《春秋》《周礼》疑难。曰:"此等皆无佐证,强说不得。若穿凿说出来,便是侮圣言。不如且研究义理,义理明,则皆可遍通矣。"因曰:"看文字且先看明白易晓者。此语是某发出来,诸公可记取。"[⑤]

引文所见,不只《尚书》,连《易》《春秋》《周礼》等皆有不可晓处,强说不得。值得留意的是上述第三段引文,提到"圣人元初之意",此可谓比文义为更深一层之奥秘,因为就算文义无疑,但诠解者是否真正把握得住"圣人元初之意",仍是说不准的。且看朱子所言:

问:"如先生所言,推求经义,将来到底还别有见处否?"曰:

---

① 朱熹著,黎靖德编,《朱子语类》,卷七十八,第1983—1984页。
② 朱熹著,黎靖德编,《朱子语类》,卷六十六,第1641页。
③ 朱熹著,黎靖德编,《朱子语类》,卷六十七,第1678页。
④ 朱熹著,黎靖德编,《朱子语类》,卷八十三,第2144页。
⑤ 同上书,第2148页。

"若说如释氏之言有他心通，则无也。但只见得合如此尔。"①

如《春秋》，亦不是难理会底，一年事自是一年事。且看礼乐征伐是自天子出？是自诸侯出？是自大夫出？今人只管去一字上理会褒贬，要求圣人之意。千百年后，如何知得他肚里事？圣人说出底，犹自理会不得；不曾说底，更如何理会得！②

问："诸家《春秋》解如何？"曰："某尽信不及。如胡文定《春秋》，某也信不及，知得圣人意里是如此说否？今只眼前朝报差除，尚未知朝廷意思如何，况生乎千百载之下，欲逆推乎千百载上圣人之心！况自家之心，又未如得圣人，如何知得圣人肚里事！某所以都不敢信诸家解，除非是得孔子还魂亲说出，不知如何。"③

学《春秋》者多凿说。《后汉·五行志注》，载汉末有发范明友奴冢，奴犹活。明友，霍光女婿，说光家事及废立之际，多与《汉书》相应。某尝说与学《春秋》者曰："今如此穿凿说，亦不妨。只恐一旦有于地中得夫子家奴出来，说夫子当时之意不如此尔！"④

除非有"他心通"，否则圣人心意难知。正因如此，要完完全全领略圣人之意以掌握天地之理，几可说是一项不可能的任务。

或者说：以上所举例子，只涉及五经而已，至于四书里的圣人之意（尤其《论语》《孟子》），朱子似乎颇有把握：

---

① 朱熹著，黎靖德编，《朱子语类》，卷十一，第180页。
② 朱熹著，黎靖德编，《朱子语类》，卷六十七，第1658页。
③ 朱熹著，黎靖德编，《朱子语类》，卷八十三，第2155页。
④ 同上书，第2158页。

　　　　某尝说，《诗》《书》是隔一重两重说，《易》《春秋》是隔三重四
　　重说。《春秋》义例、《易》《爻》《象》，虽是圣人立下，今说者用之，
　　各信己见，然于人伦大纲皆通，但未知曾得圣人当初本意否。且不
　　如让渠如此说，且存取大意，得三纲、五常不至废坠足矣。今欲直
　　得圣人本意不差，未须理会经，先须于《论语》《孟子》中专意看他，
　　切不可忙；虚心观之，不须先自立见识，徐徐以俟之，莫立课程。①

同为圣人之书，但《论语》和《孟子》比五经易读，当中的"圣人本意"
较易掌握。观乎朱子语气，似乎专意攻读《论语》《孟子》，真有可能
"直得圣人本意不差"。

　　然而实际恐不如表面看来那般容易。《论语》《孟子》虽比五经易
读，但即以朱子学力之深厚，能否"直得圣人本意不差"，依然是没有保
证的。这里有一实例。《论语·先进》有《四子侍坐章》，孔子最后喟然
叹曰："吾与点也。"朱子对这段原文的诠解是否妥帖？能否"直得圣人
本意不差"？钱穆如此评论：

　　　　又如《论语》"夫子喟然叹曰吾与点也"一语十字，此在文字
　　上似无难解处，而《集注》化了一百三十七字来解此十字。此非自
　　发己见而何？然朱子为此一百三十七字，几经曲折迂回，大段改
　　动可考者有四次，此外尚有改动一二字一二句者不计。至其费了
　　几许文字言说，散见于《文集》、《语类》，来对此十字所涵蕴之义
　　理作发挥，作辨难，更是不计其数。……故其《集注》与《章句》，
　　实乃朱子自出手眼，确然成为一家之言，纵谓皆是朱子之自出己

---

① 朱熹著，黎靖德编，《朱子语类》，卷一百四，第2614页。

意，亦无不可。惟朱子自认其一家言，于孔孟大传统有创新，无走失，如是而已。若使后人能继续获有创新，则朱子《四书集注》与《章句》，自亦可谓其中尚有未一一尽臻于定论。即如上述"吾与点也"一百三十七字长注，其实是朱子受了明道影响摆脱未尽，后来黄震东发另作一说，始为获得了孔子当时之真意。若使朱子复起，亦将承认。①

孔子为什么"与点"？如果钱氏所论不差，则以朱子治学之严，终其一生也尚且未能透彻掌握这里的"圣人本意"——即使这是比《尚书》《春秋》等较为亲切易解的《论语》。尤可注意者，钱氏认为朱门后学黄震（字东发，号文洁，1213—1281）后来所另起之一说，"始为获得了孔子当时之真意"，并且，"若使朱子复起，亦将承认"。证诸朱子毕生那精益求精的经典诠释实践，钱氏所言，想必为朱子知音。因此我们有理由相信，朱子的读书穷理之教，理当承认经书诠解乃永可修正者。再次一提陈志信的《朱熹经学志业的形成与实践》，书中曾引朱子言曰：

> 大抵观书先须熟读，使其言皆若出于吾之口；继以精思，使其意皆若出于吾之心，然后可以有得尔。然熟读精思既晓得后，又须疑不止如此，庶几有进。若以为止如此矣，则终不复有进也。②

陈氏对此解释说："整个说来，这由'熟读'、'精思'以期生发真切的感

---

① 钱穆，《朱子学提纲》，《朱子新学案》，第212—213页。引文中提及黄震（东发）之说，钱氏亦曾分析过，并将之比照朱注。参阅钱穆，《从朱子论语注论程朱孔孟思想歧点》，《孔子与论语》（台北：联经出版事业股份有限公司，1974年），第129—164页。
② 朱熹著，黎靖德编，《朱子语类》，卷十，第168页。

悟，且还得保留能重新诠释的空间的种种作为，便是朱熹所认可的读经
次第。"①

　　永可修正，即表示寻索天理是一项永不止息的工作：我们只能无
止境地迫近天理，而永不能声称已抵达终点。理由在于，天理具现于圣
人之意中，而圣人之意永不能被我们充分掌握。我们只好与诠释传统
中的先儒群策群力，在对话切磋之中不断迫近圣人本意。此即读书穷
理之教中"可修正"一义所呈现出的开放性。

　　总结本节，我们通过三个小节来剖示读书穷理之教的开放性格。第
一小节"理在书中：寻索天理在于解读经书"，是全节的立论基础，表明
天理寄寓在经书里，唯有准确解读经典，方能准确认识天理。第二小节
"诠解经书不可独断：寻索天理是一项群策群力的集体事业"，揭示读书
穷理之教的"非独断"主张，表明读书穷理是一项集古今众人、群策群力
的集体事业，没人可单凭一己之力而求得天理。第三小节"经书诠解永
可修正：寻索天理是一项永不止息的工作"，揭示读书穷理之教的"可修
正"主张，表明我们只能无止境地迫近天理，而永不能声称已抵达终点。
读书穷理之教的开放性格，即本节第二、第三小节所申明者。

第三节　文明对话值得预认天理吗？

　　笔者重申，本章目的不在于为朱子哲学辩护。与此相应，现在我
们将要把视域移到当代，讨论文明对话所需的理念，亦非主张把八百年
前的朱子哲学原封不动地搬到当代来。事实上，原原本本的朱子哲学
确难完全满足当代文明对话之所需。除了前面提到，朱子大力辟佛并

---

① 陈志信《朱熹经学志业的形成与实践》，第113页。

拥护三纲之外，即就读书穷理之教本身而言，其不适合当代之处亦甚明显。例如，在今日多元文化的处境下，我们如何能找到不同文明之间的"共同圣人"？又何来"共同圣典"？既不能找到，则今人又如何能一如读书穷理之教所主张，在"单一圣统"下（例如尧、舜、禹、汤、文、武、周、孔等），对同一组圣典（例如四书）进行群策群力的集体诠释奋斗，以掌握我们所共享的天理？可见，"把朱子哲学直接搬到当代来"是没有多大意义的，而本章的目的亦不在此。

笔者希望做的，所谓"展望式的检讨"，是从朱子的读书穷理之教中提炼出一种意念（idea），看看其能否为当代文明对话的模式或基本预设带来启示。经过上文的工作，可知此一意念即：在预认天理的同时，保持"非独断"与"可修正"的开放性。读书穷理之教固然预认天理，但此天理却寄寓于圣人之书中，需经准确解读才能了悟。而准确解读圣人之书，非一人之力可成，必得与诠释传统中的众人群策群力。并且，由于圣人本意（天理之寄托处）难以充分掌握，故诠解经书的过程将是一无尽的、不断需要修正的寻索过程。总之，寻索天理需要对话合作（非独断），并且永不能声称已抵达终点（可修正）。

换言之，笔者的意图是"对朱子的读书穷理之教作一种低度的当代应用"，即把朱子本人原有的一些具体立场，例如"儒家圣人才是真圣人""儒家经典才是真圣典"等予以抽离，而仅仅从中提炼出"在预认天理的同时，保持'非独断'与'可修正'的开放性"此一基本意念。

针对上述意图，现在值得我们思考的问题是：在文明对话当中，为什么要预认天理的存在？参与对话之各方，仅仅秉持"非独断""可修正"的原则还不够吗？既预认天理，难道不会威胁我们所重视的多元与开放吗？

这些问题当然不易处理。为此，以下将采用这样一种较为便捷的方式：对笔者自己所发表过的观点进行检讨和修正。通过这项工作，笔者将申明此一立场：倘若我们仍意愿真善美的客观性，或意愿人文世界里有客观价值可言（倘若我们无意愿，便另当别论），则承认一个"内容不明的天理"，对文明之间的对话而言，是一项有利的预设——既能照顾对于客观性的意愿，又能保有"非独断"和"可修正"的开放性。而所谓"承认有一个内容不明的天理"，即等于说"承认我们有可能集体犯错（尽管我们已达成共识）"——两个句子在笔者的理解中是同义的。

上述这项工作，大体仍本乎朱子穷理之学的启示。然而，若问客观价值是否存在，这便非上述工作所能完成（我们上一段所提出的立场只是："<u>倘若</u>我们仍意愿真善美的客观性，或意愿人文世界里有客观价值可言，则……"），而其解答抑或已非朱子哲学所能直接提供或间接启示出（因为对身处古代的朱子来说，价值的客观性应是自明的）。对于以穷理之学为探究对象的本书来说，后面这甚有意义却又极富挑战性的问题，恐难以详细讨论，只能以后续思考的性质在本章末段略谈。是故，以下将分成两小节，前一项工作划入第一小节《当前的立场》，后一小节则题为《后续思考的线索》，交代笔者的思考方向。

（一）当前的立场

笔者数年前曾发表一种观点，现在看来，或涉及对两位当代学人的误解。在2012年发表的《论"仁义"与"礼治"作为汉儒政治思想的开放成分：关于"传统儒学如何跨越时代视域"的指导原则及其应用》[1]里，笔者曾比较两位当代学人——劳思光与刘述先——在文化哲

---

[1] 吴启超，《论"仁义"与"礼治"作为汉儒政治思想的开放成分：关于"传统儒学如何跨越时代视域"的指导原则及其应用》，潘朝阳主编，《跨文化视域下的儒家伦常》，下册（台北："国立"台湾师范大学，2012年），第505—541页。

学上的两套论说,分别是劳氏的"在世界中的中国"与刘氏的"理一分殊"。在比较过两说之"同"后,该文进而分析其"异":

> 然而,二先生的想法却又同中有异。此差异在于:如上所述,劳思光先生并不强调或寻求一种"绝对的普遍",而从刘述先先生说"'理一'是属于'超越'的层次"看来,他对于"绝对的普遍"却是有一种信心的。①

并且,笔者在两者之间作了一种取舍:

> 刘先生是相信不同传统之间,都分享着同一个万古常新、放诸四海皆准的"超越的理一"。笔者认为,这样的一个信念是不容易证成的,所谓"月印万川",也仅仅是一个比喻,就算这个比喻有多妙,也不保证世界的真相必定如此。当然,我们可以找出一定的证据,证明世界上不同文化传统都有一些共同的信念,好像"己所不欲,勿施于人"的"金律"等。而且,这种共识并不徒为此时此世的共识,而是有着上千年以上的历史,从孔子、耶稣、穆罕默德等开始,这种共识经已存在。但是,我们仍然难保一千年后的世界必定会接受当下人们的信念和共识。换言之,这个"理一"是否真的为万古常新,实在没有保证,"超越的理一"恐怕只能作为一个良好愿望。②

---

① 吴启超,《论"仁义"与"礼治"作为汉儒政治思想的开放成分:关于"传统儒学如何跨越时代视域"的指导原则及其应用》,潘朝阳主编,《跨文化视域下的儒家伦常》,下册,第518页。
② 同上书,第518—519页。

　　笔者对于"普遍",宁取一种保守却务实的看法:"普遍"是相对而言的,它可以是此时此世为普遍(为当前世界所接受),却不必万古常新。正如劳思光先生所说:"这种universal可能只是relative(相对的)""我们未来构造的依然不能够是一个有绝对性的东西"。也许从刘述先先生看来,只强调"相对的普遍"、只随着变幻无定的历史和层出不穷的问题而思索人类文化的未来和寻求不同传统的共存之道,实仅为一种"头痛医头、脚痛医脚"的治标方式,或只是一种纯粹讲求因时制宜的实用主义心态。但另一方面,劳思光先生亦可解释说,其所秉持的乃是一种"开放思维"。①

然而如今看来,笔者当时的评判,不论对于劳氏还是刘氏,可能都有误解。至于此误解为何,且留待稍后交代。目前要强调的是,笔者曾经持有这种观点:以"相对的普遍"代替"绝对的普遍"。具体来说,前者即"一时之共识",后者即"永恒的天理"。

　　笔者当时的想法,其实与更早之前所发表的另一文章大体一致。该文为《"我们赞成谦卑吗?"——儒家面对基督宗教时的应有反思》②,作为"一位以儒家价值作自我期许的人,在面对基督宗教跟儒家的差异时,所作的自我质询和自我检讨"③,其结语部分说:

　　本文通过探讨儒家"自信与谦卑兼容"的教义,尝试作一次宗

---

① 吴启超,《论"仁义"与"礼治"作为汉儒政治思想的开放成分:关于"传统儒学如何跨越时代视域"的指导原则及其应用》,潘朝阳主编,《跨文化视域下的儒家伦常》,下册,第519—520页。
② 吴启超,《"我们赞成谦卑吗?"——儒家面对基督宗教时的应有反思》,《哲学与文化月刊》第37卷第5期(2010年5月),第41—64页。
③ 同上书,第42页。

教对话的实践。笔者相信，理想的宗教对话应该是按照这样的步骤来进行的(以儒家与基督宗教之对话为例)：1. 认识彼此的差异：儒家从孔子开始即自信"我欲仁，斯仁至矣"，而基督宗教则强调人生得以圆满的关键在上帝的恩典，故人应向上帝表示谦卑；2. 尽力在彼此的差异下探索对方信念的合理性：了解到基督宗教之所以颂扬谦卑，为的是要防治骄傲之罪，而骄傲之罪(自以为是、妄自尊大、宰制别人)也是儒家所不愿见；3. 通过对方的冲击而反思："我们儒家也赞成谦卑吗？ 如是，则这与我们的自信能否兼容？ '自信而谦卑'的教义，又能否避免对方所忧虑和警惕的骄傲？"在这种对话之中，儒家将更能了解并欣赏自身和对方的教义。[①]

总括而言，前后两篇文章都分享了一个基本理念：对话(文化对话、宗教对话等)无须预认一个普遍之理(即"理一分殊"的"理一")。或说，以"共识"(不同文化、不同宗教等之间的共识)代替"天理"。就以刚才的引文为例，其中第二点"尽力在彼此的差异下探索对方信念的合理性"，这个所谓"合理性"，其实即等于说：对方的信念，我这边也认同——这是一种彼此互相认可的共识[②]。此亦即第一篇文章所认同的原则：以相对的普遍(共识)代替绝对的普遍(天理)。

　　然而，笔者如今想来，以共识代替天理也许并不妥当。让我们从

---

① 吴启超，《"我们赞成谦卑吗？"——儒家面对基督宗教时的应有反思》，《哲学与文化月刊》第37卷第5期(2010年5月)，第61页。

② 引文说："了解到基督宗教之所以颂扬谦卑，为的是要防治骄傲之罪，而骄傲之罪(自以为是、妄自尊大、宰制别人)也是儒家所不愿见。"这个"也是儒家所不愿见"，即表示"颂扬谦卑"乃儒家亦能认可者；其本身之"合理性"，乃以"基督宗教与儒家两者所共同认可"——共识——来定，并不表示此"合理性"有超越于两家共识以外的客观基础。

真实世界的情形考虑：我们知道，在历史上某些时代，大部分人都相信地球是平的（共识），而事实上不是；在中国历史上某些时代，大部分人都相信女性应该缠足（共识），而我们今天并不接受。同样地，倘若今天社会上大部分人都认为同性恋婚姻是不道德的，那是否就代表这个见解合理？甚至极端一点，倘若世界上大部分人都认为种族屠杀并非不道德，那是否就代表这个见解合理？

但换另一面说，高悬一个天理又是否可行？在历史上，因高悬天理而排斥异己，而"以理杀人"的情况不也不绝于史吗？基于朱子读书穷理之教的启示，笔者建议我们可一方面改为承认一个"内容不明的天理"，一方面继续以"共识"去迫近此天理。说此一建议乃基于读书穷理之教的启示，因为：① 承认一个"内容不明的天理"，正相当于读书穷理之教之以"圣人之意"（天理之寄托处）为永远不能被充分通达了悟者，因而对于天理内容的解读，永远是开放的、"可修正"的；② 要通达了悟天理，只有两途，或诉诸独断，或诉诸群策群力。建议中所谓"以共识迫近天理"，即承自读书穷理之教那"重视经典诠释传统"（即重视"先达之言"）的"非独断"精神。

无疑，从"朱子本意"的角度看，我们有种种证据显示，朱子本人是倾向将那天理"讲死"或"坐实"的，即对于天理的内容有一种确凿的肯断、认定或指派：天理就是儒家之理，就是三纲五常。但若离开"本意"的角度，改从"低度的当代应用"的角度看[1]，读书穷理之教确又提示了我们，天理的预认仍有一项正面功能：使得对话之各方不会以共识为自限，而会继续致力寻求心智上或观念上的进步——即使各方之

---

[1] 自觉地区分开这两种角度，表示我们无意亦不会扭曲或漠视朱子原意，而是要借用朱子的思想资源，来进行我们时代的思考。

间已建立共识，但此共识仍有可能为不合理，因为我们完全有可能一起犯错，如同历史所一再向我们昭示的。因此，虚悬一个"内容不明的天理"而以之居高临下地警惕持有共识之各方，或者是一个可欲的方案。当中那天理并不提供确定知识（以其"内容不明"故），例如，三纲五常就是放诸四海而皆准的真理。与此不同，此虚悬的天理的正面功能在于提供或开发一种实践上的意识：虽然我们对话各方意见一致，但我们仍然有可能集体犯错——真理并不等于我们的共识，如同地球并不因为我们都以为是平，而真的是平。虽然我们所能实际操作和致力的，仍旧在于谋求共识，但意识上的转变，依然可能带来不同的效果：我们所能谋求和最终掌握的仍旧只有共识，但我们谦逊地保留了一种"我们可能集体犯错"的信念在心中，不以共识为自满自限。亦由于这天理为内容不明，没人可以把持之以苛责宰制他人，故开放的对话仍为可能。

由此可见，笔者的立场已然有所转变：从主张以"相对的普遍"（共识）代替天理，改为主张承认一个"内容不明的天理"，作为对于共识的一种规约态度。

说回笔者对劳思光与刘述先曾经有过的误解，以更明确本章的立场。误解的关键，用笔者的语言说，在于笔者当时以为劳氏主张"相对的普遍"，而刘氏则主张一个有确凿内容的天理。这样的理解，现在看来，恐非妥帖。先说刘氏，笔者在2012年那篇文章里，其实曾援引过他的一段文字：

> 我们虽植根在自己的传统之中，却指向"超越"的"理一"。现代的神学家如田立克就明白，我们终极托付的对象不是"上帝"（God），而是"超越上帝的上帝"（God above God）。这样的"理一"

<u>是无法找到终极的成文的表述的</u>，却不是我们完全不可以理解
的。其实老子所谓"道可道，非常道"讲的正是同样的道理。[①]

笔者当时的阅读焦点落在首句"'超越'的'理一'"一词上，竟忽略了
后面所谈的"超越上帝的上帝""道可道，非常道"。用本章的术语来
说，这个特别的上帝和道，其实就是"内容不明的天理"了。何以故？
刘氏清楚地告诉我们："这样的'理一'是无法找到终极的成文的表述
的。"误解的症结，在于笔者当时未能意识到"绝对的普遍"和"内容确
凿的天理"之分别，径直将两者等同起来。实则"绝对的"只是天理的
形式特性——其内容不取决于人间的见解（包括众人的共识），不以人
间的见解为转移。比如，地球本身的形状如何，是一个"绝对"，并不由
我们"看来如何""觉得如何""认为如何""想象如何"来决定。但同
时，这样的天理，仍然可以是"无法找到终极的成文的表述"，即本文所
谓"内容不明"。"绝对的"与"内容不明的"分属两个层次，须得分开。
而正因"内容不明"，故人间的诸多表述均"可修正"，并且无人能垄断
天理的表述权或解释权。因此在当代文明对话里，我们就应走"非独
断"的路，以共识迫近天理（正如在读书穷理之教中，解经者与整个经
典诠释传统群策群力，去迫近圣人之意）。但当然，这里仍必须加上一
句：即使有共识，我们仍有可能集体犯错，而误解了天理，因此我们对
天理的诠解永可修正（正如在读书穷理之教中，圣人之意永不可被充分
通达了悟）。

　　再说劳思光。诚然，笔者先前对他的理解——主张"相对的普

---

① 刘述先，《从当代新儒家观点看世界伦理》，《全球伦理与宗教对话》（新北：立绪文
　化事业有限公司，2001年），第79页。

遍"——确有文本根据："这种universal可能只是relative（相对的）"①，
"我们未来构造的依然不能够是一个有绝对性的东西"②，但这些可能只
是劳氏在特殊脉络下的具有特殊含义的说法，若质诸其整体文化哲学
思想，笔者当时的理解，有可能属断章取义（虽然笔者当时表示认同劳
氏，但"认同"仍可能是基于误解）。关键在于笔者当时没有注意或未
及读到劳氏分别在晚年和身后出版的两部著作，即晚年的《论非绝对
主义的新基础主义》一文③和身后出版的遗著《当代西方思想的困局》
一书④。劳氏在前一文中，采用一种笔者会形容为"去病不去法"的策
略，将"基础主义"及其在理论上所不必附带的"绝对主义"予以分离，
而挽救"基础主义"，故称"新基础主义"（不含绝对主义气息的基础主
义）。他说：

> 就"基础主义"的本旨说，它本只是对于一种必要的认定或
> 断定的寻求说。……这种认定本身又可有不同的含义。它可以
> 是实体意义的，也可以是形式意义的；它可以只是一个极限概念，
> 也可以是一个目标概念。⑤

这段话确实颇可代表本章的用心：以天理为文明对话的"一种必要的

① 劳思光，《"在危机世界中看中国文化的前景"之二：论中国文化前景》，《危机世界与新希望世纪：再论当代哲学与文化》（香港：香港中文大学出版社，2007年），第40页。
② 劳思光，《中国哲学之世界化问题》，《危机世界与新希望世纪：再论当代哲学与文化》，第57页。
③ 劳思光，《论非绝对主义的新基础主义》，《危机世界与新希望世纪：再论当代哲学与文化》，第129—181页。
④ 劳思光，《当代西方思想的困局》（台北：台湾商务印书馆，2014年）。
⑤ 劳思光，《论非绝对主义的新基础主义》，《危机世界与新希望世纪：再论当代哲学与文化》，第131页。

认定或断定"——在"防止以共识为自限"一义上为必要；同时，此天理作为一"内容不明"者，表示它只是一个"极限概念"和"目标概念"——一个高悬的终点、永远迫近的目标，用以为人间文明的进步给予定向作用。正如劳思光所说：

> 与旧基础主义的特性相比，新基础主义……可以用定向功能的极限概念代替绝对确定性的观念，以保留可修改性或可批判性……①

这里说得很清楚，"定向功能的极限概念"可以"保留可修改性或可批判性"，此亦即笔者主张"内容不明的天理"的用心。如同劳氏在文末提出五点总结性想法，当中第四和第五点如下：

> 第四，要避免"终极性"的预认，即是不以任何已有的决定为最后的。这里可引入"可修正性"（revisability）的观念或"可批判性"（criticizability）的观念。这即是说，对基础的陈述可以修改。……
>
> 第五，建立新的基础，须建立具体陈述；但这些陈述的具体内容仅属暂定的，自然是可修改的、可批判的。②

笔者认为，这番话其实跟前引刘述先的"这样的'理一'是无法找到终极的成文的表述的"，以至本文的"对内容不明的天理之诠表永可

---

① 劳思光，《论非绝对主义的新基础主义》，《危机世界与新希望世纪：再论当代哲学与文化》，第132页。
② 同上书，第181页。

修改""不以集体共识为自限，因为我们可能集体犯错"的立场是一致的①。由此看来，前引劳思光那些关于"相对的普遍"的主张，它们的实义或应放在其"新基础主义"的背景下衡定。笔者先前的理解，当属断章取义。

至于劳氏的遗著《当代西方思想的困局》，探究之幅度则更大。若就当中与《论非绝对主义的新基础主义》一脉相承的论断说，重要者亦有不少，这里试举两例：

> 我可以立"真实"这样的意义，但我并不要求今天或明天就可以拥有绝对真实的知识。因为它可以是一个极限的观念，我们会做认知活动，是因为想要接近真实，但我可以同时知道我不能到达最后的真实。我不需要假定要过多久才能知道那个真实；如果不需要这样假定，则纵然否定了某一些自认为了解真实的理论具有这样的功能，也不能证明在思想活动中就不应该有"寻求真实"的方向。②

---

① 但有两点仍当注意。第一，劳氏在文中并无使用"天理"一词，故即使我们把传统上（例如朱子）的"天理"观念松动为一"内容不明的天理"，能否符合劳氏"新基础主义"的构思，仍需详检。第二，劳氏文中对"绝对性"这一观念并不表示赞同："所谓'基础'，并不必然牵涉绝对性。历史上出现的哲学上的旧基础主义，所以都会带有绝对性，是因为那些立论者加上了另一些条件（如'实体性'、'终极性'之类，前文已提到）。今天谈新基础主义，正要离开这些牵涉绝对性的条件。"（劳思光，《论非绝对主义的新基础主义》，《危机世界与新希望世纪：再论当代哲学与文化》，第180页）这与笔者于上文表示"绝对的"是天理的形式特性（言下之意，这是不能不承认的）的看法似乎互相抵触。对此，笔者初步认为，劳氏和笔者所用的"绝对"一词乃落在两个不同层次上：他所反对的"绝对性"乃从"内容"讲，指的是如朱子的"三纲五常"等"讲死"或"坐实"的、不容撼动变更的天理的内容。而笔者讲的"绝对的"，仅是天理的一项必须承认的形式特性，讲的是"形式"而非"内容"。笔者的一贯立场，是主张我们不要把天理讲实为一些犹如"三纲五常"般的确凿内容。
② 劳思光，《当代西方思想的困局》，第四章，《异质文化之问题》，第214页。

> 终极概念不给具体内容、而是给一个方向。如果要取消方向，那代价就大了。[①]

这样看来，我们所谓"内容不明的天理"，应即同于劳氏所言之"不给具体内容，只给一个方向"的"极限的观念"或"终极概念"。

在多元文明的时代里，我们需要文明对话，以尽力寻求共识，避免纷争。但笔者主张，在文明对话中，我们亦值得预认一个"内容不明的天理"，以提供进步的方向和规约，并提醒我们：不要以彼此的共识为自安自限，因为历史反复告诉我们，吾人可能集体犯错。活在多元时代，倘若我们仍意愿真善美的客观性，或意愿人文世界里有客观价值可言，则承认一个"内容不明的天理"，对文明之间的对话而言，是一项有利的预设——既能照顾对于客观性的意愿，又能保有"非独断"和"可修正"的开放性。

（二）后续思考的线索

穷理之学在本章那文化哲学关怀上的启示大概来到这地步。然而，客观哲学问题的思考恐怕才刚刚开始。就是说，固然，倘若我们仍意愿世上有客观价值，则穷理之学无疑为我们带来启示：天理高高在上，永不可充分把握，我们唯有群策群力地以共识迫近之，唯在此历程里任何一点上的共识均仍属可修正。但更根本的问题是：我们为什么应意愿世上有客观价值？或者说，客观价值的存在，可信吗？

上文对此问题并非全无表态，只是我们的回答偏向"实用主义式"："内容不明的天理"是一项"有利的"预设。之所以为有利，其理

[①] 劳思光，《当代西方思想的困局》，第四章，《异质文化之问题》，第217页。

由亦已不止一次说及：因为我们可能集体犯错，故不应以一时之共识为已安。笔者在两部著作里发现，前面的这些讨论或许可以接上现时仍相当活跃的德国哲学家哈伯玛斯（Jürgen Habermas）及已故著名宗教哲学家希克（John Harwood Hick, 1922—2012）的思路。但在引介他们的观点之前必须说明，由于笔者在这个议题上的思考才刚起步，故接下来所触及的领域、著作或思想并非笔者目前的专长（尤其笔者现时对哈伯玛斯的认识仅来自二手资料），因此笔者必须谦逊而负责任地表明：以下所谈，仅为后续思考的"线索"而已。

第一部著作是林立新近出版的《哈伯玛斯的法律哲学》[1]。书中第七章"哈伯玛斯与Rawls之争——'真理'vs.'适当的合理'"提到：

> 又由于哈伯玛斯对理性的信心，认为"符合理想的论辩条件"即理性方式论辩之极致完善，而若达成共识，则其便具有"保证是真理的"（warhheitsverbürgend）[2]或"真理之判准"之地位；也就是说，"共识"只要是出自"理想的论辩形式条件"，便具有"真理"的地位、或者说是"认知上有效的"（kognitiv gültig）之地位，两者的意思是一样的。[3]

作者随即指出两个问题：首先，"符合理想的论辩条件"或说在"理想的言谈情境"下所达成的共识便具有"真理"的地位，但"哈伯玛斯自己也承认：人类根本找不出一个客观的、形式性的检验标准，去判别当

① 林立，《哈伯玛斯的法律哲学》（台北：新学林出版股份有限公司，2016年）。
② 原文应为Wahrheit verbürgend，原书或误记。
③ 林立，《哈伯玛斯的法律哲学》，第423页。

下的言谈情境是否已达到'理想'（完美）"①。检验不出当下的言谈情境是否理想，我们就永不能确定在这情境中所达成的共识是否为真理。其次，"我们总不能因为人们将相互'说理'的一致结论认定为'真理'，便证明共识即是客观上的真理。因为万一是'大家一起弄错了'呢?"②这个问题明显跟本章的讨论密切相关。

林氏紧接着即讨论哈伯玛斯在1999年所作出的"实用主义之转向"，作为对上述主张的修正：

> 哈伯玛斯于一再受到批评之后，终于在1999年《真理与证成》一书中表示要修正其早年的主张，他承认，即使在极高条件下之论证而得出的合理主张，也不能径宣布其等于（永不会被推翻的）"真正真理"；换言之，此时此地使我们确信的论证结果，可能在另一认知情境下显示其是错误的；今日的真理明日可能成为错误，"真"与"可错"正如一枚硬币的两面；"可错性"必须被承认。至于为什么"会错"？哈伯玛斯说：或许是就算已达"高度逼近完美"的言谈情境，仍不足以排除人类所达成的共识会有犯错的可能，因为毕竟只是"高度逼近"，却尚未百分之百、尚未完美。③

这里即见出哈伯玛斯的"实用主义之转向"：

> 因此，哈伯玛斯认为，如果我们称一个共识为"真理"，则此

---

① 林立，《哈伯玛斯的法律哲学》，第424页。
② 同上书，第425页。
③ 同上书，第430页。

　　"真理"一词应以"实用的"意义来加以理解；"真理"成为一个
"实用的概念"，哈伯玛斯此一看法亦被称为"实用主义之转向"
（pragmatische Wende）。[①]

林氏解释，哈伯玛斯这种修正后的真理观之所以有"实用"的况味，在
于它解除了我们行动上的疑虑，容许我们根据当下的共识来行动：

　　　　哈伯玛斯认为，我们把当下得到的共识称为"真理"，就
　　会有一种"解除疑虑"（entsorgung）或"被卸除行动负担的"
　　（handlungsentlastet）功能；即人们在行动时，如果见到某一价值观
　　或知识观是当今一切人都赞同的、且相当是正确的，便会安心跟
　　着去做，因为（至少目前）大家都以为这样做是对的，所以我可以
　　无惧地依此去行为。因此，"真理"的概念至少当下发挥了"解除
　　行动疑虑"的功能（虽然，这个共识可能在一百年后又被认为是
　　错的）。[②]

不过，林氏马上便指出，尽管哈伯玛斯作了上述的"实用主义之转向"，
但他始终没有放弃对终极的、不变的真理之追求：

　　　　这里是一个对哈伯玛斯的诠释问题，学者之间可能意见不
　　一。而笔者研读其作品，认为答案是：哈伯玛斯的确在特定情况
　　下赋予"真理"一种"实用性的"（即，非"认知性的"）意义，但

---

① 林立，《哈伯玛斯的法律哲学》，第431页。
② 同上。

是,他却同时没有放弃对"认知性意义的'真理'之追求"。[①]

就是说(假定林氏对哈伯玛斯理解得正确),转向后的哈伯玛斯认为,一时之共识也可称为"真理",只是这"真理"仅为"实用性的",即给予我们依之而行动的暂时安心(例如,倘若我们现在有一种关于"安乐死"的共识,哪怕此共识将来会被判断为错,至少我们现在可以依此共识来行动,包括立法、教育等;此时,这个共识也姑且可叫作"真理",但它是"实用意义下的真理")。可是,哈伯玛斯却同时没有放弃对"超越实用意义的真正真理"的追求(例如说"安乐死",到底它合乎道德与否,仍然存在一种"终极意义"的答案,只是我们现在不一定知道这个答案)。哈伯玛斯此一立场的理据,关系到一个观念——"有效性要求"(或"有效性声称")。

林立这样解释"有效性要求":

> "有效性要求"意谓着:"我说的是'真'的,我附上理由,我要求大家接受我所说的为'真'。"[②]

林氏于是问道:那些批评哈伯玛斯仍坚持"真正真理"(超越实用性意义,而为认知性意义)的人,"则又如何解释他们自己在日常生活中、乃至学术活动中、在对公众事务表达意见时……,言谈中也不断提出'有效性要求'的事实呢?"[③]正是基于这种观察,即"人类一天到晚仍然在

---

① 林立,《哈伯玛斯的法律哲学》,第431页。
② 同上书,第464页。
③ 同上书,第465页。

互相提出'有效性要求'（真理要求）"[1]，哈伯玛斯始终不愿放弃"真正真理"，因而即使经历了"实用主义之转向"，他仍然维持着上述那种微妙的立场。林立这样概括此立场：

> 我们一开始提出一个"有效性要求"时，仍是以"认知性意义"（而非"实用性意义"）提出（因为哈伯玛斯并未放弃追求"真正真理"）。
>
> 但是当一个共识命中"真正真理"时，我们说它是"真理"，此时这个词拥有知识论上的意义。
>
> 反之，当一个共识没命中"真正真理"时，我们说它是"真理"，此时这个词拥有实用性上的意义。[2]

然而问题始终没有解决：我们怎知道当下的共识是否已命中"真正真理"？换言之，当下这个被称为"真理"的东西，到底是"认知性意义的"，还是"实用性意义的"？如果我们错把后者当成前者，当然会为人间带来或大或小的灾祸（例如，以前人们一度同意所有女人都应该"在家从父，出嫁从夫"，而错把这个一时之共识当作"真正真理"，而造成对女性的各种伤害），但林立认为"更糟糕的是"，我们或许已在不知情下通过共识而找到"真正真理"，后来却因为集体无知，反而会一起通过错误的新的共识来否定掉那已然找到的真理。说到底，"由于哈伯玛斯承认'不存在一个客观的、形式性的判准来检验"理想的沟通情境"是否已经完全实现'！则我们永远无法知道'理想的言谈情境'是否

---

① 林立，《哈伯玛斯的法律哲学》，第482页。
② 同上书，第436页。

已完美实现、此共识是否命中'真正真理'"①。

究竟我们应否接纳哈伯玛斯的立场？林立自己也没有确定的结论。一方面，"要对哈伯玛斯加以嘲讽揶揄，非常容易，因为其困难点也太多了"②。但另一方面，哈伯玛斯毕竟仍牢牢地把握住一个真相："人类是以提出'有效性要求'来生活的；说话没有'有效性要求'的世界是不可思议的、也难以运作。"③于是，林立选择这样陈述其结论：

> 因此，Rawls 与哈伯玛斯之争，不是偶然的。这个争论正是反映了人类认知上及行为上最为吊诡的现象：
>
> （1）一方面，"人类明知理性有限、真理（相）难求"；（2）但另一方面人类却不断真诚地把自己的见解"当真"、即提出"有效性要求"；而且若不如此，世界也无法运作。
>
> Rawls 强调（1），哈伯玛斯看重（2）。④

这里即见出哈伯玛斯（假定林立对他的理解正确）对本章所能带来的冲击或启迪。本章的立场的确讲得颇为"实用"，例如上文曾说："此虚悬的天理的正面功能在于提供或开发一种实践上的意识：虽然我们对话各方意见一致，但我们仍然有可能集体犯错——真理并不等于我们的共识，如同地球并不因为我们都以为是平，而真的是平。虽然我们所能实际操作和致力的，仍旧在于谋求共识，但意识上的转变，依然可能带来不同的效果：我们所能谋求和最终掌握的仍旧只有共识，但我

① 林立，《哈伯玛斯的法律哲学》，第436页。
② 同上书，第464页。
③ 同上书，第482页。
④ 同上。

们谦逊地保留了一种'我们可能集体犯错'的信念在心中，不以共识为自满自限。"这种讲法无疑是便捷的，因为"客观价值或真理是否存在"的争议众说纷纭，一时难解，我们姑且先以一种实用的态度，主张"承认天理存在"为有利。可是，哈伯玛斯对"'有效性要求'作为世界运作的必要条件"的观察令笔者明白：如果没有"对"，我们又怎知自己集体犯"错"？若没有客观真实的地球形状，我们又怎知"世界是平的"这个一时的共识为错？落在价值生活上讲，我们反对女性缠足，难道只是基于实用考虑？比如说，由于女性缠足便不能下田耕作，影响生产。那么，当技术进步到可以完美解决粮食问题时，我们就可以重新要求女性缠足？难道我们不是基于"人人生而平等"一类的客观价值来反对女性缠足吗？是故，本章的持论虽然很方便，但哈伯玛斯的问题意识和见解仍值得作为我们后续思考的线索。

　　然而我们必须作好准备，问题只要思考下去，必会愈来愈复杂：我们想要客观的真善美来衡量当下共识之对错，就不可避免触及一个棘手问题——天理的内容问题。本章由于朱子所拥护的"三纲五常"难以再为今人完全接受，索性把这些内容抽空，提出一"内容不明的天理"。可是，"内容不明"并非"没有内容"，只是我们难以确知这些内容而已。一旦我们想以天理为判准，来衡量当下共识之对错，则"天理的内容为何（至少其最起码的内容为何）"便成一不能规避的问题。但要谈天理的内容，哪怕我们只要求当中最起码的、最必要的内容，恐亦非易事。说到这里，即可转而介绍希克的观点。

　　希克在其名著《宗教之诠释：人对超越的回应》(An Interpretation of Religion: Human Responses to the Transcendent)[1]的"再版序言"里，大篇

---

[1]　John Harwood Hick, *An Interpretation of Religion: Human Responses to the* （转下页）

幅回应了自该书1989年初版后15年来的各种主要评论,其中第三点回应:"实体的本质"(The nature of the Real),与我们现在所面临的问题息息相关。尽管就笔者看来,希克这里的回应恐难称圆满,但他确实为我们更深入地揭露了问题之复杂。他首先用比笔者更精准的语言来陈述"天理的内容问题":

> 假如实体真的是超越范畴(或无法言说)的,我们在什么样的基础上可以说,如同多元主义所假设的那样,它真实地在人类经验领域中呈现为慈爱的神,而非憎恨的神? 或者呈显为某个仁慈而非充满敌意的真实结构? 而某些态度或行为,诸如怜悯以及寻求人类的繁荣,与实体是一致的,而其他诸如憎恨或侵略的态度或行为则不符? [1]

先澄清引文里"多元主义"一词,它指的应是希克自己的宗教哲学立场,大意是承认有一个超越的实体,而其在不同的宗教传统里有不同的呈现,例如有人格的"神"或无人格的"道"等;反过来讲,即使有不同的呈现(或说不同传统下的人对其有不同的说法),却仍是同一个超越的实体。希克把问题问得很扼要而尖锐:我们怎知那个实体(用本章的语言说即"天理")有如此这般的本质(例如说慈爱、仁慈,而非憎恨、敌意)? 而其回应则很巧妙,大意是:一方面,我们一定是把它经验为慈爱的,但另一方面,我们也不能因而说慈爱就是它的本质。"意思

(接上页) *Transcendent* (Basingstoke: Palgrave Macmillan, 2004, 2nd ed). 本书引述此书时,一律根据新近出版之中译本:约翰·希克著,蔡怡佳译注,《宗教之诠释:人对超越的回应》(台北:联经出版事业股份有限公司,2013年)。

[1] 约翰·希克著,蔡怡佳译注,《宗教之诠释:人对超越的回应》,第33页。

是说这不意味着要将实体的本质限定为一个慈爱的神，也不将之限定
在其他我们归于神的属性之中，诸如人格、善、知识、公义等等。但是，
对我们来说，它未知的本质即是如此，在种种真实的方式中，它被经验
为一个慈爱的神，而与我们产生关联。"① 他还为这个回应提供了一个
有趣的类比，大意是：我们都经验到桌子是一个坚硬的物体，并作出相
应此经验的行动——把餐具放在上面；我们没有经验到物理学家所
描述的：所谓固定坚硬的桌子，其实是一团微粒子云，不具备坚硬的属
性——不但不能经验到，且亦不可把桌子看作这样，否则我们将无法采
取相应的合适行动②。简言之，希克把"天理的本质"视为超越人类范
畴，但我们仍可客观地谈论"天理的内容"，此客观性即落脚于"我们共
同地如此这般经验它"之上。这或许可以解释前引刘述先之言："我们
虽植根在自己的传统之中，却指向'超越'的'理一'。现代的神学家
如田立克就明白，我们终极托付的对象不是'上帝'（God），而是'超越
上帝的上帝'（God above God）。这样的'理一'是无法找到终极的成
文的表述的，却不是我们完全不可以理解的。"③ 天理若是"我们完全不
可以理解"，其内容到底如何便根本谈不上，而我们亦将不能"知识地"
判断眼前的共识是否为真理，只能"实用地"看待共识。现在希克为我
们提供了一个希望，表明我们可以客观地理解天理，尽管它的本质始终
超出一切"成文的表述"（或"人类范畴"）。

　　希克的回应确然巧妙，但它是否足够妥善呢？关键就在于我们是
否真的对天理（实体，the real）有共同的经验方式（例如都把它经验为
"仁""慈爱"等）。有趣的是，希克在这里好像有一点点犹豫：

---

① 约翰·希克著，蔡怡佳译注，《宗教之诠释：人对超越的回应》，第34页。
② 同上。
③ 刘述先，《从当代新儒家观点看世界伦理》，《全球伦理与宗教对话》，第79页。

　　　　知觉者的观点是关键性的。就一座山的视觉经验来说,我们愈
　　远离它,它就显得愈小、愈接近它就愈大。但就山本身来看,我们不能
　　说它是大或小——这些都是相关性的词汇。它就是它所是,从不同
　　知觉者的观点来说,经验到的东西便有所不同。而实体就是它所是,
　　慈爱或者"有幸得之"随着不同人类观点就会有不一样的经验。可
　　设想的是,或许其他种族的人是经验到敌意。但友善和敌意、慈爱和
　　危险的,都是无法应用在实体本身(the real *an sich*)的相关性词汇。[①]

如果理论上容许有其他种族的人与众不同地经验实体(天理),例如
不像一般人将实体经验成慈爱,而是"有敌意的",那不正好推翻了希
克对"天理的客观内容"所奠立的基础——吾人对之有共同的经验方
式——吗？最后那句说无论慈爱和敌意都不适用于"实体本身",其实
是无补于事的(我们当然知道"天理的本质"乃超越"慈爱""敌意"等
人类范畴),因为当希克承认有人可以把实体经验为敌意时,便已然危
及了我们对"吾人可以对天理的客观内容有所理解"的信心。难怪他
说先前那桌子的类比是一个"不完全的类比"[②],因为我们对桌子有相
同的经验,但对天理却可有不同的经验。

　　照笔者理解,希克及后似乎想将"对实体的客观经验"安放在宗
教诉求或信仰诉求上。就是说,你无信仰则已,一有信仰,你总是希望
得到某种精神解放和提升的成果;在此情况下,这些有信仰的人总会
(至少总比较容易)把实体经验为慈爱一类的正面形象[③]。笔者不反对这
种说法,如果它成立,的确很可以为一套多元宗教观奠基,只是它不必

① 约翰·希克著,蔡怡佳译注,《宗教之诠释:人对超越的回应》,第36—37页。
② 同上书,第34页。
③ 同上书,第37—38、48—52、505—506页。

适用于我们目前所关心的文化哲学议题上：有信仰的人可能真的都倾
向把实体经验为慈爱，但在有信仰者与无信仰者所共同参与、共同分享
的辽阔的文化生活里，对真善美的体认终难免言人人殊。换言之，我们
似不能以信仰生活里（可能有）的共同经验，直接推论出文化世界里有
客观价值存在。

　　由此可见，价值的客观性或曰天理的内容确实不易言明。退守到
实用立场上去——"承认一个'内容不明的天理'对我们比较有利"，
其实也只是暂时的方便。正如本节开首提出的概念界说："而所谓'承
认有一个内容不明的天理'，即等于说'承认我们有可能集体犯错（尽
管我们已达成共识）'——两个句子在笔者的理解中是同义的"；要说
"错"，便得有对错的标准，而这标准应该来自天理的内容。是故，除非
我们采取一种更彻底的实用态度，承认"我们上一阶段的共识之所以
为'错'，仅仅因为它不能适应当前这一阶段的时代处境（即已然'无
用'或'失效'），与它是否'命中天理'无关"，否则，天理的内容如何，
终究是一个不能回避的问题。笔者重申，其在这方面的思考仅属起步，
故只能向读者报告其后续思考的线索如上。唯就本章的基本任务来
看，我们至少对穷理之学作了一次"展望式的检讨"，把它带到我们的
时代来参与讨论，从中揭示或提炼出一种我们以往甚至朱子本人也未
必意识得清楚的潜存的开放性。

结　论

本书大体由一章本论和三章理论检讨构成。"朱子的穷理工夫论"一章是为本论,旨在勾勒朱子工夫论的轮廓,以为其后三重向度检讨之基础。相对后三章,该章的原创贡献未算明显,但也发掘并阐明了若干前人论之未详之处。首先是"工夫"一词的含义问题。本书指出,"工夫"的基础义为"修养活动",唯在"议论工夫"(工夫论)的语境下,"工夫"则特指"修养方法"。其次是工夫论分歧之成因。本书指出,"有效性"虽然是评价工夫论的通常标准,然说到分歧的深层原因,则往往在于不同儒者对吾人之善恶本质有不同见解,而这种差异又往往落实或具现在他们对"心"的体认上。以朱子为例,由于他以"心"为本质上可善可恶或善恶上中性,故其工夫论自然特重"以心求理""以理律心"之义。在心学阵营——相信"心"乃本质上纯善无恶者——看来,朱子无疑是"析心与理而为二"[①],不知所谓"求理"实即"求此(本然纯善之)心"。由此我们看出,朱子工夫论的哲学前提即在其对"心"

---

① 王守仁,《答顾东桥书》,《传习录》,卷中,第171页。

之特殊体认上。此一"心之善恶中性义"贯穿全书,为各章(尤其第一至三章)立论之基础;对此以及与此相关的一些说法和命题(如"心具理"等),我们在第三章第四节"'动力问题'之不圆满答复"作了更为详细的阐发。

除上述工作外,"朱子的穷理工夫论"这一章的重点是通过一系列基本概念来描绘朱子工夫论之轮廓。本书指出,"敬"与"穷理"实为朱子工夫论概念群里之两大宗。这里,本书有两项论述值得留意。其一,"穷理"在朱子那里虽有不同向度,唯其要义则在"分别是非",进一步讲是"识是非之所以然"——是之所以为是、非之所以为非的理由。这就埋下一道伏笔:"穷理"虽然是"以心识理",唯此"理"作为"理由"看,实不同于一般的"信息";故"理"即使能说为"心"之认识对象,仍当被视作一类"特种对象"。此义在第三章分析朱子就"道德实践之动力问题"的看法时(尤其关于"真知"这一概念)分外重要,对此我们作了详细讨论。其二,"敬"与"穷理"这两大宗之间,在朱子的本意下虽已难再分轻重,但本书主张:从理论对照的角度看,"穷理"更能象征朱子工夫论与众不同的理论特点。因为它更能呼应或彰显朱子哲学的特性:"心"本质上可善可恶,故需靠"理"去规范和引导。我们特别指出,在朱子看来,佛道两家其实也知"持敬",唯与"圣人之学"相比,则未能"本心以穷理,而顺理以应物"[1]。在这个意义下,"穷理"无疑更能道出朱子工夫论的神髓,故本书以之为朱子工夫论的总代表观念,而有"穷理工夫论"之名。

此下是有关穷理工夫论之三重向度的理论检讨。"朱子对'先识

---

[1] 语出朱子《观心说》:"大抵圣人之学,本心以穷理,而顺理以应物。"见朱熹,《晦庵先生朱文公文集》,卷六十七,第3279页。

本心’的疑虑：转向穷理工夫论”一章是为“溯源式的检讨”，旨在探讨
朱子离开他原来所认同之湖湘学派工夫论，转向他自己的穷理工夫论，
那个中的理由。与过去的研究相比，该章不重朱子之主观上不契于湖
湘学派的“识心”工夫，而着眼于其拒绝对方之客观理由。该章分析，
朱子的反驳多不能成立，唯“悖理”一项指控则潜藏着深刻而精微的理
论洞见（虽然朱子语焉未详），足以开发出有力的反思和批判，并证成
其工夫论转向。要之，“识心说”必须承认，道德心（如恻隐之心等）之
呈现与修养者去“识”或“肯认”“认取”此心，两者乃同一种作用。换
言之，所谓“识心”，实为“道德心之同一种作用反身地用于此作用自
己”，类比地说即犹如“我知我在知着”一般，仅涉及同一种“知”的作
用（而朱子则以其为“如口龁口，如目视目”[①]般悖理）。本书先指出，
后一阶段的“肯认”活动，理应异乎前一阶段的“呈现”（湖湘学派说
为“发见”）活动：前一阶段为情感表现（非语言行为），后一阶段为判
断（语言行为）。如此，两阶段即理应涉及两种作用的先后运作，而非同
一种活动于两个时段里之重现或延伸。为此，本书同意将两个阶段之
活动上提一步、抽象一步，把两者同视作“价值表态”：前一阶段为情感
性的（或非语言性的）价值表态——把“恻隐之心”之呈现视为价值表
态，后一阶段则为语言性的价值表态——“是非之心”的是非判断。这
种“一用两态说”（同一种作用而有两种模态）确可为湖湘学派之“识
心说”提供合理的说明。然而，即使这样能讲得通，“识心说”与朱子立
场（本书称为“察识说”）相较，仍未免忽略了“是非之心”特有之“理
由赋予”的证成功能。反观朱子则很能正视“是非之心”的特殊作用
和角色。鉴于朱子的“察识说”有这种理论优势，是故他有理由舍弃湖

① 　语出朱子《观心说》，见朱熹，《晦庵先生朱文公文集》，卷六十七，第3279页。

湘之学而转向穷理工夫论。

从上述讨论出发，我们可进一步开发出一种关于心学的理论反思，下详。

接着的"朱子论知行关系与实践动力"一章是为"理论本身的检讨"。穷理工夫论所要面对的理论难题容或多于一种，然当中最具挑战性的则肯定是"'知理'如何保证'行理'（作具体道德实践）"一问题，本书称之为"知行关系与实践动力问题"，简称"动力问题"。该章在全书中篇幅最长，在广泛参考已有的研究成果上，将有关这一问题的思考、讨论带到一个新的高度。我们把"动力问题"开列为浅深两义。浅义的或通常版本的动力问题即"知理如何保证行理"，此在朱子可以"真知即能行"作答。"真知"不能以"能行"来界定，否则即成循环论证或同义反复。实则在朱子思想中，"真知"一方面指"被道理充分说服"，另一方面指"对道德实践有一种感性上的内心体验"（朱子以"吃酒解醉，吃饭解饱"[①]为喻）。一言以蔽之，"真知"以"有感"来规定，是理性之感（被道理充分说服之"被说服感"）与感性之感的结合。问题是，理性之感固可凭纯智思活动获取，然感性之感则必先有相应的实践（行）才能习得，如同知醉知饱之有待"吃酒吃饭"；而在这种"行"的背后，理应再无任何推动力（因为"真知"尚未存在）。然则，这种"行"便只能出于"勉强"。难题倒不在于"勉强之存在"（该章指出，任何强调修养的学问恐怕都不免要讲"勉强"，这并非朱子哲学独有的问题），而在于"勉强为何终可消除"，这就是我们的"深化版动力问题"。为此，我们深入到朱子的"心""理"关系里，对本书那存在已久的认定——朱子之心本质上为善恶中性——及其相关说法进行彻底的显题化处

① 朱熹著，黎靖德编，《朱子语类》，卷十八，第391页。

理,是为"'动力问题'之不圆满答复"一节。该节贡献出若干新义,诸如"朱子之'心'乃一种优质的'气构成物'""只要一从事知觉活动,'心'便已然'具着智之理'"等。并且,我们整理出朱子就"深化版动力问题"所可能有的四种答案,并一一指陈其不足。由此观之,朱子对问题的回应,究极地看其实未臻圆满。但笔者认为,这亦不必是一种严重的理论缺陷,关键是我们更愿意接纳"心有善恶",还是更想"道德修养历程里的勉强必然可以消除"。倘若我们承认并接受,道德实践、道德修养中的勉强是一件自然的事,而顺受之、承当之,而不强求此勉强之必然可消除;并且,我们若相信"心有善恶",愿予它更大的重视(大于对"勉强之必然可消除"之想往),则朱子在"动力问题"上的不圆满答复,便不见得是一项不能接受的缺陷。

从该章的结论出发,我们也可开出甚为重要的后续议题,下详。

其后的"非独断与可修正:穷理之学的开放性格"一章是为"展望式的检讨",旨在通过一道"我们时代的问题"——能否既预认"天理"(价值的客观性)又保持开放——去叩问朱子的穷理之学,看其能给出怎样的思考资源,同时揭示它那隐然潜存的开放性格。在朱子的"读书穷理之教"里有三个重要观念:天地之理(天理)、圣人之意、先达之言。它们的关系为:天理寄寓于圣人所撰之经书,能准确解读经书即能把握天理;唯经书里的圣人之意难以凭一己之力去读通,故必须求助于经典诠释传统(先达之言),而经典诠释又为永可修正者。因此我们可从穷理之学里提炼出一种有关文化生活的开放性:非独断——寻索天理是一项群策群力的集体事业;可修正——寻索天理是一项永不止息的工作。凭借朱子的启示以及笔者对自己过往立场的反思和修正,本书提议我们承认一个"内容不明的天理",同时即等于承认"我们纵使已在价值议题上有了共识,却仍可能集体犯错"。这样做,一来既可保有我们对客观价值的意愿,二来又能避免任一文化传统之垄断天理的解释权,而能保持开放。这无疑是一种方便的"实用主义式"立场:客观价值是否存在的问题众说纷纭,一时难解,但承认一个"内容不明的天理"毕竟仍对吾人之开放沟通、和平共处为有利。然而再想下去,价值的客观性问题终究是不能回避的:既说"我们可能集体犯错",则对错标准何在? 很自然地,这应来自天理的内容。"内容不明"不等于"没有内容",但说到天理的内容,哪怕是最起码、最基本的内容,也是不易说明的。笔者坦承,其在这个问题上的思考仍属起步阶段,故最后仅能向读者报告其在哈伯玛斯和希克的著作里所发现的后续思考线索:前者告诉我们,"有效性要求"实为一种"百姓日用"——吾人群体生活里的一项必要成素,故不应轻易退到方便的实用立场去。后者告诉我们,吾人共同如此这般地经验"实体"(the real,即本书所谓"天理"),也不等于"实体"本身具有如此这般的本质,故价值的客观性不必往"实体"处找,而更应将眼光投放在"我们的共同经验方式"之上。

本书已尽力作出有关朱子工夫论研究的一点贡献如上,唯其限制亦终不可掩。就是说,本书尚有一些未及处理或有待进一步处理的议题。但从另一角度看,这些议题之所以明朗化而被清楚看见,抑或由于本书将我们对朱子的认识推前了一点,从而带来新的景观。因此,以下所谈,固为本书之限制,唯亦姑且可说是本书为未来研究所提供的新视野。

这些议题大略可分为三类:朱子哲学内部的、儒家哲学内部的,及一些普遍的哲学问题。

虽然本书对朱子之"心"已作了详尽分析,但整体而言,朱子的心性论终非本书的主要探讨对象。这里,笔者特感兴趣的一个后续议题是，"性善"一命题在朱子哲学中到底是如何建立的？朱子能为"性善"提供充分的证成吗？徐复观（1904—1982）有《中国人性论史：先秦篇》一书[①]，其中第六章为"从性到心——孟子以心善言性善"。"以心善言性善"这一说法，很能扼着关要：如何确立"性善"之论旨？孟子即通过心之本然纯善（如"仁义内在""理义悦心""心之官则思"等命题所示）来说性善，其持论纵可争议（即我们不必同意"心善"），然从"心善"到"性善"之间，的确呈现出一条顺理成章的思路。但在朱子，心有善恶，由心所发的情亦有善恶，则性为何不亦有善恶？朱子何故独独以"恻隐""羞恶"等善的情来推证性善？[②]实情朱子对此亦可有一答复。如同我们在第一章本乎牟宗三之意，说朱子或认为只有"是的、善的'然'"之背后才有"理"（或"太极"）作为其"所以然"，而"非的、恶的'然'"之背后则无。这虽仅似是一断言（assertion）多于一"有理据支持的论点"，但如其成立，毕竟能解释何以恻隐、羞恶等善情才有性理为底据，而性之必为善亦可得而立。

　　然而，笔者亦曾在第三章第三节的注脚中指出："朱子这种基于理之双重身份（存在之理兼道德之理）而有的巧思，其实会引出一个甚为棘手的理论难题：由'知觉必依着智之理方始成为可能'一义似可推论出，凡活动必有活动之所以然（活动的存在之理）；那么，气或心之所以能做'违理'的活动（例如'觉于欲'），背后亦必须有一种所以然，方能使'违理活动'存在或发生；换言之，'违理活动'其实也是依着理（所以然）的（如同'觉于欲'也必须是依着智之理方始可能）——

① 徐复观，《中国人性论史：先秦篇》（台北：台湾商务印书馆，1969年）。
② 朱子说："恻隐自是情，仁自是性，性即是这道理。……仁义礼智，是未发底道理，恻隐、羞恶、辞逊、是非，是已发底端倪。"稍后又说："孟子说性，不曾说着性，只说'乃若其情，则可以为善'。看得情善，则性之善可知。"（朱熹著，黎靖德编，《朱子语类》，卷五十三，第1287—1288页）

气或心依理而有违理的表现；然则气或心无论如何都是依理而活动，那何时才算违理？当然，只要将存在之理与道德之理划开，问题即有望解决，唯朱子似终究不愿取消理之双重身份。"意思是，朱子有"觉于理为道心，觉于欲为人心"之说，而经笔者分析，朱子的"心"与"智之理"（属仁义礼智之性理）有一种如影随形的关系——只要心一知觉，即已然具着智之理。是故，"觉于欲"——心之违理表现——也是知觉，也需本乎智之理。那么，心之违理表现也得本着性理而始为可能。这样看来，"心依理而有违理的表现"不但是一种悖论，而且也不利"性善"一命题在朱子说统中之成立：如果"觉于欲"也得本着性理（在此特指"智之理"），则何以见得性善？至少，朱子那"以善情（如恻隐、羞恶等）推知性善"的策略已受到他自己思想中的别种观点挑战。

至于儒家哲学内部的后续议题，指的是经过本书之探究，朱子哲学将可能与其他儒学阵营进行更深入的对话。这些"其他儒学阵营"起码包括两种，其一为清代儒学，其二为心学。

由于清儒对宋儒之批驳过于剑拔弩张，致令我们很自然会从"异"的角度去看待两者。但笔者已于第四章第一节的注脚里指出："朱子这里之批评'以理易礼'，并强调'圣人所谓礼者，正以礼文而言'，或可印证钱穆之见：'朱子又极重言礼，清儒如焦循辈，每讥宋儒好言理，轻言礼，横渠设教固无此弊，朱子尤常以理字礼字并提，力矫时人重理轻礼之非。'"我们固不应推论太过地说：宋儒与清儒之间乃"所异不胜其同"。唯彼此间那些隐而未发的异中之同，实亦值得我们进一步微观。这里试举一例。清儒戴震（字慎修，号东原，1724—1777）在其哲学名著《孟子字义疏证》里有言："耳目鼻口之官，臣道也；心之官，君道也；臣效其能而君正其可否。……然又非心出一意以可否之也，若心出一意以可否之，何异强制之乎！……就人心言，非别有理以予之而具于心也；心之神明，于事物咸足以知其不易之则，譬有光皆能照，而中理者，乃其光盛，其照不谬也。"①此中"非别有理以予之而具于心"一语，显然是在反驳朱子。唯戴震认为，感官活动之背后必定有"心"之授权（前者为"臣道"，后者为"君道"）。虽然这个"授权"不一定明显，所谓"非心出一意以可否之"——我们不必意识到心灵对视听言动之授权，但感官活动如非无意为之，则至少得经心灵之"默许"。这一观点其实很切合朱子"心有善恶""为恶者是心不是"之说：人之不善，不能说非出于心；"若不是心，是什么做出来？"②只是戴震更清楚地道出个中理由：因为耳目鼻口之官不能离乎心之授权（或默许）而仅凭自身力量作恶。他更主张说：心一定以理义来作行动上之授权（所谓"有光皆能照"），所以它一定以为其授权之行动乃合于理义。然而，一般人之心所知有限，不必能充分认识理义："心知之自然，未有不悦理义者，未能尽得理合义耳。"③故说："譬有光皆能照，而中理者，乃其光盛，其照不谬也。"心一定有意合乎理义，如同光之必照，但唯有"其照不谬"者方为真正"中理"，否则仍难免有时为恶。此一主张或不必为朱子所赞同，但戴震说不定能为朱子的观点提供进一步的论据。是故从哲学的角度看，此例告诉我们：我们不应对宋儒、清儒之间的张力提揭过重，以免彼此间那些"潜在之互益的（mutually beneficial）哲学对话"遭到埋没。进一步说，传统儒家哲学的阵营该如何划分，今后抑或因更深入之对话而可作更有弹性的衡量。笔者之意，只要彻底摆开门户之见，则所谓"阵营"之间其实不必壁垒分明，而可"有分有合地"因着不同议题而有不同安排（例如，在某些议题上，朱子与一般宋儒为同道，而

---

① 戴震，《孟子字义疏证》（北京：中华书局，1982年二版），第7页。
② 朱熹著，黎靖德编，《朱子语类》，卷五，第86页。
③ 戴震，《孟子字义疏证》，第18页。

在另一些议题上,朱子则与戴震相合等)。

相较之下,朱子哲学与心学的后续对话可能更引人入胜。这里提出两种议题,分别由本书第二及第三章引出。笔者在撰写第二章时,隐然有一种疑问:心学(广义而言可包括湖湘学派)既主"心即理",则"理"不为"心"之对象,而所谓"求理",实即"求此心";但当我们对修养者说出这样一句规范语或一条道德诚命:"你应该认取此心,勿令放失。"此时我们到底是在对谁说话?难道不是对一位"可放失此心,也可认取此心"的善恶上中性的"你"说话吗?而且,"心"理应代表"自我"(self)——"此心"即"我",而道德诚命、道德规范亦理应对"我"而发。这样,"我"既然理应可善可恶(否则那诚命或规范便不知所云),此"心"便亦理应为可善可恶。在朱子思想中,心与理析而为二,理被推出去而显对象性,而心为可善可恶,此时之道德诚命是言之有物而可理解的:"你——可善可恶的心——应该知理行理,勿作违理之事。"此中,"心"代表那被规范、被要求的"自我",而"理"则为对象、他者;心与理之间,可相合,也可相分。唯其如此,该规范语才为言之有物。相反地,若"心即理",则这类道德诚命是不易理解的。或说:要使诚命可解,也不必把理推出去而成一对象。正如我们说:"你不应睡着,要醒来。"这里也只需有一个"你",不必预设一种"你与他者"相分相合的格局。就是说,诚命所规范的那个"你",其实就是那"即理之心",故当我们说"你应该认取此心,勿令放失"时,即等于说:"你(即理之心)应保持清醒,勿昏睡过去。"在笔者看来,这固然是可以说的。然而,当一个本质纯善之心可以"昏睡过去",那为什么我们还认为它是个"即理之心",而非善恶上中性(可昏可醒)之心? 简言之,心学由于根本拒绝"心与理对列之格局",故会遇上这样的疑难:上述道德诚命成不易理解者,或纵使可解,也难以真正拒绝朱子那"心有善恶"、心为善恶上中性一义。

　　说到"心有善恶"，本书第三章的最后一个注脚即已提到，李明辉于1993年发表的《朱子论恶之根源》一文早已提出一道重要议题：朱子之"心"真的谈得上"有恶"吗？李氏之持论清晰有力，他说：

　　　　只要朱子将心归属于气，它便只是有限心，而不能超脱于气禀之决定。因为心之主宰能力系乎知觉之明，知觉之明又系乎气禀之清。[①]

由此再说：

　　　　如果我们承认：道德责任须预设道德主体之自由，那么，朱子赋予"心"的主宰能力显然不包含这种自由。因为只要朱子底"心"落在气中，它至多只能具有相对意义的"自由"，而无法具有绝对意义的"自由"；借用康德底术语来说，它只能具有"心理上的自由"（psychologische Freiheit），而无法具有"先验的自由"（transzendentale Freiheit）。[②]

因此：

　　　　在朱子理、气二分的义理系统中，心是有限心，属于气，故不能超脱气禀之决定。这种"心"并不具有道德责任必须预设的

---

① 李明辉，《朱子论恶之根源》，锺彩钧编，《国际朱子学会议论文集》，上册，第577页。
② 同上书，第577—578页。

"先验的自由",亦即超乎时间条件、因而不受制于自然底因果性的自由。具有这种自由的"心"必须在"心即理"的义理间架中上提至"理"底超越层面。孟子底"本心"无疑属于此类,故为真正的道德主体。但这在朱子底义理间架中是不可能的,因为他所了解的"理"是个洁静空阔的世界,无情意,无计度,无形迹,无造作,不可能为创造、能活动的本心留下余地;凡能活动者,他一概归于气。……故它并非真能为"道德之恶"负责的道德主体。由于欠缺真正的道德主体,朱子对"道德之恶"的说明必然落空。

进而言之,正由于朱子底义理系统欠缺真正能为"道德之恶"负责的道德主体,道德意义的"善""恶"在其系统中无法取得独立的意义,故他也无法将这种意义的"善""恶"与自然意义的"善""恶"作原则性的区别。[①]

简言之,由于朱子之"心"属"气",无法摆脱气禀清浊厚薄之决定,故并不具有真正意义的自由——"不受制于自然底因果性的自由"。因此,它并不能担当"真正的道德主体"之角色,同时亦不能对"道德之恶"负责:只有具备真正意义的自由的"真正的道德主体",才能作出"道德之恶";不具备此自由者,其所作之恶也只是被决定的,如同虎狼之凶残乃出于无可奈何之本能(自然界之设定),非其所能负责一般。这后一种"恶",李氏称为"自然之恶",并这样总结朱子对"恶"之说明:

> 由于其系统中的"心"并不具有真正的道德主体之地位,他

---

① 李明辉,《朱子论恶之根源》,锺彩钧编,《国际朱子学会议论文集》,上册,第579页。

> 至多只能解释"自然之恶"底形成,而无法真正解释"道德之恶"底形成。①

因此,朱子之"心"纵"有善恶",此中之"恶"也只能是"自然之恶"（实则其"善"也只能是"自然之善"）。朱子对此或不愿同意,但根据他本人的理论,李氏所言确为一客观上合理之推定。

对于李氏的朱子诠释及其推论,笔者完全同意。除非我们根本拒绝承认朱子之"心"乃归属于"气",才另当别论。但事实上,本书在这一点上与李氏是一致的,故毫无反对之意。只是,笔者愿更进一步,从"哲学理论之可欲与否"去思考:朱子这套哲学,是否比心学更为可欲? 具体地说,这里有两个问题。首先,我们为什么必须相信"道德之恶"的存在? 为何不可相信世间只有"自然之恶"? 当然,这样或会对吾人之生活以至人生观带来很大冲击:原来所谓善恶,均只是在"自然底因果性"下被决定者,没人可真正为善恶负责,我们似亦无由对任何人提出道德要求和道德责难。但要之,"道德之恶是否存在"是一个真相问题,而非我们的希望问题;要是世间真的并无"道德之恶",我们也只好承认。换言之,"道德之恶的存在"是需要证明的。李氏文中有言:"这两种意义的'恶'在我们的道德意识中实有显明的区别。"②然问题是,诉诸"我们的道德意识"是否为一种好的论证策略? 类比地说,在我们的日常意识里,是非、生死有显明的区别,但庄子在《齐物论》中正是要打破这些区别,平齐是非与生死,而我们却不能仅仅以"庄子违反我们的日常意识"为由来拒绝他。笔者并非认为这种策略在任何情

① 李明辉,《朱子论恶之根源》,锺彩钧编,《国际朱子学会议论文集》,上册,第580页。
② 同上。

况下均不适用,但到底它在什么情况下适用,却是我们应先处理的一个后设问题。我们固不应苛责李氏一文,因为任何文章皆不能把所有相关问题都加以处理。笔者只是主张,这个后设的方法论问题,以至"道德之恶是否存在",都是我们理论地评价朱子哲学时所应思考的议题。

其次,是"为恶者谁"的问题:朱子纵或只能言及"自然之恶",唯其终究能说明为恶者是谁。正如虎狼虽不能为其凶残负上道德责任,但至少那凶残者确是虎狼。朱子也一样:为恶者,"是心不是?""若不是心,是什么做出来?"反观心学,既主"心即理",心本然纯善,则为恶者谁? 若说为恶者仍然是心,则本然纯善之心何故会为恶? 若说这是由于受到物欲的干扰,则本然纯善之心这个能真正做主的道德主体何故竟会受到物欲之干扰、蒙蔽、诱惑? 须知道,此心是可以"舍生取义"的(说见《孟子·告子上》)。一个不畏死之心何故竟受不起寻常物欲的蒙蔽? 这似乎是不易说明的。是故笔者暂时的立场是:朱子哲学与心学在理论上可谓各有千秋,前者纵难说明"道德之恶",却能指出"为恶者谁",而后者在"为恶者谁""至善之心何以有恶"等问题上则似难令人释疑。这里的简单讨论远未到达"定案"的境地,值得我们继续思考。

最后,关于普遍哲学问题,除本书第四章所引出的"客观价值是否存在"一问题(详见该章最后一节,此处不赘)之外,根据刚才的讨论,尚可带出两个问题。

第一个问题仍与心学相关。牟宗三尝表示,唯有承认"心即理"才真能理论地使道德成为可能,这里试举两例:

> 确实的 as such 地看,现象学地看,logical 来看,"心"是不确定的。但是,你必须要使人能站得住,你要想道德可能,那么,你必须

要把仁义之心定住，仁义之心就是善，这个不能可上可下的。假定"心"永远是可上可下的，道德就不能讲。所以，孟子一定要肯定一个仁义礼智的本心，这叫做 original mind。①

假如你否定意志的立法性，自由就没有了。没有自由，也就没有道德。没有自由怎么能讲道德呢？自由就是自己决定，我自己决定，这就是意志自律。②

然而，就像上文所说，"道德之恶是否存在"是一个真相问题，而非我们的希望问题；同样，道德是否存在、道德是否真的可能，也是一个真相问题。我们面前有两项选择：第一，（假设我们希望道德可能）为着满足我们的希望，而要求自己"肯定一个仁义礼智的本心"；第二，先要求证明"道德真的可能"，才去"肯定一个仁义礼智的本心"。笔者目前的取态无疑是后者：我们不能单单因为"希望道德可能"，而拒绝朱子的"心有善恶"（牟宗三所谓"可上可下"）。但必须强调，笔者的态度仍然是开放的：倘若我们对"道德是可能的"有足够强的论据，则我们应该"肯定一个仁义礼智的本心"。

另一个问题则更大，就是本书第一章所约略提过的问题：人是什么？或我们应如何理解吾人自身？就笔者目前印象来说，在宋明儒中，似乎只有朱子（或哲学上认同朱子者）明言动物也有道德："如蜂蚁之君臣，只是他义上有点一子明；虎狼之父子，只是他仁上有一点子明。"③"如虎豹只知父子，蜂蚁只知君臣。"④这里就存在着"我们应如

① 牟宗三，《〈孟子〉演讲录》（五），《鹅湖月刊》第352期（2004年10月），第9页。
② 牟宗三，《〈孟子〉演讲录》（四），《鹅湖月刊》第351期（2004年9月），第5页。
③ 朱熹著，黎靖德编《朱子语类》，卷四，第57页。
④ 同上书，第75页。

何理解人"的问题：撇开孟子原意不论，所谓"人禽之辨"，到底是指人与动物之间有一种"异质异层"的差别，还是人与动物之别只是"连续体"之下的差别（如同小孩与大人之为连续体）？[①] 关于前者，由上引李明辉之解说可知，在心学，人有"先验的自由"而动物则无，故彼此分属不同的存有层级（异质异层）。因此，心学决不言动物有道德（纵或有言，可能也只是比喻地说、拟人化地说）。唯近代以来，"人与动物为连续体"的信念愈益流行，好些动物已被视为具有道德行为之雏形，而人类之特异处则只在其道德表现较为精致而复杂。诚然，我们不应以"潮流"来决定自己的哲学立场或取态。笔者只想表明，如果儒学传统里存在着"承认动物也有道德"的思想，则这类儒家思想又能与当世思潮展开怎样的对话？说到底，只要我们抛开狭隘的"正统"观念包袱，不执着于"谁才代表正统儒家"，便能充分打开儒学传统里的广阔天地，释放各种声音，展开更丰富的哲学对话。

总结全书，笔者期望通过对朱子穷理工夫论准确且周延的诠释，以及三种向度下严格而深入的理论检讨，本书能推进朱子哲学的研究，并为其进一步参与普遍哲学议题的讨论打下新的基础。

[①] 《荀子·礼论》的说法或即属此类："凡生天地之间者，有血气之属必有知，有知之属莫不爱其类。今夫大鸟兽则失亡其群匹，越月踰时，则必反铅；过故乡，则必徘徊焉，鸣号焉，蹢躅焉，踟蹰焉，然后能去之。小者是燕爵，犹有啁噍之顷焉，然后能去之。故有血气之属莫知于人，故人之于其亲也，至死无穷。"

参考文献

一、古籍文献：朱子著述

朱熹著，朱杰人、严佐之、刘永翔编，《朱子全书》，上海：上海古籍出版社、合肥：安徽教育出版社，2010年修订本。

朱熹，《四书或问》，上海：上海古籍出版社，2001年。

朱熹著，黎靖德编，《朱子语类》，北京：中华书局，1994年。

朱熹，《四书章句集注》，台北：大安出版社，1994年。

朱熹，《四书章句集注》，北京：中华书局，1983年。

朱熹、吕祖谦，《朱子近思录》，上海：上海古籍出版社，2000年。

二、朱子相关工具书

王懋竑，《朱熹年谱》，北京：中华书局，1998年。

石云孙编著，《朱雅》，上海：华东师范大学出版社，2009年。

吴展良编，《朱子研究书目新编（1900—2002）》，台北：台大出版中心，2005年。

束景南，《朱熹年谱长编》，上海：华东师范大学出版社，2014年第二版。

林庆彰主编,《朱子学研究书目(1900—1991)》,台北:文津出版社,
　　1992年。

张立文主编,《朱熹大辞典》,上海:上海辞书出版社,2013年。

陈来,《朱子书信编年考证》,北京:生活·读书·新知三联书店,2007
　　年增订本。

三、古籍文献:其他

王守仁,《阳明传习录》,上海:上海古籍出版社,2000年。

胡宏,《胡宏著作两种》,长沙:岳麓书社,2008年。

胡宏,《胡子知言》,石家庄:河北教育出版社,1995年。

陈淳,《北溪字义》,北京:中华书局,1983年。

陆九渊,《象山语录》,上海:上海古籍出版社,2000年。

陆九渊,《陆九渊集》,北京:中华书局,1980年。

程颢、程颐,《二程集》,北京:中华书局,2004年第二版。

黄宗羲原著,全祖望补修,《宋元学案》,北京:中华书局,1986年。

戴震,《孟子字义疏证》,北京:中华书局,1982年第二版。

四、近人著述(中文)

王健,《观念与历史的际会:朱熹中庸思想研究》,上海:华东师范大学
　　出版社,2016年。

王健,《在现实真实与价值真实之间:朱熹思想研究》,上海:华东师范
　　大学出版社,2007年。

王雪卿,《静坐、读书与身体:理学工夫论之研究》,台北:万卷楼图书
　　股份有限公司,2015年。

牟宗三,《牟宗三先生全集》,第27册:《牟宗三先生晚期文集》,台北:

联经出版事业股份有限公司,2003年。

牟宗三,《从陆象山到刘蕺山》,台北:台湾学生书局,2000年第二版。

牟宗三,《中国哲学十九讲》,台北:台湾学生书局,1983年。

牟宗三,《中国哲学的特质》,台北:台湾学生书局,1974年第二版。

牟宗三,《心体与性体》,第一至三册,台北:正中书局,1968—1969年。

何俊,《南宋儒学建构》,上海:上海人民出版社,2004年。

余英时,《论戴震与章学诚:清代中期学术思想史研究》,北京:生活·读书·新知三联书店,2005年。

余英时,《朱熹的历史世界:宋代士大夫政治文化的研究》,台北:允晨文化实业股份有限公司,2003年。

吴震主编,《宋代新儒学的精神世界:以朱子学为中心》,上海:华东师范大学出版社,2009年。

李明辉,《四端与七情:关于道德情感的比较哲学探讨》,台北:台大出版中心,2008年。

李明辉,《孟子重探》,台北:联经出版事业股份有限公司,2001年。

李明辉,《儒家与康德》,台北:联经出版事业股份有限公司,1990年。

李瑞全,《儒家道德规范根源论》,新北:鹅湖出版社,2013年。

杜保瑞,《南宋儒学》,台北:台湾商务印书馆,2010年。

林月惠,《诠释与工夫:宋明理学的超越薪向与内在辩证》,台北:"中央"研究院中国文哲研究所,2012年增订版。

林立,《哈伯玛斯的法律哲学》,台北:新学林出版股份有限公司,2016年。

林维杰,《朱熹与经典诠释》,上海:华东师范大学出版社,2012年。

金春峰,《朱熹哲学思想》,台北:东大图书公司,1998年。

唐君毅,《中国哲学原论:原道篇》,卷三,台北:台湾学生书局,1993年全集校订版。

唐君毅,《中国哲学原论:原教篇》,台北:台湾学生书局,1990年全集
　　校订版。

唐君毅,《中国哲学原论:原性篇》,台北:台湾学生书局,1989年全集
　　校订版。

唐君毅,《中国哲学原论:导论篇》,台北:台湾学生书局,1986年全集
　　校订版。

孙钦善,《论语本解》,北京:生活·读书·新知三联书店,2009年。

徐洪兴,《思想的转型:理学发生过程研究》,上海:上海人民出版社,
　　1997年。

徐复观,《两汉思想史》,卷三,台北:台湾学生书局,1979年。

徐复观,《中国人性论史:先秦篇》,台北:台湾商务印书馆,1969年。

祝平次,《朱子学与明初理学的发展》,台北:台湾学生书局,1994年。

高令印、高秀华,《朱子学通论》,厦门:厦门大学出版社,2007年。

高荻华,《从郑玄到朱熹:朱子〈四书〉诠释的转向》,台北:大安出版
　　社,2015年。

张加才,《诠释与建构:陈淳与朱子学》,北京:人民出版社,2004年。

张立文,《宋明理学研究》,北京:中国人民大学出版社,1985年。

张寿安,《以礼代理:凌廷堪与清中叶儒学思想之转变》,台北:"中央"
　　研究院近代史研究所,1994年。

陈代湘,《现代新儒学与朱子学》,长沙:湖南人民出版社,2003年。

陈志信,《朱熹经学志业的形成与实践》,台北:台湾学生书局,
　　2003年。

陈来,《中国近世思想史研究》,北京:商务印书馆,2003年。

陈来,《朱子哲学研究》,上海:华东师范大学出版社,2000年。

陈来,《朱熹哲学研究》,台北：文津出版社,1990年。

陈国代,《文献家朱熹：朱熹著述活动及其著作版本考察》,北京：北京师范大学出版社,2015年。

陈逢源,《"融铸"与"进程"：朱熹〈四书章句集注〉之历史思维》,台北：政大出版社,2013年。

陈荣捷,《王阳明传习录详注集评》,台北：台湾学生书局,1992年修订版。

陈荣捷,《近思录详注集评》,台北：台湾学生书局,1992年。

陈荣捷,《朱熹》,台北：东大图书公司,1990年。

陈荣捷,《朱子新探索》,台北：台湾学生书局,1988年。

陈荣捷,《朱学论集》,台北：台湾学生书局,1982年。

劳思光,《当代西方思想的困局》,台北：台湾商务印书馆,2014年。

劳思光,《危机世界与新希望世纪：再论当代哲学与文化》,香港：香港中文大学出版社,2007年。

劳思光,《大学中庸译注新编》,香港：香港中文大学出版社,2000年。

劳思光,《文化问题论集新编》,香港：香港中文大学出版社,2000年。

劳思光,《新编中国哲学史》,卷三,上册,台北：三民书局,1997年八版。

劳思光,《思辩录：思光近作集》,台北：东大图书公司,1996年。

劳思光,《新编中国哲学史》,卷一,台北：三民书局,1995年增订八版。

彭永捷,《朱陆之辩》,北京：人民出版社,2002年。

曾春海,《朱熹哲学论丛》,台北：文津出版社,2001年。

黄俊杰,《儒家思想与中国历史思维》,台北：台大出版中心,2014年。

黄俊杰,《孟学思想史论》,卷二,台北："中央"研究院中国文哲研究所筹备处,1995年。

黄勇,《全球化时代的政治》,台北:台大出版中心,2011年。

杨伯峻,《论语译注》,香港:中华书局,2011年重校本。

杨浩,《孔门传授心法:朱子〈四书章句集注〉的解释与建构》,上海:东方出版中心,2014年。

杨祖汉,《儒家的心学传统》,台北:文津出版社,1992年。

杨儒宾,《从〈五经〉到〈新五经〉》,台北:台大出版中心,2013年。

杨儒宾,《儒家身体观》,台北:"中央"研究院中国文哲研究所筹备处,2003年修订版。

杨燕,《〈朱子语类〉经学思想研究》,北京:东方出版社,2010年。

叶纯芳、乔秀岩编,《朱熹礼学基本问题研究》,北京:中华书局,2015年。

漆侠,《宋学的发展和演变》,石家庄:河北人民出版社,2002年。

蒙培元,《朱熹哲学十论》,北京:中国人民大学出版社,2010年。

蒙培元,《理学的演变:从朱熹到王夫之戴震》,福建:福建人民出版社,1984年。

刘笑敢,《诠释与定向:中国哲学研究方法之探究》,北京:商务印书馆,2009年。

刘述先,《全球伦理与宗教对话》,新北:立绪文化事业有限公司,2001年。

刘述先,《朱子哲学思想的发展与完成》,台北:台湾学生书局,1995年增订三版。

蔡仁厚,《宋明理学:南宋篇》,台北:台湾学生书局,1983年。

蔡方鹿,《朱熹经学与中国经学》,北京:人民出版社,2004年。

钱穆,《朱子新学案》,第一至五册,北京:九州出版社,2011年。

钱穆,《论语新解》,台北:东大图书公司,2004年。

钱穆，《孔子与论语》，台北：联经出版事业股份有限公司，1974年。

谢世民主编，《理由转向：规范性之哲学研究》，台北：台大出版中心，
2015年。

五、近人著述（英文）

Adler, Joseph A. *Reconstructing the Confucian Dao: Zhu Xi's Appropriation of Zhou Dunyi*. Albany: SUNY, 2014.

Angle, Stephen C. *Sagehood: the Contemporary Significance of Neo-Confucian Philosophy*. Oxford: Oxford University Press, 2009.

Angle, Stephen C. and Justin Tiwald. *Neo-Confucianism: A Philosophical Introduction*. Chichester: John Wiley & Sons, 2017.

Bol, Peter K. *Neo-Confucianism in History*. Cambridge: Harvard University Asia Center, 2008.

Broome, John. *Rationality Through Reasoning*. Malden: Wiley Blackwell, 2013.

Chan, Wing-tsit (ed.). *Chu Hsi and Neo-Confucianism*. Honolulu: University of Hawaii Press, 1986.

Ching, Julia. *The Religious Thought of Chu Hsi*. New York: Oxford University Press, 2000.

Chung, Tsai-chun. *The Development of the Concepts of Heaven and of Man in the Philosophy of Chu Hsi*. Taipei: Institute of Chinese Literature and Philosophy, Academia Sinica, 1993.

de Bary, Wm. Theodore. *The Message of the Mind in Neo-Confucianism*. New York: Columbia University Press, 1989.

de Bary, Wm. Theodore. *Neo-Confucian Orthodoxy and the Learning of the*

Mind-and-Heart. New York: Columbia University Press, 1981.

Gardner, Daniel K. (trans.). *The Four Books: the Basic Teachings of the Later Confucian Tradition*. Indianapolis: Hackett, 2007.

Gardner, Daniel K. *Zhu Xi's Reading of the Analects: Canon, Commentary, and the Classical Tradition*. New York: Columbia University Press, 2003.

Gardner, Daniel K. (trans.). *Learning to Be a Sage: Selection from the Conversations of Master Chu, Arranged Topically*. Berkeley: University of California Press, 1990.

Gardner, Daniel K. *Chu Hsi and the Ta-hsueh: Neo-Confucian Reflection on the Confucian Canon*. Cambridge: Council on East Asian Studies, Harvard University, 1986.

Goldie, Peter (ed.). *The Oxford Handbook of Philosophy of Emotion*. Oxford: Oxford University Press, 2012.

Hick, John H. *An Interpretation of Religion: Human Responses to the Transcendent*. 2nd ed. Basingstoke: Palgrave Macmillan, 2004. (中译本：约翰·希克著，蔡怡佳译注，《宗教之诠释：人对超越的回应》，台北：联经出版事业股份有限公司，2013年。)

Huang, Yong. *Why Be Moral? Learning from the Neo-Confucian Cheng Brothers*. Albany: State University of New York Press, 2014.

Ivanhoe, Philip J. *Confucian Moral Self Cultivation*. 2nd ed. Indianapolis: Hackett, 2000.

Jones, David and Jinli He (eds.). *Returning to Zhu Xi: Emerging Patterns within the Supreme Polarity*. Albany: SUNY, 2015.

Kim, Yung Sik. *The Natural Philosophy of Chu Hsi (1130-1200)*. Philadelphia: American Philosophical Society, 2000. (中译本：金

永植著,潘文国译,《朱熹的自然哲学》,上海：华东师范大学出版社,2003年。）

Liu, Jeeloo. *Neo-Confucianism: Metaphysics, Mind, and Morality*. New York: John Wiley & Sons, 2017.

Makeham, John (ed.). *Dao Companion to Neo-Confucian Philosophy*. Dordrecht: Springer, 2010.

Munro, Donald. *Images of Human Nature: A Sung Portrait*. Princeton: Princeton University Press, 1988.

Nivison, David S. *The Ways of Confucianism: Investigations in Chinese philosophy*. Chicago: Open Court, 1996.

Scanlon, T. M. *What We Owe to Each Other*. Cambridge: Belknap Press of Harvard University Press, 1998.

Shun, Kwong-loi. *Mencius and Early Chinese Thought*. Stanford: Stanford University Press, 1997.

Smith, Michael. *The Moral Problem*. Malden: Blackwell, 1995.

Sosa, Ernest. *Judgment and Agency*. Oxford: Oxford University Press, 2015.

Tillman, Hoyt C. *Confucian Discourse and Chu His's Ascendancy*. Honolulu: University of Hawaii Press, 1992.

Tiwald, Justin and Bryan W. Van Norden (eds.). *Readings in Later Chinese Philosophy: Han Dynasty to the 20th Century*. Cambridge, MA: Hackett, 2014.

Tu, Wei-ming. *Humanity and Self-Cultivation: Essays in Confucian Thought*. Boston: Cheng & Tsui Co., 1998.

六、中英文论文

牟宗三,《〈孟子〉演讲录》,一至十,《鹅湖月刊》第347、349—353、
355—358期(2004年5月至2005年4月)。

吴展良,《圣人之书与天理的恒常性:朱子的经典诠释之前提假设》,
《台大历史学报》第33期(2004年6月),第71—95页。

吴启超,《儒家为何要对存在问题有所交代? 再论牟宗三的"道德的
上学"》,《"国立"政治大学哲学学报》第36期(2016年7月),第
33—68页。

吴启超,《如何既预认天理又保持开放? ——朱子读书穷理之教的启
示》,《鹅湖学志》第55期(2015年12月),第1—40页。

吴启超,《当代新儒家与英语哲学界对孟子之"扩充"及"端"的诠释:
以牟宗三、唐君毅与黄百锐、信广来为例》,《鹅湖学志》第52期
(2014年6月),第81—113页。

吴启超,《论"仁义"与"礼治"作为汉儒政治思想的开放成分:关于
"传统儒学如何跨越时代视域"的指导原则及其应用》,收入潘朝
阳主编,《跨文化视域下的儒家伦常》,下册,台北:"国立"台湾师
范大学,2012年,第505—541页。

吴启超,《仁心何以能生出事物来? ——从唐君毅的鬼神论求解,并略
说牟宗三的"道德的形上学"》,《中国哲学与文化》第8辑(2010
年12月),第143—163页。

吴启超,《"我们赞成谦卑吗?"——儒家面对基督宗教时的应有反思》,
《哲学与文化月刊》第37卷第5期(2010年5月),第41—64页。

李明辉,《朱子论恶之根源》,收入钟彩钧编,《国际朱子学会议论文
集》,上册,台北:"中央"研究院中国文哲研究所筹备处,1993年,
第551—580页。

林月惠，《中韩儒学的"情"：以朱子与李退溪为例》，《中山人文学报》第15期（2002年10月），第77—105页。

倪培民，《将"功夫"引入哲学》，《中国哲学与文化》第10辑（2012年9月），第49—70页。

高柏园，《论牟宗三先生"逆觉体证"义之运用》，《鹅湖月刊》第259期（1997年1月），第1—8页。

彭国翔，《作为身心修炼的礼仪实践：以〈论语·乡党〉篇为例的考察》，《台湾东亚文明研究学刊》第6卷第1期（2009年6月），第1—27页。

冯耀明，《论语中仁与礼关系新诠》，《"国立"政治大学哲学学报》第21期（2009年1月），第129—158页。

黄莹暖，《再论朱子之"心"》，《鹅湖学志》第56期（2016年6月），第113—139页。

杨祖汉，《从主理的观点看朱子的哲学》，《当代儒学研究》第15期（2013年12月），第117—140页。

杨祖汉，《"以自然的辩证来诠释朱子学"的进一步讨论》，《当代儒学研究》第13期（2012年12月），第120—138页。

杨祖汉，《牟宗三先生的朱子学诠释之反省》，《鹅湖学志》第49期（2012年12月），第185—209页。

杨祖汉，《程伊川、朱子"真知"说新诠：从康德道德哲学的观点看》，《台湾东亚文明研究学刊》第16期（2011年12月），第177—203页。

杨祖汉，《唐君毅先生对朱子哲学的诠释》，《中国哲学与文化》第7辑（2010年6月），第143—166页。

杨祖汉，《朱子心性工夫论新解》，《嘉大中文学报》第1期（2009年3月），第195—210页。

杨儒宾，《主敬与主静》，收入杨儒宾、马渊昌也、艾皓德编，《东亚的静坐传统》，台北：台大出版中心，2013年，第129—160页。

杨儒宾，《未蹍天根岂识人：理学工夫论》，收入景海峰主编，《儒家思想与当代中国文化建设》，北京：人民出版社，2013年，第574—589页。

郑宗义，《明儒陈白沙学思探微：兼释心学言觉悟与自然之义》，《"中央"研究院中国文哲研究集刊》第15期（1999年9月），第337—388页。

Lee, Chan. "Zhu Xi on Moral Motivation: An Alternative Critique." *Journal of Chinese Philosophy*, 37:4 (Dec 2010), pp. 622–638.

Lee, Jung-hwan. "Balancing between Innate Morality and Moral Agency: Zhu Xi's Interpretation of the Sixteen Character Teaching." *Journal of Confucian Philosophy and Culture*, 20 (Aug 2013), pp. 75–95.

Lee, Jung-hwan. "Restructuring Learning (*xue* 学) on a New Foundation: Zhu Xi's Reformulation of *Gewu* 格物 and *Zhizhi* 致知." *Journal of Confucian Philosophy and Culture*, 24 (Aug 2015), pp. 71–93.

Shun, Kwong-loi. "Zhu Xi on the 'Internal' and the 'External': A Response to Chan Lee." *Journal of Chinese Philosophy*, 37:4 (Dec 2010), pp. 639–654.

概念索引

人名与学派索引